NE능률 영어교과서

대한민국 고등학생 **10**명 중 **4.7**명이 보는 교과서

영어 고등 교과서 점유율 1위

(7차, 2007 개정, 2009 개정, 2015 개정)

능률보카

그동안 판매된
능률VOCA 1,100만 부

대한민국 박스오피스
천만명을 넘은 영화
단 28개

리딩튜터

READING TUTOR

그동안 판매된
리딩튜터 1,900만 부
차곡차곡 쌓으면 19만 미터

에베레스트
21배 높이

190,000m

에베레스트 8,848m

그래머존

그동안 판매된 450만 부의 그래머존을 바닥(

1000km 서울-부산 왕복가능

서울

부산

PICK 수능유형

독해 기본

지은이	NE능률 영어교육연구소
선임연구원	조은영
연구원	김은정, 가민아, 정서연
영문교열	Curtis Thompson, Bryce Olk, Angela Hai Yue Lan
디자인	안훈정
맥편집	허문희

Let's grow together

NE능률이
미래를
창조합니다.

건강한 배움의 고객가치를 제공하겠다는 꿈을 실현하기 위해
40년이 넘는 시간 동안 열심히 달려왔습니다.

앞으로도 끊임없는 연구와 노력을 통해
당연한 것을 멈추지 않고

고객, 기업, 직원 모두가 함께 성장하는 NE능률이 되겠습니다.

PICK 수능유형

독해 기본

STRUCTURE & FEATURES

전체 구성

Part 01: 수능 독해 유형 16강   **Part 02**: 어법 10강   **Part 03**: MINI TEST 6회

유형

최신 수능에 출제된 총 16개의 독해 유형 학습으로 수능 독해 유형을 완벽히 정리할 수 있다.

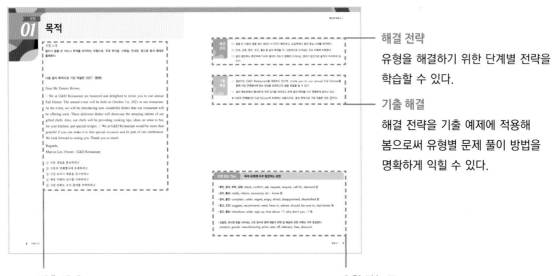

해결 전략
유형을 해결하기 위한 단계별 전략을 학습할 수 있다.

기출 해결
해결 전략을 기출 예제에 적용해 봄으로써 유형별 문제 풀이 방법을 명확하게 익힐 수 있다.

기출 예제
최신 평가원 기출 문제를 통해 유형의 특징, 실제 출제 경향, 난이도, 소재 등을 파악할 수 있다.

유형 잡는 Tips
각 유형 해결에 필요한 유용한 표현 및 전략을 익힐 수 있다.

유형 연습

유형별 연습 문제들을 통해 유형의 특징을 충분히 익히고 해결 전략을 적용할 수 있다.

어법

총 10개의 수능 핵심 어법 항목의 주요 내용을 학습하고, 확인 문제를 통해 그 내용을 적용해 볼 수 있다.

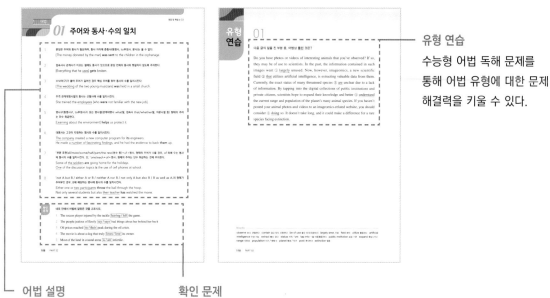

유형 연습

수능형 어법 독해 문제를 통해 어법 유형에 대한 문제 해결력을 키울 수 있다.

어법 설명

수능에 자주 출제되는 핵심 어법을 익힐 수 있다.

확인 문제

앞서 학습한 어법을 잘 이해했는지 점검할 수 있다.

MINI TEST

총 6회의 MINI TEST를 통해 앞에서 익힌 각 수능 독해 유형들을 최종적으로 점검하고 실전 감각을 높일 수 있다.

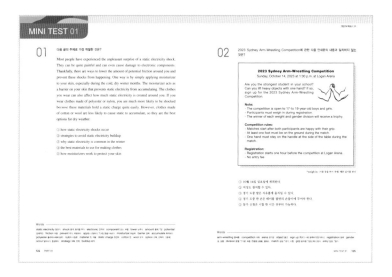

CONTENTS

PART 02 어법

PART 03 MINI TEST

PART
01

유형

01

목적

유형 소개

필자가 글을 쓴 의도나 목적을 파악하는 유형으로, 주로 편지글, 이메일, 안내문, 광고문 등의 형태로 출제된다.

다음 글의 목적으로 가장 적절한 것은? 평가원

Dear Mr. Dennis Brown,

ⓐ We at G&D Restaurant are honored and delighted to invite you to our annual Fall Dinner. The annual event will be held on October 1st, 2021 at our restaurant. At the event, we will be introducing new wonderful dishes that our restaurant will be offering soon. These delicious dishes will showcase the amazing talents of our gifted chefs. Also, our chefs will be providing cooking tips, ideas on what to buy for your kitchen, and special recipes. ⓑ We at G&D Restaurant would be more than grateful if you can make it to this special occasion and be part of our celebration. We look forward to seeing you. Thank you so much.

Regards,

Marcus Lee, Owner - G&D Restaurant

① 식당 개업을 홍보하려고
② 식당의 연례행사에 초대하려고
③ 신입 요리사 채용을 공고하려고
④ 매장 직원의 실수를 사과하려고
⑤ 식당 만족도 조사 참여를 부탁하려고

유형 잡는 *Tips*　　**목적 유형에 자주 등장하는 표현**

• **확인, 문의, 부탁, 요청**: check, confirm, ask, request, require, call for, demand 등

• **공지, 통보**: notify, inform, announce, let ~ know 등

• **항의, 불만**: complain, unfair, regret, angry, afraid, disappointed, dissatisfied 등

• **충고, 조언**: suggest, recommend, need, have to, advise, should, be sure to, had better 등

• **광고, 홍보**: introduce, order, sign up, how about ~?, why don't you ~? 등

• **상품명, 회사명 등을 나타내는 고유 명사와 함께 제품의 판매 및 배송에 관한 어휘도 자주 등장한다.**
product, goods, manufacturing, price, sale, off, delivery, free, discount

다음 글의 목적으로 가장 적절한 것은?

Dear Sir or Madam,

When I saw an advertisement for your company's digital clock lamp on SNS, I was impressed. So I ordered one for my sister from Elite Electronics in Bakersfield. At first, she loved it. But after a week, it started having problems. The lamp light started turning on and off by itself, and the alarm clock stopped working. This caused my sister to be late for school. We tried to return it to the store, but the staff there were not helpful and extremely unfriendly. They refused to repair it or give us a refund. Therefore, I am contacting your company directly to ask that you repair her digital clock lamp. If this is not possible, I strongly insist that you give me a full refund. I look forward to hearing from you soon.

Sincerely,
Justin Myers

① 주문 상태를 확인하려고
② 신제품에 대해 문의하려고
③ 과장 광고에 대해 비판하려고
④ 제품 수리 또는 환불을 요구하려고
⑤ 불친절한 직원에 대해 항의하려고

Words

advertisement 광고 impressed 감명을 받은 return 돌아가다; *돌려보내다, 반납하다 extremely 극단적으로; *매우, 몹시 unfriendly 불친절한
refuse 거부하다 repair 수리하다 give a refund 환불하다 contact 연락하다 directly 곧장; *직접 insist 주장하다; *(강하게) 요구하다

02

다음 글의 목적으로 가장 적절한 것은?

Dear Readers,

Three years have passed since my first novel was published, and I've been extremely busy with interviews and television appearances. Just yesterday, I learned that the film adaptation of my book has been nominated for an Academy Award. None of this, of course, could have been possible without my faithful readers. Many of you have been asking when my next novel will be released. I'm proud to announce that starting on October 1, you will be able to download my second novel, *Stay with Me*, as an e-book. Those of you who want to buy the hardcopy version will have to wait a few days longer, as it will be available in bookstores on October 5. Thank you again for all of your support.

Sincerely,
Bernadette Waters

① 출간 기념회 일정을 공지하려고
② 영화제 수상 소감을 발표하려고
③ 신작 출간 소식을 공지하려고
④ 전자책 다운로드 방법을 안내하려고
⑤ 소설 출간일이 연기됨을 사과하려고

Words ───────────────────────────────

publish 출판하다   appearance 외모; *출연   adaptation 각색 (작품)   nominate (후보자로) 지명하다   faithful 충실한, 헌신적인   release 석방하다;
*공개하다, 발표하다   hardcopy 하드카피, 출력된[인쇄된] 자료   available 구할[이용할] 수 있는   support 지지

03

다음 글의 목적으로 가장 적절한 것은?

Dear Ms. Cross,

Thank you for ordering from Barker's Books. We are happy to inform you that your order has been shipped. However, we wanted to update you on the status of your delivery. We have been informed that the post office is experiencing a higher parcel volume than usual, so all deliveries will be delayed by up to five days. We are truly sorry for any inconvenience this may cause you. To get the latest tracking information for your order, please log into our website at your convenience. When you log in, you will also find that a 10% coupon has been added to your account for use on any future purchase. If you have any further questions, please feel free to contact our customer service desk at any time.

Yours truly,
James Prescott, Customer Service - Barker's Books

① 주문에 대한 감사 인사를 하기 위해
② 할인 이벤트를 홍보하기 위해
③ 배송 지연을 알리고 사과하기 위해
④ 업무 중단 이유를 설명하기 위해
⑤ 웹사이트 이용 방법을 알리기 위해

Words

inform 알리다 ship 수송[운송]하다 update 갱신하다; *가장 최근의 정보를 알려 주다 status 지위; *상태 delivery 배달 parcel 소포 volume 용량; *양 delay 연기하다; *지연시키다 inconvenience 불편, 애로 latest (가장) 최신의 tracking 추적 account 설명; *계정 purchase 구매 further 추가의

다음 글의 목적으로 가장 적절한 것은?

To Whom It May Concern:

Businesses are collecting more and more data these days. Whether we're talking about customers' shopping habits or the performance of different investments, the amount of data most companies keep is enormous. Unfortunately, data is useless unless you can analyze and understand it. And doing that can be difficult when you have so much of it. So let us deal with your massive data! Our company provides one of the best data analysis programs in the industry. Using this tool, you can transform your information into charts and graphs quickly and simply, which will save you a lot of time. According to our research, businesses that use our program are 75% more likely to benefit from the data they've collected than those that don't! You can try our program for free for two weeks before you decide to subscribe. If you are interested, please contact me. I would be happy to help you.

Donna Harris, T&C Datics

① 무료 프로그램을 신청하려고
② 효율적인 데이터 활용 방식을 제안하려고
③ 정확한 데이터 수집의 중요성을 강조하려고
④ 데이터 시각화의 문제점을 설명하려고
⑤ 데이터 분석 프로그램을 광고하려고

Words ────────────────────────────────────

performance 공연; *실적, 성과 investment 투자 enormous 막대한 useless 쓸모없는 analyze 분석하다 (*n.* analysis 분석) deal with (문제·과제 등을) 처리하다 massive 엄청나게 큰, 막대한 transform A into B A를 B로 바꾸다 subscribe (신문 등을) 구독하다, (인터넷·유료 TV 채널 등에) 가입하다

02 심경·분위기

유형 소개

글에 나타난 상황을 바탕으로 등장인물의 심경 또는 심경의 변화를 추론하거나 글 전반에서 느껴지는 분위기를 파악하는 유형이다. 수필이나 소설 등과 같은 짧은 이야기 성격의 글이 주로 출제된다.

다음 글에 드러난 Cindy의 심경 변화로 가장 적절한 것은? 평가원

ⓐ One day, Cindy happened to sit next to a famous artist in a café, and she was thrilled to see him in person. He was drawing on a used napkin over coffee. ⓑ She was looking on in awe. After a few moments, the man finished his coffee and was about to throw away the napkin as he left. Cindy stopped him. "Can I have that napkin you drew on?", she asked. "Sure," he replied. ⓒ "Twenty thousand dollars." ⓓ She said, with her eyes wide-open, "What? It took you like two minutes to draw that." "No," he said. "It took me over sixty years to draw this." ⓔ Being at a loss, she stood still rooted to the ground.

① relieved → worried
② indifferent → embarrassed
③ excited → surprised
④ disappointed → satisfied
⑤ jealous → confident

해결 전략

01 글에서 드러나는 전반적인 상황이나 사건의 흐름을 파악한다.

02 심경이나 분위기를 드러내는 어휘나 표현에 주목한다.

03 글의 중반부에서 갑자기 상황이 바뀌면 앞뒤 상황을 종합적으로 고려하여 등장인물의 심경 변화를 판단한다.

기출 해결

ⓐ-ⓑ thrilled to see him, looking on in awe 등의 표현을 통해 Cindy가 초반에는 유명한 화가를 직접 보게 되어 흥분했음을 알 수 있다.

ⓒ-ⓔ 화가가 자신이 그림을 그린 냅킨에 2만 달러라는 가격을 부여하자, Cindy의 심경은 with her eyes wide-open, Being at a loss 등의 표현에서 볼 수 있듯이 놀라움으로 바뀌었음을 추측할 수 있다.

➡ 처음에는 유명한 화가를 보고 감격했다가 그의 말과 행동에 놀랐다는 내용이므로, 심경 변화로는 ③ '신이 난 → 놀란'이 가장 적절하다.

유형 잡는 Tips | **심경·분위기를 나타내는 어휘**

심경을 나타내는 어휘

relieved 안도하는	comforted 편안한, 위안을 받은	frustrated 좌절감을 느끼는
calm 침착한	terrified/frightened 겁이 난	annoyed/irritated 짜증이 난
satisfied 만족하는	exhausted 지친, 기진맥진한	confused 혼란스러워하는
relaxed 느긋한	ashamed 수치스러운	scared 무서워하는
grateful 고마워하는	upset 속상한	sorrowful 슬픈
amused 즐거운	discouraged 낙담한	embarrassed 당황한
thrilled 아주 신이 난	alarmed 불안해하는; 놀란	disappointed 실망한
pleased/delighted 기뻐하는	jealous 질투하는	indifferent 무관심한

분위기를 나타내는 어휘

cheerful 발랄한	humorous 재미있는	noisy 떠들썩한
calm 차분한	mysterious 신비한	frightening 무서운
dull 따분한	peaceful 평화로운	romantic 낭만적인
gloomy 음울한	moving 감동적인	melancholy 우울한
dynamic 역동적인	scary 무서운	lively 활기찬
urgent 긴급한	festive 흥겨운	tense 긴장된

다음 글에 드러난 Karen의 심경으로 가장 적절한 것은?

It was just another day for Karen. The television was on, and she was folding the laundry. From the next room, she could hear her daughters playing. On TV, a weather forecaster was talking about a tornado warning. She was concerned, but the area on the screen was about 50 kilometers away from Karen's town. There was nothing to worry about. A few minutes later, however, she heard an odd sound. At first she thought it was her cell phone, but it was coming from outside. It couldn't be the tornado sirens. They only went off when a tornado was on its way. Just then her two little girls came running into the room. "Mommy, look out the window!" they shouted. In the field across the street, just 200 meters away, was a tornado. It was huge, and it was headed directly toward Karen's house.

① bored
② hopeful
③ relieved
④ frightened
⑤ disappointed

Words

fold 접다   laundry 세탁물   weather forecaster 기상 캐스터   warning 경고, 경보   concerned 걱정[염려]하는   odd 홀수의; *이상한   go off (경보기 등이) 울리다   on one's way 진행 중인, 다가오는   huge 거대한   head 이끌다; *향하게 하다   [문제] relieved 안도하는   frightened 겁먹은   disappointed 실망한

02

다음 글에 드러난 'I'의 심경 변화로 가장 적절한 것은?

I am a professor of music at a small college. To earn extra money, I also give piano lessons to local children. One day, while I was in my office, I was visited by a woman. She excitedly explained that her young son was a talented prodigy with unlimited potential. The woman was convinced that, with the tutoring of an experienced musician, he could become a musical genius. She asked if I would be interested, and I eagerly accepted. Actually, it has always been my dream to help develop a young talent into a world-famous pianist. Halfway through our first lesson, however, I realized the woman had been exaggerating. Her son's abilities were average at best. And to make matters worse, he hated the piano, only taking lessons because his mother had insisted.

① tired → touched
② excited → grateful
③ satisfied → jealous
④ exhausted → pleased
⑤ hopeful → disappointed

Words

talented (타고난) 재능이 있는 (*n.* talent 재능; *재능 있는 사람) prodigy 영재 unlimited 무한한 potential 잠재력 convinced 확신에 찬 tutoring 개인 지도, 개인 교습 experienced 경험이 풍부한 eagerly 열망하여, 간절히 exaggerate 과장하다 at best 기껏해야 insist 주장하다, 고집하다 [문제] satisfied 만족한 touched 감동한 exhausted 기진맥진한

03

다음 글에 드러난 'I'의 심경 변화로 가장 적절한 것은?

Warming up before ballet class, I knew I was finally going to impress my teacher. I had been working on several techniques and was definitely showing signs of improvement. But then I put on my pointe shoes, and my ankle started hurting immediately, which was not a good sign. Still, I continued with my workout. But when I tried to stand on my toes, I nearly fell over. I couldn't even do it while holding onto the bar. Almost in tears, I sat down against the wall as the group lesson began. The other girls went through their exercises beautifully. If I could have participated, I'm sure I would have performed better than all of them. But all I could do was sit and watch.

*pointe shoes: 뽀엥뜨 슈즈(발레용 신발)

① nervous → relaxed
② upset → relieved
③ proud → indifferent
④ confident → frustrated
⑤ uncertain → encouraged

Words

warm up 몸을 천천히 풀다, 준비 운동을 하다   impress 깊은 인상을 주다   work on ~에 노력을 들이다   improvement 개선; *향상   ankle 발목
workout 운동, 연습   nearly 거의, 하마터면   fall over 넘어지다   hold onto ~을 잡다   [문제] indifferent 무관심한   frustrated 좌절감을 느끼는
uncertain 확신이 없는   encouraged 격려받은, 기운을 얻은

04

다음 글의 상황에 나타난 분위기로 가장 적절한 것은?

It was a cold and rainy night, and Susan had finally fallen asleep in her bedroom. Her cousins had come to stay with her for the weekend, and they were sleeping on a spare bed beside her. As the storm outside grew stronger, the thunder started getting louder and louder. It boomed so loud that it startled Susan from her sleep. She sat up and saw that the spare bed was empty. Where were her cousins? Did something happen to them? She didn't want to wake her parents, so she went downstairs to investigate by herself. She quietly entered the dark living room and turned on the light switch. Nothing happened. The power was out! Suddenly, she saw something move near the window. Was it just the curtains? Then an eerie sound started coming from the corner of the room. Susan froze. She wanted to run back upstairs, but she couldn't. Her feet were rooted to the floor.

① boring and monotonous
② festive and exciting
③ gloomy and depressing
④ scary and frightening
⑤ relaxing and calm

Words

spare 남는, 여분의   boom 쾅[탕] 하는 소리를 내다   startle 깜짝 놀라게 하다   investigate 조사하다, 살피다   by oneself 혼자   power 힘; *전기
eerie 괴상한, 으스스한   [문제] monotonous 단조로운   festive 즐거운, 흥겨운   depressing 우울한   scary 무서운

03 주장 · 요지

유형 소개

필자가 글에서 주장하는 내용이나 말하고자 하는 핵심 요지가 무엇인지 찾는 유형이다. 주로 논설문 형태의 글이 출제되며, 선택지는 우리말로 제시된다.

다음 글에서 필자가 주장하는 바로 가장 적절한 것은? 평가원

ⓐ Twenty-three percent of people admit to having shared a fake news story on a popular social networking site, either accidentally or on purpose, according to a 2016 Pew Research Center survey. It's tempting for me to attribute it to people being willfully ignorant. Yet the news ecosystem has become so overcrowded and complicated that I can understand why navigating it is challenging. ⓑ When in doubt, we need to cross-check story lines ourselves. ⓒ The simple act of fact-checking prevents misinformation from shaping our thoughts. We can consult websites such as FactCheck.org to gain a better understanding of what's true or false, fact or opinion.

① 뉴스 내용의 사실 여부를 확인할 필요가 있다.
② 가짜 뉴스 생산에 대한 규제를 강화해야 한다.
③ 기사 작성 시 주관적인 의견을 배제해야 한다.
④ 시민들의 뉴스 제보 참여가 활성화되어야 한다.
⑤ 언론사는 뉴스 보도에 대한 윤리의식을 가져야 한다.

해결 전략

01 글의 도입부를 읽으면서 중심 소재를 파악한다.

02 글 전체에서 반복적으로 등장하는 핵심어(구)에 집중하여 글의 주제를 추측한다.

03 내용 전환어(구) 및 주장, 제안, 당위 등을 나타내는 표현에 주목하여 주장이나 요지를 확인하다.

기출 해결

ⓐ 23퍼센트의 사람들이 사회 관계망 사이트에서 가짜 뉴스를 공유한 경험이 있다는 내용으로, 가짜 뉴스에 대한 내용이 전개될 것임을 예측할 수 있다.

ⓑ we need to cross-check story lines ourselves를 통해 중심 소재에 대한 필자의 주장을 명확히 드러내고 있다.

ⓒ 사실 확인을 통해 잘못된 정보가 우리의 생각을 형성하는 것을 막을 수 있다고 말하며 주장을 뒷받침하고 있다.

➡ 많은 사람들이 가짜 뉴스의 내용을 공유한 경험이 있는데, 뉴스에 대한 의심이 들 때 우리는 스스로 사실 여부를 확인할 필요가 있다고 말하고 있으므로, 필자의 주장으로 가장 적절한 것은 ①이다.

유형 잡는 Tips | **주장·요지 유형에 자주 등장하는 표현**

주장을 드러내는 조동사

· must, have to, should, need to

금지·명령의 표현

· Don't, Think about, Remember that

의견·제안·당위를 나타내는 표현

· in my opinion, I think[believe/feel/insist/suggest] (that)
· What I'm concerned about is, What matters is, The point[fact] is that
· It's good[necessary/essential/important] that[to]

글의 흐름을 전환하는 연결사

· but, however, yet, still, nevertheless

결론이나 요약을 이끄는 연결사

· in conclusion, therefore, thus, as a result, eventually, in fact, in brief, in short, in summary

다음 글의 요지로 가장 적절한 것은?

You're sick, but you have an appointment to meet your friend and don't want to cancel it. You visit your friend and describe your symptoms to her. She says they're exactly the same as the symptoms she experienced last month. Her doctor prescribed her some antibiotics, and she has some leftover pills. She offers you the rest of them. It could be tempting to take them because you'd save money and time. But taking medicine prescribed for someone else is a bad idea. Prescriptions are written for one specific person based on their height, weight, and other factors. Therefore, your friend's medication is probably not the correct dosage for you. Besides, you can't be sure the two of you have the same illness. Taking the wrong medicine could be harmful to your health. Remember, sharing is not always a good thing.

*antibiotic: 항생제 **dosage: (약의) 정량, 복용량

① 의료 상담은 전문가에게 받는 것이 안전하다.
② 동일한 약이라도 사람마다 부작용이 다를 수 있다.
③ 무분별한 영양제 섭취는 건강에 부정적 영향을 끼친다.
④ 타인에게 처방된 약을 복용하는 것은 바람직하지 않다.
⑤ 정기적으로 건강검진을 받는 것은 가장 좋은 질병 예방법이다.

Words ───

appointment 약속 cancel 취소하다 describe 말하다, 설명하다 symptom 증상 exactly 정확하게 prescribe 처방하다 leftover 남은
pill 알약 tempting 유혹하는, 마음을 부추기는 specific 구체적인; *특정한 factor 요소 medication 약[약물] besides 게다가

02

다음 글에서 필자가 주장하는 바로 가장 적절한 것은?

Fights between siblings are a common occurrence. With all of the screaming and crying involved, it's easy for parents to think that their parenting skills are somehow at fault. It's important to realize, however, that sibling rivalries are natural, and they can even be valuable for helping children discover their own uniqueness. This doesn't mean that parents should just let their kids fight, though. They still need to take steps to prevent conflicts from happening. One effective way to do this is to reinforce good behavior by praising children when they are kind to each other. And even more importantly, when it's necessary to criticize bad behavior, parents should do it privately so that the other siblings don't hear. Otherwise, they will likely use that criticism to boss around their brother or sister by saying things like, "Hey, Mom told you not to run in the house!"

① 아이에게 양보의 미덕을 가르쳐라.
② 자녀의 다툼에 부모의 개입을 최소화하라.
③ 아이들에게 일관된 훈육의 기준을 제시하라.
④ 아이를 혼낼 때는 다른 형제가 없는 곳에서 하라.
⑤ 자녀들이 서로의 차이를 인정하고 존중하게 하라.

Words

sibling (한 명의) 형제자매 occurrence 발생하는 것[일] involve 수반[포함]하다 parenting 육아 somehow 어떻게든; *어쩐지, 아무래도 rivalry 경쟁 (의식) natural 자연의; *당연한, 자연스러운 valuable 귀중한; *매우 유익한[유용한] uniqueness 유일함, 고유성 take steps 조치를 취하다 conflict 갈등 effective 효과적인 reinforce 강화하다 praise 칭찬하다 criticize 비판하다 privately 개인적으로, 따로 otherwise 그렇지 않으면 boss around ~에게 명령하다

03

다음 글에서 필자가 주장하는 바로 가장 적절한 것은?

I have read many stories about the lives of successful artists, and they all seem to have one thing in common. In every young artist's life, there seems to be a moment when someone tries to discourage him or her. Even the most talented artists have this experience. People tell the artist that it is impossible to earn money as an artist and that becoming an artist will lead to failure. Whenever I read a story like that, I think about how important those artists are. If they had given up because of someone's words, how would the world have been different? It also makes me think about all the people who could have been artists but gave up. Many of them are now in jobs they do not want. So if you know someone who wants to be an artist, be careful. You don't have the right to destroy someone's dream.

① 모든 예술을 돈의 가치로만 평가해서는 안 된다.
② 예술가가 되기 위해서는 다양한 경험을 해야 한다.
③ 예술가 지망생들에게 섣부른 충고는 하지 않아야 한다.
④ 예술 방면에 특출난 재능이 없다면 일찍 포기해야 한다.
⑤ 예술가는 생계 유지를 위해 자신의 소신을 저버리지 않아야 한다.

Words ───

have ~ in common ~을 공통점으로 갖다   discourage 좌절시키다   talented 재능 있는   earn (돈을) 벌다   give up 포기하다   right 옳은 일; *권리[권한]   destroy 파괴하다, 말살하다

04

다음 글의 요지로 가장 적절한 것은?

The management of a car company recently had an interesting experience. When they asked their employees to think of "ways to increase productivity," they received little response. However, when the request was rephrased as "ways to make your job easier," the suggestions began to pour in. This shows how our perception of a situation differs depending on words. The word "productive" suggests extra work, while the word "easier" carries a more positive feeling. Therefore, if you want your message to be effective, pay close attention to your choice of words. For example, if the need to "increase sales" sounds too harsh, you can soften it to "attract new customers." In this way, simply by using a richer and more varied vocabulary, you can become a more effective communicator.

① 단어가 더 적을수록 메시지는 더 효과적이다.
② 직원과 경영진 사이의 솔직한 의사소통이 중요하다.
③ 매출에 대한 심한 압박은 직원의 생산성을 감소시킨다.
④ 적절한 어휘를 선택하는 것은 메시지 전달에 중요하다.
⑤ 업무 생산성 향상을 위해 동기를 부여하는 말이 필요하다.

Words ──

management 경영[운영]; *경영진   productivity 생산성   response 응답   rephrase 고쳐[바꾸어] 말하다   pour in 쏟아져 들어오다   perception 인지, 인식   differ 다르다   depending on ~에 따라   suggest 제안하다; *암시[시사]하다   harsh 가혹한, 너무 강한   soften 부드럽게 하다   attract 끌어들이다   varied 다양한

유형 소개

글 전체의 맥락과 중심 내용을 파악하여 밑줄 친 부분이 나타내는 의미를 추론하는 유형이다. 밑줄 친 부분은 글의 주제와 관련된 내용이 비유적으로 표현된 경우가 많다.

밑줄 친 "There is no there there."가 다음 글에서 의미하는 바로 가장 적절한 것은? 평가원

I believe the second decade of this new century is already very different. ⓐ There are, of course, still millions of people who equate success with money and power —who are determined to never get off that treadmill despite the cost in terms of their well-being, relationships, and happiness. There are still millions desperately looking for the next promotion, the next million-dollar payday that they believe will satisfy their longing to feel better about themselves, or silence their dissatisfaction. ⓑ But both in the West and in emerging economies, there are more people every day who recognize that these are all dead ends—that they are chasing a broken dream. ⓒ That we cannot find the answer in our current definition of success alone because —as Gertrude Stein once said of Oakland—"There is no there there."

① People are losing confidence in themselves.

② Without dreams, there is no chance for growth.

③ We should not live according to others' expectations.

④ It is hard to realize our potential in difficult situations.

⑤ Money and power do not necessarily lead you to success.

| 해결
전략 | 01 | 글의 흐름에 집중하여 글 전체를 읽으면서 중심 내용 및 주제를 파악하고, 주제를 뒷받침하는 세부 사항들을 확인한다. |

해결 전략

01 글의 흐름에 집중하여 글 전체를 읽으면서 중심 내용 및 주제를 파악하고, 주제를 뒷받침하는 세부 사항들을 확인한다.

02 밑줄이 있는 문장이 무슨 의미인지 파악한다. 이때, 단순히 표면적인 의미가 아니라 글의 전체적인 맥락 속에서 어떤 비유적 의미를 나타내는지 살펴보아야 한다.

03 선택한 정답을 밑줄 친 어구 대신 넣었을 때 글의 흐름이 자연스러운지 재확인한다.

기출 해결

ⓐ 성공을 돈과 권력과 동일시하는 사람이 여전히 많이 있다고 말하고 있으므로, 이러한 인식에 대한 문제점을 이야기할 것이라고 추측할 수 있다.

ⓑ But 이후에 돈과 권력에 대한 추구는 막다른 길(dead ends)이며 부서진 꿈을 좇는(chasing a broken dream) 것임을 인식하는 사람이 많아지고 있다는 글의 중심 내용이 드러나고 있다.

ⓒ 성공에 대한 현재의 정의(성공을 돈과 권력과 동일시하는 것)로는 정답을 찾을 수 없다고 했으므로, '그곳에는 그곳이 없다'라는 말은 돈과 권력을 좇는다고 성공하는 것은 아니라는 의미임을 유추할 수 있다.

➡ 돈과 권력에 대한 추구가 부서진 꿈을 좇는 것임을 인식하는 사람들이 많아지고 있으며 성공에 대한 현재의 정의로는 정답을 찾을 수 없다는 내용이므로, 밑줄 친 부분이 의미하는 바로는 ⑤ '돈과 권력이 반드시 성공으로 이끄는 것은 아니다'가 가장 적절하다.

유형 잡는 Tips   단서를 활용한 함의 추론

글의 맥락 및 주제 파악에 단서가 되는 부분을 찾고 이를 토대로 정답을 추론한다. 정답 선택지는 지문에 등장하지 않은 표현이 사용되는 경우도 많으므로 지문에 등장한 표현이 그대로 쓰인 오답 선택지를 정답으로 오인하지 않도록 주의한다. 기출문제를 분석한 다음의 예시를 통해 단서를 활용하는 방법을 살펴보자.

밑줄 문장: Indeed, any attentive listener will admire the fact that you didn't "rise to the bait."

단서 1: ... tempers are one of the first things lost in many arguments.

→ 글의 소재: 논쟁에서 화를 내는 것

단서 2: The point to remember is that sometimes in arguments the other person is trying to get you to be angry.

→ 논쟁에서 상대는 당신을 화나게 만들려고 함

단서 3: So don't fall for it. A remark may be made to cause your anger, but responding with a cool answer that focuses on the issue raised is likely to be most effective.

→ 속아 넘어가지 말고 침착한 답변으로 대응하는 것이 중요함

[정답] lose your temper → 미끼를 물지 않았다: 화를 내지 않았다

[오답] stay calm → 논쟁에서 침착하지 않았다는 것에 청자가 감탄한다는 것은 지문의 내용과 상반됨

밑줄 친 I can't find the off button이 다음 글에서 의미하는 바로 가장 적절한 것은?

If you drive down a certain highway in England, you'll come across an unusual sight—a farm located in the middle of the road. The highway splits in two, passing on either side of the farm. Many people assume the owner of the farm refused to sell the property and the highway was built around it. However, that's not the case. The land beneath the farm was simply too unstable to build a highway on. The workers had no choice but to split the highway in two. These days, the farm has become a stopping place for drivers experiencing car troubles. The owner of the farm explains that people pull over and ask for repairs or gasoline. Although he doesn't mind the uninvited guests, the noise from the highway does bother him. "I'd like to switch it off," he jokes, "but I can't find the off button."

① I don't ever want to sell my property
② I want more visitors to come to my farm
③ I don't want to live on my farm anymore
④ I have no choice but to endure the constant noise
⑤ I can clear away traffic jams by pushing a button

Words

come across ~을 우연히 마주치다[발견하다]   unusual 특이한, 흔치 않은   split 나뉘다; ~을 나누다   assume 추측하다, 생각하다   property 재산; *부동산, 소유지   case 경우; *사실   beneath ~ 아래에   unstable 불안정한   have no choice but to-v ~할 수밖에 없다   pull over 차를 대다   uninvited 초대받지 않은   switch off ~을 끄다   [문제] endure 견디다, 참다   constant 끊임없는, 거듭되는   traffic jam 교통 체증

02

밑줄 친 the magic bullet you seek is nothing more than a myth가 다음 글에서 의미하는 바로 가장 적절한 것은?

Are you searching for an easy-to-learn method that will allow you to read faster and with excellent comprehension? If so, you're likely to be disappointed. An increase in speed inevitably sacrifices accuracy—this is true in everything we do, including reading. Therefore, the magic bullet you seek is nothing more than a myth. In certain situations, trading accuracy for an increase in speed may be acceptable. Perhaps, for example, you are reading an article on a topic you know well, simply to find a specific piece of information. In this case, reading faster and with less accuracy can be useful. But when you find yourself reading something unfamiliar and challenging, the best approach is to read the material at a normal pace, which is 200 to 400 words per minute.

① reading comprehension is more important than quickness
② learning ability cannot be measured by reading speed
③ reading closely is as important as reading extensively
④ improving both speed and precision in reading is not possible
⑤ there is no relation between reading speed and reading comprehension

---

Words

comprehension 이해(력) inevitably 필연적으로, 불가피하게 sacrifice 희생하다 magic bullet 마법의 탄환; *마법의 해결책, 특효약 myth 신화; *근거 없는 믿음 specific 구체적인, 분명한 unfamiliar 낯선 challenging 도전적인 approach 접근법 material 재료, 자료 pace 속도
[문제] quickness 신속 measure 측정하다 extensively 널리, 광범위하게 precision 정확(성) relation 관계

03

밑줄 친 his throne was under a sword가 다음 글에서 의미하는 바로 가장 적절한 것은?

King Dionysius the Elder was the ruler of Syracuse during the fourth century B.C. One of the members of his court was a man named Damocles. He often remarked that he believed Dionysius was lucky and that being king was the easiest job in the world. Dionysius became annoyed with Damocles and decided to teach him a lesson. He invited Damocles to a party with wonderful food and beautiful music. Just like a king, Damocles was surrounded by luxury! However, Damocles couldn't enjoy himself because his seat was directly beneath a sword hanging by a single hair. At any moment, the hair could break, and the sword would fall on his head. This was the king's way of showing Damocles that his throne was under a sword.

① King Dionysius put his sword down on his chair
② a king must always think of war, even during a party
③ a single sword is more powerful than any man can be
④ the throne of a king is useless without a powerful military
⑤ a king can never relax because his life is always under threat

Words ───

ruler 통치자 court 법원; *궁정, 궁중 remark 언급하다, 말하다 annoyed 짜증이 난 surround 둘러싸다, 에워싸다 enjoy oneself 즐겁게 보내다
sword 칼, 검 hang 매달리다 single 단 하나의 break 깨뜨리다; *(툭) 끊어지다 throne 왕좌 [문제] useless 소용없는 relax 느긋이 쉬다
threat 위협

04

밑줄 친 The same is true for the news.가 다음 글에서 의미하는 바로 가장 적절한 것은?

The news plays an important role in our lives by providing valuable information and keeping us informed about current events. But it's important to understand how your body reacts to it. According to research, consuming too much negative news can affect your mood and lead to increased anxiety levels. When you take in too much bad news, it often prompts a fight or flight response in your brain, which triggers the release of stress hormones that can cause anxiety and even depression. However, this doesn't mean that you should completely ignore the news. Think of how a diet works. To lose weight, you eat less frequently, eat smaller amounts, and avoid certain foods. The same is true for the news. With a news diet, you can limit its negative side effects and improve your mental health.

*fight or flight response: 투쟁 도피 반응(긴급 상황 시 빠른 방어 행동을 보이기 위한 흥분된 생리적 상태)

① Set reasonable time limits for news consumption.
② Practice shaping your own opinions based on news.
③ Use news to keep yourself updated and informed.
④ Learn to filter unreliable sources of news on the Internet.
⑤ Balance the consumption of traditional and online media for news.

Words ───

play a role 역할을 하다   informed 잘 아는   current event 시사, 시사 문제   react 반응하다   consume 소비하다   mood 기분   anxiety 불안
take in 섭취[흡수]하다   prompt 촉발하다   trigger (방아쇠를 당겨서) 쏘다; *유발하다   depression 우울함   completely 완전히   ignore 무시하다
amount 양   side effect 부작용   [문제] reasonable 합리적인   consumption 소비   filter 거르다   unreliable 믿을 수 없는   source 근원; *출처
balance 균형을 유지하다   media 매체

주제·제목

유형 소개

글의 중심 내용에 해당하는 주제, 또는 그 주제를 간략하게 압축하거나 상징적으로 표현한 제목을 찾는 유형이다.

다음 글의 제목으로 가장 적절한 것은? 평가원

ⓐ Every event that causes you to smile makes you feel happy and produces feel-good chemicals in your brain. ⓑ Force your face to smile even when you are stressed or feel unhappy. ⓒ The facial muscular pattern produced by the smile is linked to all the "happy networks" in your brain and will in turn naturally calm you down and change your brain chemistry by releasing the same feel-good chemicals. Researchers studied the effects of a genuine and forced smile on individuals during a stressful event. The researchers had participants perform stressful tasks while not smiling, smiling, or holding chopsticks crossways in their mouths (to force the face to form a smile). ⓓ The results of the study showed that smiling, forced or genuine, during stressful events reduced the intensity of the stress response in the body and lowered heart rate levels after recovering from the stress.

① Causes and Effects of Stressful Events

② Personal Signs and Patterns of Stress

③ How Body and Brain React to Stress

④ Stress: Necessary Evil for Happiness

⑤ Do Faked Smiles Also Help Reduce Stress?

해결 전략	01 글에서 반복적으로 등장하는 핵심어(구)에 주목하여 글의 소재와 중심 내용을 파악한다.
	02 주제문은 글의 전개 방식에 따라 글의 초반, 중반, 후반 등 다양한 위치에 올 수 있으므로, 글의 흐름을 파악하며 글의 주제문을 찾는다.
	03 글의 일부나 세부 사항이 아닌 글 전체를 포괄하는 선택지를 찾는다. 주제는 주제문을 간결하게, 제목은 보통 주제를 비유적으로 표현하여 출제된다.

기출 해결	ⓐ-ⓑ 미소는 행복감을 느끼게 하는 화학 물질을 만들어내므로 스트레스 상황에서도 웃어 보라고 하는 내용을 통해 미소와 뇌의 화학 작용에 대한 이야기가 전개될 것임을 예측할 수 있다.
	ⓒ The facial muscular pattern, smile, "happy networks" in your brain, feel-good chemicals 등의 핵심어구가 등장하며 미소가 뇌의 화학 작용에 미치는 영향에 대해 언급하고 있다.
	ⓓ 미소가 억지이든 진정한 것이든 인체의 스트레스 반응을 낮추었다는 연구 결과를 통해 글의 주제를 알 수 있다.

➡ 억지로 짓는 미소도 진짜 미소와 마찬가지로 스트레스 반응 강도를 줄여주는 효과가 있다는 내용이므로, 글의 제목으로는 ⑤ '가짜 미소도 스트레스를 줄이는 데 도움이 되는가?'가 가장 적절하다.

유형 잡는 Tips　　**주제·제목의 다양한 형태**

구의 형태
- (동)명사+(동)명사: ex) Useful Books for Learning Languages
- 동격: ex) The City's Greatest Attraction: People
- 의문사구: ex) How to Cure Muscle Pain

절의 형태
- 의문사절: ex) What People Want from Work
- 명령문: ex) Build Up Trust with Children
- 의문문: ex) Is Honesty the Best Policy?
- 평서문: ex) Natural Diets Make the World Green

주제·제목 유형의 선택지에 자주 등장하는 표현

causes of ~	differences between ~	advantages[benefits] of ~
the necessity of ~	functions[features] of ~	the history[origin] of ~
the process of ~	problems of[with] ~	how to-v ~ / ways of ~
the demand for ~	some tips on ~	the variety of ~
various types[kinds] of ~	the influence[effect] of ~	the importance of ~
similarities between ~	the discovery of ~	the definition of ~
factors to-v[v-ing] ~	difficulties of[between] ~	relationship between ~

다음 글의 제목으로 가장 적절한 것은?

What do you do when you want to power a device with electricity? Usually, you either plug it into a wall socket or put batteries in it. But what if you could plug it into your body instead? One scientific team at the Joseph Fourier University of Grenoble believes this may one day be possible. They are testing a device called a *biofuel cell*, which uses the body's sugar and oxygen to create electricity. Their hope is that it could be used to improve certain medical procedures. For example, people with artificial hearts must have an operation every so often to replace the battery. If the heart contained a biofuel cell, however, this surgery would not have to happen. The challenges and concerns patients face would therefore be reduced significantly.

① Use Food to Power the World
② Biofuels Can Replace Your Heart
③ Electricity Will Become Unnecessary
④ Using the Human Body to Make Electricity
⑤ Biofuel Cells: A New Way to Perform Surgery

Words

power 전력을 공급하다 device 장치, 기구 electricity 전기 socket 콘센트 biofuel 바이오 연료 cell 세포; *전지 oxygen 산소 medical 의학[의료]의 procedure 절차, 방법; *수술, 시술 artificial 인공의 operation 수술 every so often 가끔, 종종 replace 대체하다, 교체하다 contain ~을 포함하다 surgery (외과적) 수술 concern 우려 significantly 상당히 [문제] unnecessary 불필요한 perform (수)행하다

02

다음 글의 주제로 가장 적절한 것은?

Psychologists used to think that young children only considered their own likes and dislikes. But a recent experiment showed that 18-month-old babies are able to understand others' opinions. The experiment featured two bowls. One was filled with broccoli, and the other was filled with crackers. The babies tasted the food in both bowls, and they all liked the crackers more than the broccoli. Next, the babies watched as an adult ate from the bowls. The adult made a disgusted face when she tried the crackers and a happy face when she tried the broccoli. Then she reached out her hand and asked the baby to give her some more. The babies gave the adult more broccoli because she had acted as though she liked it. This suggests that infants consider others' points of view when they decide how to respond to them.

① the food choices of young children
② the tendency of babies to act selfishly
③ the formation of likes and dislikes in babies
④ the ability of babies to recognize others' preferences
⑤ the difficulties of conducting experiments with babies

Words ──

psychologist 심리학자 experiment (과학적인) 실험 feature ~을 특별히 포함하다 bowl 그릇 taste ~한 맛이 나다; *맛보다 disgusted 역겨워하는 infant 유아, 아기 point of view 관점, 의견, 태도 respond 대답하다, 반응하다 [문제] tendency 성향, 경향 selfishly 이기적으로 formation 형성 (과정) recognize 알아보다; *인식하다 preference 선호(도) conduct (특정한 활동을) 하다

03

다음 글의 주제로 가장 적절한 것은?

For most people who grew up in the countryside, the smell of freshly cut grass brings back feelings of peace and happiness. When cut, grass releases substances known as green leaf volatiles (GLVs), and this is what creates the smell that people enjoy so much. But this isn't the true purpose of the odor. It is actually a call for help when plants are damaged. In a recent study, researchers found that when tobacco plants were being attacked by caterpillars, they released GLVs. The insects that were attracted by the odor of these GLVs were ones that prey on caterpillars. Therefore, the researchers concluded that the plants were communicating with the insects in a very basic way, asking for and receiving help.

*green leaf volatile: 녹색 잎 휘발성 물질

① a self-defense technique of plants
② a chemical that helps plants grow
③ a natural fertilizer created by grass
④ a dangerous feature of common plants
⑤ a method insects use to catch their prey

Words ───

countryside 시골 bring back ~을 기억나게 하다[상기시키다] substance 물질 odor 냄새, 악취 call 요청 tobacco 담배 caterpillar 애벌레 attract 끌어들이다 prey 잡아먹다; 먹이 conclude 결론을 내리다 [문제] self-defense 자기방어 natural 천연의 fertilizer 비료 common 흔한; *평범한

04

다음 글의 제목으로 가장 적절한 것은?

Each year, more than two million people, most of them children, die from diarrhea-related diseases. However, more than a third of these deaths could be prevented if people simply washed their hands with soap. To assure that everyone has access to soap, a social enterprise called Clean the World has begun collecting used hand soap from hotels. It was started by a man named Shawn Seipler. In a Minneapolis hotel room, he noticed that the staff would replace the bar of soap in the bathroom each day, even if it had only been used once. The soap would then be thrown in the trash and end up in a landfill. But thanks to this project, soap from hotels is carefully cleaned, recycled, and sent off to countries where diarrhea-related diseases are causing deaths. Since the project began, hundreds of hotels have donated their used hand soap to help save lives.

① Dirty Soap Can Make You Sick
② Saving Lives with Recycled Soap
③ The Proper Way to Wash Your Hands
④ Soap: The Best Way to Prevent Diseases
⑤ Childhood Diseases in Developing Countries

Words

diarrhea 설사 prevent 막다, 예방하다 assure 장담하다; *보장하다 access 접근, 이용 enterprise 기업, 회사 end up 결국 (어떤 처지에) 처하게 되다 landfill 쓰레기 매립지 recycle 재활용하다 send off ~을 발송하다[보내다] donate 기부하다 [문제] proper 적절한, 올바른

유형 소개

도표의 내용을 설명한 글과 도표를 비교하여 일치하지 않는 내용을 고르는 유형이다. 증감 표현, 비교급, 최상급, 배수, 분수 등의 표현을 평소에 익혀두는 것이 좋다.

다음 도표의 내용과 일치하지 않는 것은? 평가원

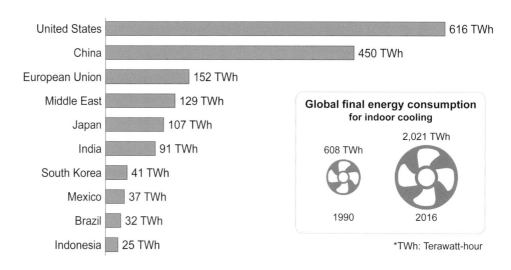

ⓐ **Final Energy Consumption for Indoor Cooling**
by Country/Region in 2016

Global final energy consumption for indoor cooling

608 TWh   2,021 TWh

1990   2016

*TWh: Terawatt-hour

The graph above shows the final energy consumption for indoor cooling by country/ region in 2016. ⓑ ① The global final energy consumption for indoor cooling was over three times larger in 2016 than in 1990. ⓒ ② It was the United States that had the largest final energy consumption, which amounted to 616 TWh. ⓓ ③ The combined amount of the final energy consumption of the European Union, the Middle East, and Japan was less than the amount of China's final energy consumption. ⓔ ④ The difference in amount between India's and South Korea's final energy consumption was more than 60 TWh. ⓕ ⑤ Indonesia's final energy consumption was the smallest among the countries/regions above, totaling 25 TWh.

해결 전략	01	먼저 도표의 제목과 세부 항목(가로축, 세로축, 분류 기준, 단위 등)을 통해 무엇에 관한 도표인지 파악한다.
	02	증감, 배수, 비교 표현 등에 유의하여 지문을 읽으면서 각 문장의 내용이 제시된 도표와 일치하는지 하나씩 꼼꼼하게 대조한다.
	03	도표의 수치가 그대로 제시되기보다 간단한 계산이나 추론이 필요한 경우가 많으므로 이에 유의한다.

기출 해결	ⓐ	주어진 도표가 2016년에 실시된 실내 냉방을 위한 국가/지역별 최종 에너지 소비량에 관한 것임을 파악할 수 있다.
	ⓑ-ⓓ	2016년의 에너지 소비량(2,021)은 1990년(608)의 세 배 이상이고, 미국의 에너지 소비량(616)이 가장 크며, 유럽, 중동, 일본의 에너지 소비량의 합(152＋129＋107＝388)은 중국의 소비량(450)보다 작으므로 ①~③은 도표와 일치한다.
	ⓔ	인도의 최종 에너지 소비량은 91 TWh, 한국의 최종 에너지 소비량은 41 TWh로 그 차이는 50 TWh이므로, 차이가 60 TWh이상이라고 말하는 ④는 도표의 내용과 일치하지 않는다.
	ⓕ	인도네시아의 최종 에너지 소비량은 총 25 TWh로 위의 국가들/지역들 중에 가장 적었으므로, ⑤도 도표와 일치한다.

유형 잡는 *Tips* 도표 유형 지문에 자주 등장하는 표현

수치 변화를 나타내는 표현
- 증가: increase, rise, go up, grow, soar, multiply, skyrocket 등
- 감소: decrease, drop, go down, fall, decline 등
- 기타: surpass, exceed, remain, outnumber 등

정도를 나타내는 부사
- continually, steadily, gradually, slightly, drastically, dramatically, rapidly, sharply 등

수치를 비교하는 표현
- 최상급: the most, the least, the second most 등
- 배수: 배수사＋as＋형용사/부사의 원급＋as, 배수사＋비교급＋than, double, triple 등
- 분수: a half(1/2), one third(1/3), two thirds(2/3), a quarter(1/4), two fifths[two out of five](2/5) 등

다음 도표의 내용과 일치하지 <u>않는</u> 것은?

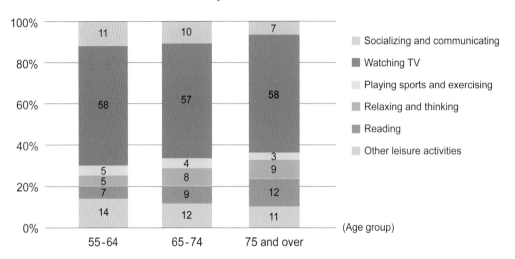

The graph above shows how Americans aged 55 and older spent their leisure time on a daily basis, according to the Bureau of Labor Statistics. ① In all three age groups, seniors spent more time watching TV than doing all the other activities combined. ② The portion of time that seniors spent reading, as well as relaxing and thinking, increased with age. ③ On the other hand, the opposite was true for the amount of time spent socializing and communicating. ④ This decrease also applies to playing sports and exercising, which takes up the smallest portion of seniors' leisure time. ⑤ However, of the three age groups, it was the 65- to 74-year-olds who participated in sports and exercise the most.

Words

senior 노인   socialize 사귀다, 교제하다   on a daily basis 매일   bureau 책상; *(정부 및 관청의) 부서[국]   statistic ((pl.)) 통계, 통계 자료
portion 부분   opposite 반대, 반대되는 것   apply to ~에 적용되다   take up (시간·공간을) 차지하다

02

다음 도표의 내용과 일치하지 <u>않는</u> 것은?

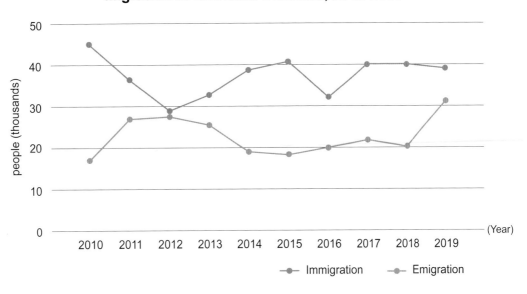

Migration to and from Scotland, 2010-2019

The above graph shows the annual rates of immigration and emigration to and from Scotland from 2010 to 2019. ① In each of the years represented on the graph, the number of people who moved to Scotland exceeded the number of people who left the country. ② The smallest gap between these two numbers took place in 2012, when there was a difference of less than 5,000 people. ③ Immigration was at its highest point in 2010, which is the first year shown on the graph, but it then dropped for two consecutive years. ④ Emigration, on the other hand, peaked in 2019, the last year shown on the graph, surpassing the 30,000 mark for the first time. ⑤ The largest gap between immigration and emigration was in 2010, the first year shown on the graph, followed by the gap in 2016.

Words ──

migration 이주, 이동 immigration (외국으로부터의) 이민; 이민자 수 emigration (다른 나라로의) 이민; 이민 수 annual 매년의; *연간의, 한 해의
rate 속도; *비율 represent 대표하다; *보여주다[제시하다] exceed 넘다, 초과하다 gap 틈; *격차[차이] take place 발생하다, 일어나다
consecutive 연이은 peak 최고조에 달하다 surpass 능가하다, 뛰어넘다 mark 자국; *정도[수준]

다음 도표의 내용과 일치하지 <u>않는</u> 것은?

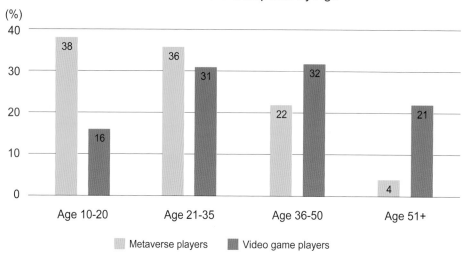

Metaverse and Video Game Players
A Breakdown of Participants by Age

The above chart shows a breakdown by age of people who played a metaverse game or a video game within the past six months in 2021. ① The percentage of the youngest age group exceeded that of the 21-to-35 age group in terms of metaverse games. ② The percentage of metaverse players in the 21-to-35 age group was larger than the combined percentages of the two older groups. ③ As for the 36-to-50 age group, the percentage of video game players was twice as large as that of the youngest age group. ④ Of the four age groups, the smallest gap between video game and metaverse game players was displayed by the 21- to 35-year-olds, while the largest belonged to the over-51 age group. ⑤ Overall, the two younger groups favored metaverse games, whereas the two older groups showed a clear preference for video games.

Words ───

breakdown (차량·기계의) 고장; *분석, 분류 participant 참가자 in terms of ~에 관하여 display 전시하다; *(정보를) 보여 주다 belong to ~에 속하다 favor 선호하다 whereas ~에 반하여 preference 선호(도)

04

다음 도표의 내용과 일치하지 <u>않는</u> 것은?

Gender Pay Gap in OECD Countries

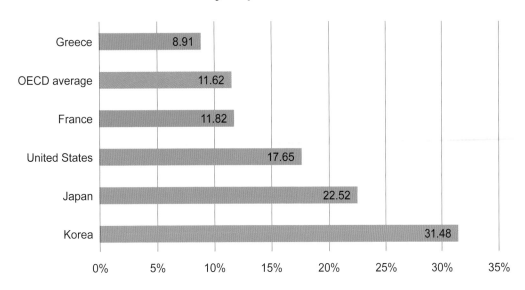

The above chart compares the 2020 gender pay gap in selected OECD countries, as well as the OECD average, showing how much less women make than men on average. ① With a gender pay gap of 8.91%, Greece boasted the most equal pay of all the countries shown. ② France possessed the second-smallest gap, as well as the percentage nearest to that of the OECD average. ③ The difference between the gender pay gaps of the United States and France was bigger than that between Korea and Japan. ④ Japan's gender gap was nearly twice as large as the OECD average, but it wasn't the biggest gap on the chart. ⑤ The gender pay gap of Korea was the largest, with the difference in earnings standing at 31.48%.

Words ————————————————————————————————

gender 성, 성별 pay gap 임금 격차 average 평균 compare 비교하다 boast 자랑하다 possess 소유하다; *(자질·특징을) 지니다 earning (일을 해서 돈을) 벌기; *《pl.》 소득, 임금 stand at (~의 수준)에 이르다, ~을 나타내다

내용 일치

유형 소개

행사, 대회 등에 관한 안내문 또는 특정 인물이나 대상에 대한 정보가 제시된 글을 읽고, 본문 내용과 선택지의 일치 여부를 판단하는 유형이다.

James Van Der Zee에 관한 다음 글의 내용과 일치하지 <u>않는</u> 것은? 평가원

James Van Der Zee was born on June 29, 1886, in Lenox, Massachusetts. ⓐ The second of six children, James grew up in a family of creative people. ⓑ At the age of fourteen he received his first camera and took hundreds of photographs of his family and town. By 1906, he had moved to New York, married, and was taking jobs to support his growing family. ⓒ In 1907, he moved to Phoetus, Virginia, where he worked in the dining room of the Hotel Chamberlin. During this time he also worked as a photographer on a part-time basis. ⓓ He opened his own studio in 1916. World War I had begun and many young soldiers came to the studio to have their pictures taken. ⓔ In 1969, the exhibition, *Harlem On My Mind*, brought him international recognition. He died in 1983.

① 여섯 명의 아이들 중 둘째였다.
② 열네 살에 그의 첫 번째 카메라를 받았다.
③ Chamberlin 호텔의 식당에서 일을 했다.
④ 자신의 스튜디오를 1916년에 열었다.
⑤ 1969년에 전시회로 인해 국제적인 비난을 받았다.

<table>
<tr><td>

해결 전략

</td><td>

01 먼저 지시문과 선택지를 읽고 글의 중심 소재와 글을 읽으면서 확인할 사항들을 파악한다.

02 선택지는 글에서 언급되는 순서대로 제시되므로, 글을 앞에서부터 읽으며 선택지 관련 내용이 언급되면 내용을 대조하여 내용 일치 여부를 판단한다.

03 소재에 대한 자신의 배경지식이나 상식에 의존하지 않고 글에 제시된 정보에만 근거하여 정답을 고른다.

</td></tr>
</table>

<table>
<tr><td>

기출 해결

</td><td>

ⓐ The second of six children이라고 했으므로, ①은 글의 내용과 일치한다.

ⓑ At the age of fourteen he received his first camera라고 했으므로, ②는 글의 내용과 일치한다.

ⓒ he worked in the dining room of the Hotel Chamberlin이라고 했으므로, ③은 글의 내용과 일치한다.

ⓓ He opened his own studio in 1916이라고 했으므로, ④는 글의 내용과 일치한다.

ⓔ brought him international recognition을 통해 그가 국제적 비난이 아니라 국제적 인정을 받았음을 알 수 있으므로, ⑤는 글의 내용과 일치하지 않는다.

</td></tr>
</table>

유형 잡는 *Tips*　　선택지의 다양한 형태

내용 일치·불일치 유형의 선택지는 보통 다음과 같은 형태를 취한다.

• **각기 다른 부분의 정보를 조합한 경우**

　ex) She graduated from Stanford University in 1977 with a degree in chemical engineering and Afro-American studies. Jemison received her medical degree from Cornell Medical School in 1981.

　　→ Stanford 대학에서 의학 학위를 받았다. (×)

• **주어진 정보와 반대되는 경우**

　ex) The charging pad is not water-resistant, so keep it dry.

　　→ 충전 패드는 방수가 된다. (×)

• **주어진 정보를 일부 변형한 경우**

　ex) All donations this year go toward purchasing new books for the children's library!

　　→ 올해의 기부금 전액은 어린이 도서관 공사비로 사용된다. (×)

• **기타: 주어진 정보의 범위를 한정하거나 언급되지 않은 정보를 제시하는 경우**

Herb Island Light Festival에 관한 다음 안내문의 내용과 일치하지 <u>않는</u> 것은?

Herb Island Light Festival
December 2 to 23 at Austin National Park

Come enjoy a fun festival and see colorful buildings decorated with twinkling lights! Attending this beautiful festival is the perfect way to celebrate the Christmas season with friends and family!

Festival Activities
- Daily: Take pictures in the Christmas Photo Zone
          Make Christmas soap at the Activity Center
- Weekends only: Enjoy a Christmas meal at the Herb Island food court

Operation Times
- Weekdays and Sundays: 09:00 - 22:00
- Saturdays and Holidays: 09:00 - 23:00
*The lights turn on at sunset.

Admission Fee
- Adults aged 18 to 64: $6
- Children under 18 and adults over 64: $4
- Infants under 36 months: Free

For more information, visit our website at www.herbisland.org.

---

① 조명으로 장식된 건물들을 볼 수 있다.
② 크리스마스 포토존은 주말에만 이용 가능하다.
③ 일요일은 평일과 같은 시간으로 운영된다.
④ 조명 점등 시간은 일몰 시간에 따라 다르다.
⑤ 36개월 이하의 영유아는 입장료가 무료이다.

Words

decorate 장식하다   twinkling 반짝반짝 빛나는, 반짝거리는   attend 참석하다   celebrate 기념하다, 축하하다   operation 수술; *운영   turn on (전등·기계 등을) 켜다; *켜지다   sunset 해질녘, 일몰   admission fee 입장료   infant 유아, 아기

02

The 14th Annual North State HSPC에 관한 다음 안내문의 내용과 일치하는 것은?

The 14th Annual North State HSPC

- Date: May 7, 2023
- Time: 10:00 a.m. – 4:00 p.m.
- Place: N-State Computing Lab

Do you want to test your computer programming skills? Register today for North State College's yearly High School Programming Competition.

Divisions
- Beginner: For students with less than one year of programming experience
- Advanced: For students with more than one year of programming experience

Rules
- Each team may have up to four students.
- Only one computer can be used per team.

Registration
- Each team must register online.
- Each high school may register up to three teams.
- Registration information may be changed until April 19, 2023.

For more information, visit www.nstateprogramming.edu.

---

① 2년에 한 번씩 개최되는 대회이다.
② 프로그래밍 경험이 1년 미만인 경우 참여할 수 없다.
③ 네 명 이상의 학생으로 팀을 구성해야 한다.
④ 한 학교당 한 개의 팀만 참가할 수 있다.
⑤ 4월 19일까지 등록 정보를 수정할 수 있다.

Words

annual 매년의, 연례의 lab 실험실 (laboratory) register 등록하다 (*n.* registration 등록) yearly 1년에 한 번씩 있는 competition 대회, 시합 division 분할; *구분, 부문 advanced 선진의; *(학습 과정이) 고급[상급]의 up to ~까지 per ~당[마다]

03

vampire squid에 관한 다음 글의 내용과 일치하지 <u>않는</u> 것은?

There are many unusual creatures in the dark areas deep under the surface of the ocean. The vampire squid, one of these strange animals, can be found in water 3,300 to 13,000 feet below sea level. Though this creature has an interesting name, vampire squids are neither vampires nor squids. In fact, they are members of a species that exhibits traits of both squids and octopuses. The reason they got the name is due to their dark skin and bat-like webbing, which looks like Count Dracula's cloak. In addition to this strange feature, their big eyes, almost as large as a dog's, make them even more frightening. Furthermore, the vampire squid has light-producing organs covering its whole body. So when they need to attract prey or hide from predators, they either turn their light on or off.

*webbing: 물갈퀴

① 해수면 아래 3,300피트에서 13,000피트 사이에 서식한다.
② 실제로는 오징어과에 속하지 않는다.
③ 흡혈박쥐처럼 다른 생물의 피를 빨아먹기도 한다.
④ 개의 눈만큼이나 매우 큰 눈을 가지고 있다.
⑤ 먹이를 유인할 때 불빛을 사용한다.

Words ———

unusual 특이한 creature 생물 surface 표면, 수면, 지면 vampire 흡혈귀 squid 오징어 sea level 해수면 species (생물) 종 exhibit 전시하다; *나타내다, 보이다 trait 특징 octopus 문어 count 계산; *백작 cloak 망토 feature 특징 organ 기관, 장기 prey 먹이 predator 포식자

04

Olympic flag에 관한 다음 글의 내용과 일치하지 <u>않는</u> 것은?

The Olympics' familiar flag of five colored rings on a white background was created by Pierre de Coubertin in 1913. It was first used in the 1920 Summer Olympics held in Antwerp, Belgium. But after the games, the flag disappeared. No one knew where it was for 77 years, until a former Olympic athlete made a surprising announcement. Hal Haig Prieste, who had competed in the 1920 summer games, told reporters that he had the flag in his suitcase. After winning a bronze medal in platform diving, he climbed a flagpole and stole the flag as a prank. When asked why he admitted taking the flag after so many years, Prieste said he was going to die soon and didn't want the flag to be left in his suitcase. The flag is currently on display at the Olympic Museum in Lausanne, Switzerland.

*platform diving: (수영) 하이 다이빙

① Pierre de Coubertin이 디자인했다.
② 1920년 하계 올림픽에서 처음 사용되었다.
③ 올림픽에서 한 번 사용된 후 77년 동안 사라졌었다.
④ 메달리스트였던 Hal Haig Prieste가 실수로 깃발을 가져갔다.
⑤ 현재 스위스의 올림픽 박물관에 전시되어 있다.

Words

background (개인의) 배경; *배경[바탕](색) disappear 사라지다 former 이전[과거]의 athlete (운동)선수 make an announcement 발표하다 compete 경쟁하다; *(시합 등에) 참가하다 suitcase 여행 가방 bronze medal 동메달 flagpole 깃대 prank 장난 admit 인정하다, 자백[고백]하다 currently 현재 on display 전시된

유형 08 지칭 추론

유형 소개
밑줄 친 대명사 및 명사(구)가 가리키는 대상이 나머지와 다른 하나를 찾는 유형이다.

밑줄 친 부분이 가리키는 대상이 나머지 넷과 다른 것은? 평가원

Leaving a store, I returned to my car only to find that I'd locked my car key and cell phone inside the vehicle. ⓐ A teenager riding his bike saw me kick a tire in frustration. "What's wrong?" ① he asked. I explained my situation. ⓑ "But even if I could call my husband," I said, "he can't bring me his car key, since this is our only car." ② He handed me his cell phone. ⓒ The thoughtful boy said, "Call your husband and tell him I'm coming to get ③ his key." "Are you sure? That's four miles round trip." "Don't worry about it." An hour later, he returned with the key. ⓓ I offered ④ him some money, but he refused. "Let's just say I needed the exercise," he said. ⓔ Then, like a cowboy in the movies, ⑤ he rode off into the sunset.

해결 전략	
	01 밑줄 친 대명사는 바로 앞에 나온 명사를 지칭하는 경우가 많으므로 수와 성(性)이 일치하는 명사를 찾아 지칭하는 대상을 파악한다.
	02 글의 흐름이 바뀌며 새로운 대상이 등장하는 부분에 주목하며 글을 읽는다.
	03 등장인물들의 관계를 파악하여 지칭 대상을 구별하고, 대명사 자리에 해당 대상을 넣어 문맥이 자연 스러운지 확인한다.

기출 해결	
	ⓐ ① he의 지칭 대상은 바로 앞 문장에 등장한 십 대 소년(a teenager)이다.
	ⓑ 새로운 인물 my husband에 주목한다. 필자의 남편 역시 he로 지칭되고 있지만, 여기서 필자의 상 황 설명을 듣고 그녀에게 자신의 휴대 전화를 건네준 ② He는 십 대 소년이다.
	ⓒ 차 키를 가지고 있는 사람은 남편이므로 ③ his는 필자의 남편을 가리킨다.
	ⓓ 필자가 고마워서 돈을 주려고 한 대상인 ④ him은 십 대 소년이다.
	ⓔ 필자를 도와준 뒤 자전거를 타고 떠나는 ⑤ he는 십 대 소년이다.
	➡ ③은 필자의 남편을 가리키며, 나머지는 십 대 소년을 가리킨다.

유형 잡는 Tips   **지칭 대상 구별하기**

대명사가 등장한 경우 그 대명사는 바로 앞의 명사를 가리킬 가능성이 높다.

ex) **Viviana** was the only daughter of Baron Von Landshort. ① She had been brought up with great care by **her aunt**, **Katrin**. ② She was skilled in all areas of knowledge necessary to educate a fine lady.

     → ① = 앞에 나온 Viviana   ② = 앞에 나온 her aunt, Katrin

두 인물이 동시에 등장하는 경우 두 인물의 관계를 파악해 지칭 대상을 구별한다.

ex) **A mother** wanted to get some rest. However, **her daughter** asked ① her to read her a story. ... ② She kept asking her mother to read it now.

     → ① = 딸이 부탁하는 대상이므로 A mother   ② = 엄마에게 부탁하는 주체이므로 her daughter

선택지가 2개 이상 나온 뒤 새로운 인물이 등장하면 그 이후의 선택지에 주목한다.

ex) **Ricky Morris** was a passenger in a plane flying over a rural area. As ① he looked out the window, some farmhouse lights flashed below. Suddenly, the plane's landing lights flashed, too. ② He began to worry, but then **the pilot** made an announcement. ③ He said, "Don't worry. I'm just sending a signal to my kids."

     → ①, ② = 글 초반의 등장인물은 한 명밖에 없으므로 Ricky Morris

     → ③ = 새로운 인물(the pilot)이 등장한 이후 정답 선택지가 제시될 가능성이 높고 문맥상 the pilot

밑줄 친 부분이 가리키는 대상이 나머지 넷과 <u>다른</u> 것은?

In 1912, my great uncle Albert was a passenger aboard the *Titanic*. ① <u>He</u> was just 18 years old and had lived all his life in England. His older brother Robert—my grandfather—had already traveled from England to America and was waiting for ② <u>him</u> there. Before the journey, Robert sent Albert a nice coat so ③ <u>he</u> would be well dressed on the ship. Sadly, Albert died during the sinking of the *Titanic*, but the coat survived. Before the ship sank, Albert wrote a note to Robert. ④ <u>He</u> placed it in his coat pocket and asked a woman in one of the lifeboats to deliver the coat to Robert. She did, and the coat became a family treasure. My grandfather wore it often, and ⑤ <u>he</u> looked very good in it.

Words

great 큰; *(혈족 관계에서) 1대(代)가 더 먼 passenger 승객 aboard ~에 승선한[탑승한] journey 여행 sinking 침몰 (*v.* sink 가라앉다) survive 살아남다, 존속하다 note 메모; *짧은 편지, 쪽지 place 놓다, 두다 lifeboat 구조선 deliver 전달[배달]하다 treasure 보물

02

밑줄 친 it[its]이 가리키는 대상이 나머지 넷과 다른 것은?

Juzcar is similar to many other tiny, traditional villages in southern Spain. However, ① it is different in one major way. In 2011, a film company selected the village as the location for the premiere of ② its movie *The Smurfs* 3D. In order to host the event, Juzcar had to agree to paint all of its buildings blue to look like a Smurf village. Local leaders agreed, and 12 men were hired to paint the entire village, including ③ its historic church. The movie premiere was a great success, and many tourists have since come to visit the blue village. Though the film company promised to return the village to ④ its former state, residents decided to leave it painted blue. As a result, ⑤ it has become one of the most famous tourist spots in Spain.

Words

be similar to ~와 비슷하다   traditional 전통적인   location 장소   premiere 시사회, 개봉   host 주최하다   local 지역의, 현지의   entire 전체의, 온
including ~을 포함하여   historic 역사적으로 중요한, 역사적인   former 예전의   state 상태   resident 거주자, 주민   spot 점, 반점; *장소

03

밑줄 친 부분이 가리키는 대상이 나머지 넷과 <u>다른</u> 것은?

Nancy was a slow driver. Her friends teased her about it, but she didn't care. One day, ① <u>she</u> met her friend at the mall. After shopping together, they got into their cars and drove away. But Nancy didn't realize that she had left her purse on the roof of ② <u>her</u> car. Her friend noticed and drove off after Nancy. ③ <u>She</u> used her horn to try to get her attention. But Nancy didn't hear it, as she was listening to loud music. Finally, her friend drove ahead of Nancy and stopped her car in the middle of the road. Surprised, Nancy stopped, too. ④ <u>She</u> got out of her car and asked what was wrong. Her friend explained where she had left her purse. Nancy turned around, and there was ⑤ <u>her</u> purse, still on her roof. She had been driving so slowly that it hadn't moved at all!

Words

tease 놀리다, 장난하다 purse (여성용) 지갑 notice 알아차리다 horn 뿔; *(차량의) 경적 attention 주의, 주목 ahead of ~ 앞에 turn around 뒤돌아보다

04

밑줄 친 부분이 가리키는 대상이 나머지 넷과 다른 것은?

A teenager named Nick was causing a great deal of trouble in his classes, so ① he was sent to see the school's new guidance counselor, Mr. Goldstein. While other counselors might have tried discussing Nick's problems with him, Mr. Goldstein took a different approach. He asked Nick if there were any classes in which ② he wasn't having any difficulties. After some thought, Nick replied, "I don't get in trouble in Ms. Larson's class." Mr. Goldstein soon learned that Ms. Larson didn't treat Nick like his other teachers did. She always greeted ③ him when he came into the classroom and made sure he understood the homework before he left. And when ④ he struggled, she gave him easier work. This was the information Mr. Goldstein needed. ⑤ He advised Nick's other teachers to adopt these same techniques. To everyone's surprise, Nick's behavior improved immediately.

Words

a great deal of 많은 guidance counselor 생활[진로] 지도 교사 approach 접근(법) get in trouble 곤란에 처하다, 문제가 생기다 treat 대하다, 다루다 greet 맞이하다, 인사하다 struggle 애쓰다, 분투하다 adopt 입양하다; *(특정 방식 등을) 쓰다 technique 기술, 기법 improve 개선되다 immediately 즉시

유형 소개
밑줄 친 선택지 중 문맥상 부적절한 어휘를 찾거나, 네모 안에 있는 두 개의 어휘 중 문맥상 적절한 것을 고르는 유형이다. 주로 글의 흐름과 반대되는 단어가 제시되거나, 반의어 또는 형태가 유사한 어휘들이 함께 제시된다.

다음 글의 밑줄 친 부분 중, 문맥상 낱말의 쓰임이 적절하지 <u>않은</u> 것은? 평가원

ⓐ Hunting can explain how humans developed *reciprocal altruism* and *social exchange*. Humans seem to be unique among primates in showing extensive reciprocal relationships that can last years, decades, or a lifetime. ⓑ Meat from a large game animal comes in quantities that ① <u>exceed</u> what a single hunter and his immediate family could possibly consume. ⓒ Furthermore, hunting success is highly ② <u>variable</u>; a hunter who is successful one week might fail the next. ⓓ These conditions ③ <u>encourage</u> food sharing from hunting. ⓔ The costs to a hunter of giving away meat he cannot eat immediately are ④ <u>high</u> because he cannot consume all the meat himself and leftovers will soon spoil. ⓕ The benefits can be large, however, when those who are given his food return the generous favor later on when he has failed to get food for himself. In essence, hunters can ⑤ <u>store</u> extra meat in the bodies of their friends and neighbors.

*reciprocal altruism: 상호 이타주의   **primates: 영장류

해결 전략	01 글을 읽으며 글의 중심 소재와 전체적인 흐름을 파악한다.
	02 선택지가 포함된 문장의 전후 문맥을 파악하여 밑줄 친 낱말의 적절성을 판단하거나 네모 안에서 적절한 낱말을 선택한다.
	03 문맥상 적절하지 않은 단어의 경우 바꿔 쓸 수 있는 말을 생각해 보고 글의 앞뒤 내용과 자연스럽게 연결되는지 확인한다.

기출 해결	ⓐ 사냥이 어떻게 인간의 상호 이타주의와 사회적 교류 발달에 영향을 미쳤는지에 관한 글임을 알 수 있다.
	ⓑ 큰 사냥감의 고기는 사냥꾼과 그의 직계가족이 먹을 수 있는 양을 '초과한다'는 내용이 자연스러우므로 ① exceed는 적절하다.
	ⓒ 한 주에는 사냥에 성공할 수 있지만 다음 주에는 실패할 수도 있다는 내용이 이어지므로 사냥의 성공이 '가변적'이라고 하는 ② variable은 적절하다.
	ⓓ 앞에서 언급한 이러한 조건들이 사냥한 식량의 공유를 '장려한다'라는 흐름은 자연스러우므로 ③ encourage는 적절하다.
	ⓔ 사냥꾼은 고기를 혼자 다 먹을 수 없고 남은 고기는 곧 상하기 때문에 고기를 다른 사람들에게 나눠 주는 데 드는 비용은 '낮다'라는 흐름이 자연스러우므로 ④ high(높은)를 low(낮은) 등으로 바꿔야 한다.
	ⓕ 나중에 스스로 식량을 얻는 것에 실패했을 때 식량을 받았던 사람들이 호의에 보답할 수 있다고 했으므로, 친구와 이웃의 몸에 고기를 '저장할' 수 있다는 ⑤ store는 적절하다.

유형 잡는 Tips 함께 기억해 두면 좋은 어휘

반의어

demand 수요 ↔ supply 공급

conceal 숨기다 ↔ reveal 드러내다

horizontal 수평의 ↔ vertical 수직의

import 수입하다 ↔ export 수출하다

include 포함하다 ↔ exclude 제외하다

guilty 유죄의 ↔ innocent 무죄의

enhance 향상시키다 ↔ hinder 방해하다, 저해하다

objective 객관적인 ↔ subjective 주관적인

attach 붙이다 ↔ detach 떼어 내다

accept 받아들이다 ↔ deny 거부하다

파생어

sensitive 민감한 – sensible 분별 있는

hardness 단단함 – hardship 고난, 역경

industrial 산업의 – industrious 근면한

successful 성공적인 – successive 연속적인

observance 준수 – observation 관찰

considerable 상당한 – considerate 사려 깊은

형태가 유사한 어휘

adapt 적응시키다 – adopt 채택하다

expand 확장하다 – expend 소비하다

stimulate 자극하다 – simulate ~인 척하다

infection 감염, 전염병 – injection 주입, 주사

inspect 조사하다 – suspect 의심하다

command 명령하다 – commend 칭찬하다

다음 글의 밑줄 친 부분 중, 문맥상 낱말의 쓰임이 적절하지 <u>않은</u> 것은?

After inventing the phonograph, Thomas Edison began to search for new ways to use it. He decided to ① <u>miniaturize</u> the device so that it could be placed inside dolls. When the phonograph was played, it would seem like the doll was talking. After the tiny phonographs were constructed, they were ② <u>enclosed</u> in metal containers that could fit inside a doll. Edison then asked little girls to sing songs and recorded them for the phonographs to play. Edison's idea, however, was ③ <u>ahead</u> of the technology it needed to succeed. One problem was that the quality of the recordings was poor—it was ④ <u>unpleasant</u> to hear strange voices coming from cute dolls. In some cases, the recordings were too faint to be heard at all. And since the phonographs were delicate, they were easily damaged if children played with the dolls. In the end, the talking dolls were a ⑤ <u>success</u>, proving that even geniuses make mistakes.

*phonograph: 축음기

Words ───

miniaturize 소형화하다　device 장치　place 놓다, 설치[배치]하다　construct 건설하다, 만들다　enclose 둘러싸다; *(상자 등에) 넣다　container 용기, (담을) 통　fit (~에) 잘 맞다　ahead of ~보다 앞선　quality 질　unpleasant 불쾌한　faint 희미한　delicate 연약한, 부서지기 쉬운　damage 손상시키다　prove 증명하다　genius 천재

02

다음 글의 밑줄 친 부분 중, 문맥상 낱말의 쓰임이 적절하지 <u>않은</u> 것은?

Viganella may look like a typical village in Italy, but its location makes it unique. The village sits at the bottom of a deep valley surrounded by mountains. This means that village residents never ① <u>naturally</u> see the sun during winter. However, all of this changed in 2006 thanks to the ② <u>brilliance</u> of architect Giacomo Bonzani. He designed a giant mirror to ③ <u>reflect</u> sunlight into Viganella and installed it on the mountainside above the village. The mirror is controlled by computer to make sure it is always in the right place to ④ <u>avoid</u> the sun. For the first time in history, residents of Viganella are now enjoying sunlight all year round. Additionally, the mirror of Viganella is such an ⑤ <u>unusual</u> piece of technology that it has become a tourist attraction, bringing even more benefits to the village.

Words

typical 전형적인 sit 앉다; *(어떤 곳에) 있다 valley 계곡, 골짜기 surround 둘러싸다 resident 거주자, 주민 thanks to ~의 덕분에 brilliance 탁월, 슬기 architect 건축가 reflect 비추다; *반사하다 install 설치하다 mountainside 산비탈 unusual 특이한, 흔치 않은 tourist attraction 관광 명소

03

(A), (B), (C)의 각 네모 안에서 문맥에 맞는 낱말로 가장 적절한 것은?

Once, 3,000 people lived in the town of Centralia, Pennsylvania. Today, there are just 10 residents. What happened? Centralia used to store its garbage inside old coal mines near town. One day in 1962, workers set the trash on fire to make more room. Unfortunately, the coal that was still in the mine caught fire as well. The fire spread, and soon the mines beneath the town were burning. Over the next 20 years, many (A) attempts / assumptions were made to put it out, but the fire continued to burn. Even worse, in 1981, the ground under a boy's feet suddenly collapsed. After this, the government began to (B) replace / relocate the residents of Centralia. A few people decided to stay, but the town was officially closed in the 1990s. Its ZIP code was even (C) canceled / created . Sadly, Centralia is still burning, and experts think it will take 250 years to burn up all the coal.

	(A)		(B)		(C)
①	attempts	⋯⋯	replace	⋯⋯	created
②	attempts	⋯⋯	relocate	⋯⋯	canceled
③	attempts	⋯⋯	relocate	⋯⋯	created
④	assumptions	⋯⋯	replace	⋯⋯	canceled
⑤	assumptions	⋯⋯	replace	⋯⋯	created

Words ──

store 저장[보관]하다 garbage 쓰레기 coal mine 탄광 set ~ on fire ~에 불을 붙이다 spread 퍼지다, 번지다 burn (불이) 타오르다; 불에 타다; 태우다 attempt 시도 assumption 가정, 추정 put out (불을) 끄다 collapse 무너지다 relocate 이주시키다 ZIP code 우편 번호 cancel 취소하다; *삭제하다

04

다음 글의 밑줄 친 부분 중, 문맥상 낱말의 쓰임이 적절하지 <u>않은</u> 것은?

Democracy is a system run by the people for the people. Therefore, voting is the moral responsibility of all ① <u>eligible</u> citizens in a democracy. Unfortunately, many people find excuses not to vote these days. Some say that a single vote doesn't ② <u>matter</u> and can't make a difference. Others complain that none of the candidates ③ <u>deserve</u> their vote. In the US, only about 55% of potential voters actually vote in each election. This means that 45% of the people who can vote choose not to. But how can a country's democracy be ④ <u>effective</u> if only half the population takes part in voting? The bottom line is that you should never ⑤ <u>overestimate</u> the power of your single vote. Alone, it might not decide the winner of an election. However, you are not alone. If everyone takes action and casts a vote, it can make a big difference.

Words

democracy 민주주의; 민주 국가   run 달리다; *운영하다   voting 투표, 선거 (*v.* vote 투표하다 *n.* vote (선거의) 표)   moral 도덕적인   responsibility 책임   eligible 자격이 있는   excuse 변명; *구실, 핑계   matter 중요하다   candidate 후보자   deserve ~을 받을 자격이 있다   potential 잠재적인 election 선거   effective 효과적인, 유효한   take part in ~에 참여하다   bottom line 요점, 핵심   overestimate 과대평가하다   take action 행동에 옮기다   cast a vote 투표하다

빈칸 추론

유형 소개
글의 전체적인 내용을 파악하여 빈칸에 들어가기에 알맞은 단어나 구, 절을 추론하는 유형이다.

다음 빈칸에 들어갈 말로 가장 적절한 것은? 평가원

ⓐ _____ provides a change to the environment for journalists. ⓑ Newspaper stories, television reports, and even early online reporting (prior to communication technology such as tablets and smartphones) required one central place to which a reporter would submit his or her news story for printing, broadcast, or posting. ⓒ Now, though, a reporter can shoot video, record audio, and type directly on their smartphones or tablets and post a news story instantly. ⓓ Journalists do not need to report to a central location where they all contact sources, type, or edit video. A story can be instantaneously written, shot, and made available to the entire world. The news cycle, and thus the job of the journalist, never takes a break. Thus the "24-hour" news cycle that emerged from the rise of cable TV is now a thing of the past. The news "cycle" is really a constant.

① Mobility
② Sensitivity
③ Creativity
④ Accuracy
⑤ Responsibility

해결 전략	01 글의 도입부를 읽으면서 중심 소재와 전개 방식을 파악한다.
	02 빈칸이 있는 문장은 보통 글의 주제와 연관이 있으므로, 반복적으로 나오는 핵심어(구)에 주목하여 중심 내용 및 주제를 파악한다.
	03 빈칸 앞뒤의 문맥을 고려하여 답을 유추하고, 선택한 답을 빈칸에 넣어 글의 흐름이 자연스러운지 확인한다.

기출 해결	ⓐ 첫 문장을 통해 이 글이 저널리스트의 환경 변화에 대한 내용임을 알 수 있다.
	ⓑ 하나의 중심적인 장소가 필요했던 과거 저널리스트의 환경을 이야기하고 있다.
	ⓒ-ⓓ 과거와 다르게 자신의 장비로 바로 뉴스를 촬영·녹음·게시할 수 있으며 중심적인 장소에 보고할 필요가 없는 현재의 저널리스트 환경을 설명하고 있다.
	➜ 하나의 중심적인 장소가 필요했던 과거와 달리 현재의 저널리스트들은 장소에 구애받지 않고 언제든지 즉각적으로 기사를 작성하여 송출할 수 있게 되어 뉴스 순환이 끊임없이 계속된다는 내용이므로, 빈칸에는 ① Mobility(기동성)가 가장 적절하다.

유형 잡는 *Tips*   빈칸 추론 유형을 풀 때 유의할 점

• 글의 주제를 파악하라

빈칸을 포함한 문장은 글의 주제와 밀접하게 관련된 경우가 많으므로 글의 주제를 우선 파악해야 한다. 따라서, 글의 내용을 요약하거나 결론을 나타내는 표현(thus, the point is, therefore, so, in sum 등)에 주목한다.

ex) **The point is**, as investors, we should not focus on short-term losses, but **rather on long-term growth**. Therefore, be _____ when it comes to not only your stock portfolio but to personal investments as well. ⇒ The point is 이후에 주제 진술

[정답] patient

• 빈칸 주변의 단서를 파악하라

빈칸 주변 문장에 사용된 단어나 표현이 종종 정답의 단서가 된다. 해당 표현들을 다른 말로 바꿔서 정답으로 제시하는 경우가 많으므로 이에 주의한다. 본문에서 반복된 어구를 그대로 쓴 선택지는 오히려 정답이 아닐 확률이 높다.

ex) Nowadays, many people are rediscovering the benefits of _____. **Eating together** makes our **relationships** strong. It is also a way to show that we **care for one another**. ⇒ Eating together, relationships, care for one another 등이 단서

[정답] sharing meals

다음 빈칸에 들어갈 말로 가장 적절한 것은?

A university professor recently conducted an experiment to test the ability of crows to remember individuals. Wearing rubber masks, he and a pair of colleagues captured some crows living on campus. Before setting them free, they placed identification bands on the crows' legs. The experience was a traumatic one for the crows, even though they lost their freedom for only a short time. Several months later, the researchers walked across campus wearing the same masks as before. When the crows with banded legs spotted them, they began to make angry sounds and fly around the men to chase them away. Over a five-year period, the researchers expanded the experiment to other locations. Surprisingly, even crows without banded legs showed aggressive behavior toward them. This suggests that not only can crows recognize human faces, but they can also learn by _____.

① imitating human behavior
② listening to human speech
③ engaging in physical activity
④ attacking the enemy in groups
⑤ communicating with other crows

Words ——

conduct 행동하다; *수행하다   crow 까마귀   individual 개인   rubber 고무   colleague 동료   capture 붙잡다, 포획하다   place (조심스럽게)
두다, 설치[배치]하다   identification 신원 확인, 식별   traumatic 대단히 충격적인   spot 발견하다, 찾다   chase away ~을 쫓아내다   expand 확장
하다   aggressive 공격적인   suggest 제안하다; *시사하다   recognize 알아보다   [문제] imitate 모방하다   engage in ~에 참여하다   attack 공격
하다   enemy 적

64   PART 01

02

다음 빈칸에 들어갈 말로 가장 적절한 것은?

In the course of a conversation, people will sometimes mention a possible event that they hope will not occur. When this happens to Americans, they'll often follow up by saying "Knock on wood." Then they'll actually knock on the nearest wooden surface, such as a wall or a piece of furniture, with their knuckles. So where does this strange superstition come from? No one is quite sure, but some speculate that it comes from an ancient belief that _____. By knocking on wood, people thought they could get their attention. It was their hope that these spirits would then use their powers to prevent the undesired event from happening. So the next time you worry about failing a test, you can ask your desk to help you avoid that fate.

① daydreaming is dangerous
② friendly spirits live in trees
③ evil spirits hate loud noises
④ bad luck hides behind doors
⑤ wood furniture is very valuable

Words

mention 말하다, 언급하다 occur 발생하다 follow up 이어서 ~하다, 덧붙이다 knock 두드리다 surface (사물의) 표면 furniture 가구
knuckle 손가락 마디 superstition 미신 speculate 추정하다 ancient 고대의; *아주 오래된 spirit 정신; *혼령, 요정 undesired 바라지 않은
fate 운명 [문제] daydream 공상에 잠기다 evil 사악한; *악마의 valuable 소중한; *값비싼

03

다음 빈칸에 들어갈 말로 가장 적절한 것은?

An airplane takes off from the airport. What are the chances that it will crash before it reaches its destination? In reality, just 1 out of every 10 million flights ends in a catastrophe. But when asked to guess, people tend to seriously overestimate the likelihood of an accident. And if you ask them a short time after an actual airplane disaster, the average estimate rises even higher. This is because we make estimates based on the information we have stored in our brain, and events that are dramatic tend to remain in our memory for a longer time. In fact, the more significant an event is, the more likely it is to _____. Television images of a terrible crash can linger in our mind, but no one remembers the 9,999,999 other flights that took off and landed without incident.

① be untrue
② mislead us
③ be forgotten
④ harm people
⑤ happen again

Words

take off 이륙하다 chance 기회; *가능성 crash 추락하다; (항공기 추락) 사고 destination 목적지 flight 비행(편) catastrophe 참사, 재앙 overestimate 과대평가하다 likelihood 가능성 disaster 재해, 재앙, 대참사 average 평균(의) estimate 추정(치) store 저장하다 dramatic 극적인 remain 계속 ~이다; *남다 significant 중요한, 커다란 linger 남아 있다, 계속되다 incident 사건 [문제] untrue 사실이 아닌 mislead 오해하게 하다 harm 해를 끼치다

04

다음 빈칸에 들어갈 말로 가장 적절한 것은?

The phrase "white elephant" is used to describe an object _____ _____. The history of the phrase comes from Thailand and other Asian countries where rare white elephants were considered holy. People believed the animals brought good luck. When they died, people considered it an omen of disaster. Therefore, whoever owned a white elephant had to make sure it had the finest food, housing, and care. Usually, kings were the only people rich enough to afford them. However, ancient kings started giving white elephants as gifts to people they were displeased with. This appeared to be a great honor. In reality, caring for the white elephant would bring financial ruin to the receiver of the gift over time.

① that brings good luck but is hard to get
② that has been useless since ancient times
③ which stands out from many other things
④ which every person wants to keep until they die
⑤ whose cost of ownership is greater than its actual value

Words ——

object 물건, 물체   rare 희귀한[진기한], 드문   holy 신성한   omen 징조, 조짐   afford (~할 시간적·금전적) 여유가 있다   displeased 불쾌한, 불만스러운
honor 존경; *영광(스러운 것)   financial 재정의   ruin 파탄, 몰락   receiver 수화기; *받는 사람   [문제] stand out 두드러지다   ownership 소유(권)
value 가치

05

다음 빈칸에 들어갈 말로 가장 적절한 것은?

Because anger is something many people struggle to control, it is generally considered a negative emotion. However, by looking at anger from a different perspective, it is possible to find ways to make it useful. Imagine you witness cars speeding through a crosswalk in a school zone. While your first instinct might be to chase the drivers down and yell at them, this is not the most effective way to utilize your anger. Instead, you could go to the nearest police station and request that they install flashing lights or a stop sign. This kind of reaction is a perfect example of _____. You might think it is unrealistic to expect people to behave rationally when they're angry, but scientific studies actually suggest the opposite. People experiencing anger are better able to focus on what is important and make appropriate decisions.

① the danger caused by angry drivers
② logical behavior failing to be helpful
③ how anger can be used to benefit society
④ why we must accept what we cannot change
⑤ the way rage prevents us from thinking clearly

Words ──

struggle 분투하다, 애쓰다 control 지배하다; *(감정 등을) 억제하다 perspective 관점, 시각 witness 목격하다 crosswalk 횡단보도 instinct 본능 chase 뒤쫓다 utilize 활용하다 install (장비·가구를) 설치하다 sign 징조; *표지(판) unrealistic 비현실적인 rationally 이성적으로 scientific 과학의 appropriate 적절한 [문제] logical 타당한, 사리에 맞는 benefit ~에게 이롭다 rage 격노, 분노

06

다음 빈칸에 들어갈 말로 가장 적절한 것은?

It is commonly believed that objects moving in a circle are pulled outwards by centrifugal force. This, however, cannot be true, as centrifugal force _____. Imagine you are sitting in the backseat of a car that is turning a corner. The seat is slippery, and you aren't wearing a seat belt. As the car turns, you will slide from the inside toward the outside. It might seem like a force is pushing you outwards. However, what's really happening is that you are continuing to move in a straight line while the car turns. Eventually, you will hit the door, creating a centripetal force. This force causes you to stop moving in a straight line. If the door was open, however, you would continue moving in a straight line until you fell out!

*centrifugal force: 원심력(원운동 하는 물체가 중심 밖으로 나아가려는 힘)
**centripetal force: 구심력(원운동 하는 물체에서 원의 중심 방향으로 작용하는 힘)

① does not actually exist
② makes you stay in position
③ creates another kind of force
④ is stronger than centripetal force
⑤ is influenced by a straight line motion

Words

commonly 흔히, 보통   outwards 바깥으로   backseat 뒷좌석   slippery 미끄러운   slide 미끄러지다   straight 똑바른, 일직선의   eventually 결국   [문제] exist 존재하다   motion 운동

11

흐름과 무관한 문장

유형 소개

글의 주제나 전반적인 흐름에서 벗어나 글의 통일성을 해치는 문장을 찾아내는 유형이다.

다음 글에서 전체 흐름과 관계 <u>없는</u> 문장은? [평가원]

ⓐ In a single week, the sun delivers more energy to our planet than humanity has used through the burning of coal, oil, and natural gas through *all of human history*. And the sun will keep shining on our planet for billions of years. ⓑ ① Our challenge isn't that we're running out of energy. ⓒ ② It's that we have been focused on the wrong source—the small, finite one that we're using up. ⓓ ③ Indeed, all the coal, natural gas, and oil we use today is just solar energy from millions of years ago, a very tiny part of which was preserved deep underground. ⓔ ④ Our efforts to develop technologies that use fossil fuels have shown meaningful results. ⓕ ⑤ Our challenge, and our opportunity, is to learn to efficiently and cheaply use the *much more abundant* source that is the new energy striking our planet each day from the sun.

<table>
<tr><td rowspan="3">해결 전략</td><td>01 글의 도입부를 읽으며 글의 핵심 소재와 앞으로 전개될 내용의 흐름을 예측한다.</td></tr>
<tr><td>02 반복적인 어구를 통해 글의 요지를 파악하고, 각 문장이 주제를 적절하게 뒷받침하는지 확인한다.</td></tr>
<tr><td>03 각 문장이 바로 앞에서 언급된 내용과 관련된 지엽적인 정보를 다루고 있지 않은지, 동일 소재나 핵심어를 포함했지만 흐름과 관련 없는 내용을 다루고 있지 않은지 점검한다.</td></tr>
</table>

기출 해결	
ⓐ	글의 도입부에서 태양 에너지에 관한 내용임을 유추할 수 있다.
ⓑ	앞에서 태양이 지구에 엄청난 에너지를 계속 전달할 것이라고 했으므로 우리의 당면 과제는 에너지 고갈이 아니라는 내용은 흐름상 적절하다.
ⓒ	대명사 It은 앞 문장의 Our challenge를 가리키며, 우리의 당면 과제는 적고 한정적인 원천에 집중했던 것이라고 말하고 있으므로 앞 문장과 자연스럽게 연결된다.
ⓓ	사실 우리가 현재 사용하는 석탄, 천연가스 등도 전부 수백만 년 전에 온 태양 에너지일 뿐이며 극히 일부만이 지하에 보존되었다고 말하는 내용도 흐름상 적절하다.
ⓔ	화석 연료 사용 기술을 개발하기 위한 노력이 의미 있는 결과를 보여 줬다는 내용은 한정적인 에너지 원천이 아니라 태양 에너지의 중요성을 강조하는 글의 흐름에서 벗어난다.
ⓕ	훨씬 더 풍부한 원천인 태양 에너지를 효율적으로 사용하는 방법을 배워야 한다고 말하는 내용은 글의 흐름과 어울린다.

유형 잡는 Tips — 글의 통일성을 확인하는 방법

지칭 대상

특정 명사나 대명사가 언급된 경우, 앞뒤 문장을 확인해 어떤 것을 지칭하는지 파악하고 그 연결 흐름이 자연스러운지 확인한다. 특히 대명사가 나오면 반드시 앞에 그 대명사가 가리키는 명사가 있어야 한다.

연결어

연결어를 중심으로 앞뒤 문장의 논리적 관계를 살펴보고 문장이 유기적으로 연결되어 있는지 확인한다.

핵심어

각 문장에서 가장 중요한 핵심어를 파악하고 비교한다. 핵심어 사이의 연관성이 떨어질 경우 무관한 문장일 가능성이 높지만, 동일한 핵심어를 포함하면서 글의 흐름에서 벗어난 내용이 제시되기도 하므로 주의한다.

세부 사항

앞에서 언급된 세부 내용이 포함돼 있더라도 내용의 초점이 다르거나 지나치게 지엽적인 정보를 다루는 문장은 글의 통일성을 저해한다. 앞에 나온 명사 혹은 특정 대상에 대해 언급하더라도 글의 주제와 관계 없는 내용이 아닌지 반드시 확인해야 한다.

다음 글에서 전체 흐름과 관계 <u>없는</u> 문장은?

You might imagine that hospital employees generally suffer from fewer health problems than the average person. ① However, a recent study shows that people who work in hospitals in the U.S. are actually less healthy than other types of workers. ② The study found that hospital workers were more likely to experience conditions such as asthma, obesity, and depression. ③ What's more, these workers were less likely to get preventive screening, one of the most effective methods of avoiding illness. ④ It is also clear that health care costs in the U.S. have been rising at alarming rates for many years. ⑤ According to the researchers, this is because many hospital workers feel they have enough knowledge to deal with health issues on their own.

*asthma: 천식 **preventive screening: 예방 검진

Words

suffer 경험하다, 겪다   average 평균의; *보통의, 일반적인   condition 상태; *질환   obesity 비만   depression 우울(증)   method 방법   health care 의료 서비스   alarming 놀라운   knowledge 지식   deal with ~에 대처하다

02

다음 글에서 전체 흐름과 관계 <u>없는</u> 문장은?

Turkeys are large birds that are native to North America. Therefore, you may wonder how they came to share a name with a country on the other side of the world. ① The species was first introduced to Europe in the 16th century, when explorers brought them back to England from Mexico. ② However, the birds weren't shipped directly to England; instead, they were brought on merchant ships sailing from the eastern Mediterranean region. ③ Due to the fact that this area was largely under the control of the Turkish Empire at that time, the merchants were commonly called "Turkey merchants." ④ The Turkish Empire, which stretched from Arabia to Budapest, was also known as the Ottoman Empire. ⑤ Thinking the birds also came from that region, the people who purchased them referred to them as "Turkey birds," which was eventually shortened to "turkey."

Words ──

native 태어난 곳의; *(동식물이) 원산의, 토종의   species (생물) 종(種)   explorer 탐험가   ship 운송하다; 배   merchant 상인   sail from ~에서 출항하다   Mediterranean 지중해의   region 지방, 지역   largely 대부분, 주로   control 지배   empire 제국   commonly 흔히, 보통   stretch 뻗어 있다, 펼쳐지다   refer to A as B A를 B라고 부르다   shorten 짧게 하다, 축약하다

03

다음 글에서 전체 흐름과 관계 없는 문장은?

In 1966, a scientist discovered a rare species in Costa Rica: the golden toad. The toads laid their eggs in shallow pools of mud. The eggs hatched quickly, but the tadpoles needed weeks to grow into adults. During this time, any sort of extreme weather could kill the entire generation. ① Many people have attributed the recent increase in severe weather to global warming. ② Too much rain would wash the tadpoles away; too little rain, on the other hand, would cause the mud pools, their habitat, to dry up. ③ In the summer of 1987, El Niño caused unusually dry weather in Costa Rica. ④ Thousands of golden toad tadpoles died as a result, and by 1989 there was only one golden toad left in the world. ⑤ Less than 25 years after its discovery, the species was almost wiped out.

*tadpole: 올챙이

Words

rare 드문, 희귀한 toad 두꺼비 lay 놓다; *(알을) 낳다 shallow 얕은 pool 수영장; *웅덩이 hatch 부화하다 extreme 극단적인, 극심한 entire 전체의 generation 세대 attribute A to B A를 B의 탓으로 돌리다 severe 심한, 혹독한 global warming 지구 온난화 habitat 서식지 unusually 대단히, 몹시 wipe out ~을 완전히 없애 버리다

다음 글에서 전체 흐름과 관계 <u>없는</u> 문장은?

Most lakes go through regular changes due to natural causes. However, an industrial disaster once changed Louisiana's Lake Peigneur entirely. On November 20, 1980, a company was doing exploratory drilling in the lake, near a salt mine. ① The drill accidentally pierced the roof of the salt mine, and lake water quickly began leaking into it. ② Most of the lake's water drained into the mine. ③ This also reversed the flow of the canal that connected the lake to the ocean, causing salt water from the ocean to be pulled into the lake. ④ Some of the marine life found in canals can live in fresh water or salt water. ⑤ Though no one was hurt during the disaster, this changed the lake from fresh water to salt water, altering its ecosystem forever.

*exploratory drilling: 시추

Words

go through ~을 겪다, 거치다   industrial 산업의   disaster 재난, 재앙   entirely 완전히   mine 광산   accidentally 우연히, 실수로   pierce 뚫다   leak (액체·기체 등이) 새다   drain 물을[이] 빼내다[빠지다]; *(액체가) 흘러 나가다   reverse 뒤바꾸다   canal 운하   marine 해양의   fresh water 담수, 민물   alter 바꾸다, 변경하다   ecosystem 생태계

주어진 글 다음에 이어질 글의 순서로 가장 적절한 것은? 평가원

ⓐ Understanding how to develop respect for and a knowledge of other cultures begins with reexamining the golden rule: "I treat others in the way I want to be treated."

(A) ⓓ It can also create a frustrating situation where we believe we are doing what is right, but what we are doing is not being interpreted in the way in which it was meant. This miscommunication can lead to problems.

(B) ⓒ In a multicultural setting, however, where words, gestures, beliefs, and views may have different meanings, this rule has an unintended result; it can send a message that my culture is better than yours.

(C) ⓑ This rule makes sense on some level; if we treat others as well as we want to be treated, we will be treated well in return. This rule works well in a monocultural setting, where everyone is working within the same cultural framework.

① (A) – (C) – (B)   ② (B) – (A) – (C)

③ (B) – (C) – (A)   ④ (C) – (A) – (B)

⑤ (C) – (B) – (A)

<table>
<tr><td>해결
전략</td><td>01 주어진 글을 읽고 글의 소재를 파악하며 이후에 전개될 내용을 추측해 본다.
02 예시, 대조, 인과 관계 등을 나타내는 연결사나 지시어, 대명사, 관사 등 글의 유기적 흐름을 나타내는 단서가 있는지 확인한다.
03 시간 순서와 논리적 흐름을 고려하여 순서대로 배열한 후, 내용 전개가 자연스러운지 점검한다.</td></tr>
</table>

<table>
<tr><td>기출
해결</td><td>ⓐ 주어진 문장은 다른 문화에 대한 존중은 '대접받고 싶은 방식으로 대접한다'는 황금률을 재점검하는 데에서부터 시작한다는 내용으로, 주어진 문장의 황금률을 ⓑ This rule로 받으며 그 법칙이 단일 문화 환경(monocultural setting)에서는 잘 통한다고 말하는 (C)가 오는 것이 자연스럽다.
ⓒ 역접의 접속사 however를 사용하여 다문화 환경(multicultural setting)에서는 이 법칙이 의도치 않은 결과를 낳는다고 말하는 (B)로 이어지는 흐름이 자연스럽다.
ⓓ also를 사용하여 다문화 사회에서 황금률을 적용했을 때의 문제점을 더 자세히 서술하고 있으므로, 다문화 사회에서 황금률을 적용했을 때의 문제점을 처음으로 언급한 (B) 다음에 이어지는 것이 자연스럽다.</td></tr>
</table>

유형 잡는 Tips 글의 전후 관계를 알려 주는 단서

연결사는 글의 순서 파악에 중요한 단서가 된다.
- 예시를 보여주는 연결사: for example, for instance
- 비교 및 대조를 나타내는 연결사: but, however, rather, conversely, on the contrary, in contrast, on the other hand
- 추가 내용을 제시하는 연결사: moreover, in addition, besides, also, furthermore, what's more
- 유사한 정보를 추가하는 연결사: likewise, similarly, that is to say, in other words
- 결과를 제시하는 연결사: so that, therefore, as a result, accordingly, as a consequence, in conclusion, consequently
- 시간 전후 관계를 나타내는 연결사: first, second, then, lastly, after[before] (that), earlier, later, previously, soon, subsequently

연결사 외에 논리적 흐름을 나타내는 다음과 같은 표현도 문제 해결에 단서가 된다.
This[That] is why~, This[That] is because ~, result in, result from

주어진 글 다음에 이어질 글의 순서로 가장 적절한 것은?

> The Cincinnati Zoo in Ohio, U.S. was in financial crisis, with revenue from both admission fees and private donations diminishing rapidly.

(A) Utilizing this information, the zoo changed the operating hours of its ice cream stands, and sales increased by more than $2,000 per day. Thanks to the "business intelligence" system, the Cincinnati Zoo saw a 400% rise in profits in just one year.

(B) Zoo managers knew they had to find a way to reduce costs and increase profits. They realized that, in order to do this, they needed to learn more about the needs and tastes of their customers. So they decided to employ an intelligent tool.

(C) Thus, they implemented a kind of computer-based technique called "business intelligence" that was used to collect and analyze data from the zoo's past and present. Using this, they tracked customer trends and identified some interesting facts. For example, they discovered that during the summer, ice cream sales were highest at the end of the day.

① (A) – (C) – (B)　　　　② (B) – (A) – (C)

③ (B) – (C) – (A)　　　　④ (C) – (A) – (B)

⑤ (C) – (B) – (A)

Words

crisis 위기　revenue 세입; *수익　donation 기부　diminish 줄어들다　rapidly 급격히　utilize 활용[이용]하다　operating hours 영업시간
stand 태도[의견]; *가판대　intelligence 지능 (*a.* intelligent 총명한; *지능적인)　profit 수익　taste 맛; *취향　employ 고용하다; *(기술 등을) 쓰다,
이용하다　implement 시행하다　track 추적하다　trend 추세, 동향　identify (신원 등을) 확인하다; *발견하다

02

주어진 글 다음에 이어질 글의 순서로 가장 적절한 것은?

> Advertised as a "fat-blocking soda," a high-fiber soft drink was recently introduced to the Japanese market. It gained attention from people who wanted to both fulfill their daily fiber requirement and satisfy their craving for a sparkling beverage.

(A) In addition, few experts believe this kind of drink will have an effect on weight loss. One scientist commented, "If people think this beverage will help them lose weight, they'll drink more of it. Therefore, they'll end up consuming even more calories."

(B) Its special ingredient is wheat dextrin, a kind of fiber that absorbs water in the intestines. This can have several beneficial effects, such as lowering cholesterol, aiding in the absorption of nutrients, stabilizing blood sugar, and reducing body fat.

(C) However, taking in too much dextrin could lead to serious side effects. Recent studies on the effects of dextrin have shown that there are a number of risks, including stomach pain, gas, diarrhea, and swelling.

*dextrin: 덱스트린(녹말을 저분자화시킨 물질)   **intestine: 장, 창자

① (A) – (C) – (B)   ② (B) – (A) – (C)
③ (B) – (C) – (A)   ④ (C) – (A) – (B)
⑤ (C) – (B) – (A)

Words

fat 지방   block 차단하다, 막다   fiber 섬유질   fulfill 이행하다; *채우다, 만족시키다   requirement 필요(한 것)   craving 갈망   sparkling beverage 탄산음료   end up v-ing 결국 ~하게 되다   consume 소비하다; *먹다   ingredient 재료, 성분   wheat 밀   absorb 흡수하다 (n. absorption 흡수)   beneficial 유익한, 이로운   aid 돕다   nutrient 영양소, 영양분   stabilize 안정화하다   blood sugar 혈당   take in ~을 섭취하다   side effect 부작용   risk 위험 (요소)   diarrhea 설사   swelling (살갗의) 부기, 부종

03

주어진 글 다음에 이어질 글의 순서로 가장 적절한 것은?

> In New Zealand, there is a beach where you can build your own spa pool and enjoy naturally heated water.

(A) While enjoying their hot tub, visitors to Hot Water Beach must keep safety in mind. Even at low tide, the ocean waves break very close to the homemade spas. If visitors fail to pay attention, they can be injured by the waves. However, as long as people are aware of their surroundings, Hot Water Beach is a fun place to be.

(B) The main activity at Hot Water Beach is to make your own "spa." You can dig a big hole in the sand, and hot water from the underground springs will escape to the surface and fill the hole. The water may be as hot as 64°C, so the hole acts as a natural hot tub.

(C) It is called Hot Water Beach and is located on the Coromandel Peninsula. Beneath the beach are hot springs, whose water rises through the sand. This unique feature attracts thousands of tourists to the site each year.

① (A) – (C) – (B)   ② (B) – (A) – (C)

③ (B) – (C) – (A)   ④ (C) – (A) – (B)

⑤ (C) – (B) – (A)

Words ————————————————————————————

spa 온천 hot tub 온수 욕조 low tide 썰물 break 깨지다; *(파도가) 부서지다 injure 다치게 하다 surroundings 환경, 주변 상황 dig (구멍 등을) 파다 underground 지하의 spring 봄; *샘. 수원지 escape 탈출하다; *(액체·가스 등이) 새다. 흘러나오다 be located on[in] ~에 위치해 있다 peninsula 반도 unique 독특한

04

주어진 글 다음에 이어질 글의 순서로 가장 적절한 것은?

> Check cards allow shoppers to electronically access their bank account when they make a purchase. The money is then automatically transferred to the account of the store.

(A) Using a credit card, on the other hand, means that the actual payment is made by the credit card company. The shopper is borrowing this money, with a promise to pay it back at a later date.

(B) The first of these allows them to earn gifts, such as discounts or free flights, simply by using their card. The second enables them to pay back the money they owe without any interest building up. These days, most consumers own both types of cards, using whichever one fits their current situation better.

(C) Because of these differences, check cards are the better option for shoppers who are concerned about spending more money than they actually have. However, credit card users receive two big benefits: rewards programs and interest-free days.

① (A) – (B) – (C)　　　　　　② (A) – (C) – (B)

③ (B) – (A) – (C)　　　　　　④ (B) – (C) – (A)

⑤ (C) – (B) – (A)

Words

electronically 전자적으로, 컴퓨터로　access 접근하다　bank account 은행 계좌　make a purchase 구매를 하다　automatically 자동적으로　transfer 옮기다; *이체하다　actual 실제의　payment 지불　date (특정한) 날짜; *시기[때]　enable ~을 할 수 있게 하다　owe 빚지고 있다　interest 흥미; *이자　fit ~에 맞다, ~에 적합하다　current 현재의　be concerned about ~을 염려하다　reward 보상　interest-free 무이자의

주어진 문장의 위치

유형 소개

글의 시간적 순서와 논리적 흐름을 고려하여 주어진 문장이 들어갈 적절한 위치를 찾는 유형이다.

글의 흐름으로 보아, 주어진 문장이 들어가기에 가장 적절한 곳은? 평가원

> ⓐ However, we live in a society where gender roles and boundaries are not as strict as in prior generations.

Gender research shows a complex relationship between gender and conflict styles. (①) ⓑ Some research suggests that women from Western cultures tend to be more caring than men. (②) ⓒ This tendency may result from socialization processes in which women are encouraged to care for their families and men are encouraged to be successful in competitive work environments. (③) ⓓ There is significant variability in assertiveness and cooperation among women, as well as among men. (④) ⓔ Although conflict resolution experts should be able to recognize cultural and gender differences, they should also be aware of within-group variations and the risks of stereotyping. (⑤) Culture and gender may affect the way people perceive, interpret, and respond to conflict; however, we must be careful to avoid overgeneralizations and to consider individual differences.

해결 전략	01 주어진 문장을 먼저 읽으면서 연결사, 대명사, (정)관사와 같이 글의 흐름을 추론할 수 있는 단서가 되는 부분에 표시한다.
	02 글의 주제 또는 요지를 파악하며 글을 읽고, 논리적 공백이나 문맥상 비약이 있는 곳, 또는 문장 간의 연결이 어색하거나 단절된 곳이 있는지 확인한다.
	03 주어진 문장을 넣었을 때 앞뒤 연결이 매끄럽고 논리적인지 확인한다.

기출 해결	ⓐ 우리가 성 역할과 경계가 이전 세대만큼 엄격하지 않은 사회에 살고 있다는 내용의 주어진 문장은 However로 시작하므로, 성 역할과 경계에 대한 내용이 전환되는 부분이 어디인지 찾아야 한다.
	ⓑ-ⓒ 서양 문화권에서 여성이 남성보다 주변을 더 잘 돌보는 경향이 있는 것은 성별에 따른 사회화 과정에서 기인한 것일 수 있다는 내용으로 성 역할과 경계가 엄격한 모습을 보여 주고 있다.
	ⓓ-ⓔ 같은 성별 내에서도 정도의 차이가 있고 고정 관념을 갖는 것은 위험하다고 말하며 성 역할과 경계를 나누는 것에 대해 앞부분과 다른 이야기가 언급되고 있다.
	➜ 성 역할과 경계가 이전 세대만큼 엄격하지 않다고 말하는 주어진 문장은, 사회화의 결과로 남녀의 성 역할과 경계가 뚜렷한 모습을 언급하는 문장과 성별에 따른 성향은 동일 성별 내에서도 개인별 차이가 크다고 말하는 문장 사이인 ③에 들어가는 것이 가장 적절하다.

유형 잡는 *Tips* 문장 간의 연결을 보여주는 단서

연결사: 첨가, 예시, 대조, 비교, 결과, 요약과 같이 문장 간의 논리적인 흐름을 드러내는 연결사를 통해 앞뒤 내용을 예측할 수 있다.
ex) Electric cars are beneficial because they produce less noise pollution. **However**, safety issues have been raised about these vehicles. **For example**, they could be dangerous to people like the blind because it's difficult to hear an electric car coming.

대명사: 대명사는 앞에 이미 언급된 명사를 가리키므로 지칭 대상을 찾으면 그 순서를 쉽게 파악할 수 있다.
ex) Whenever **housewives** could save an extra coin, they dropped it into **one of their clay jars**. **They** called **this** their "piggy bank."

관사: 부정관사 a(n)는 처음 언급되는 불특정한 대상과 함께 쓰이는 반면, 정관사 the는 이미 등장한 명사를 다시 언급할 때 쓰이므로 관사의 쓰임을 통해 문장의 순서를 알 수 있다.
ex) If you use the last piece of paper in the tray of **a copy machine**, what should you do? You should refill it for the next person to use **the machine**.

글의 흐름으로 보아, 주어진 문장이 들어가기에 가장 적절한 곳은?

> However, historical documents show a much different side of Marie Antoinette.

"Let them eat cake." This phrase is often used to symbolize the gap between the rich and the poor. (①) Though it is often reported that Marie Antoinette originally said it, this is actually a myth. (②) The saying first appeared in an autobiography by Jean-Jacques Rousseau, which was written when Marie Antoinette was just nine years old and lived in Austria. (③) Nobody knows why she became associated with the phrase, but, as a result, people today believe she was a cruel and thoughtless woman. (④) For instance, there is a letter she wrote to her family in Austria to describe an ongoing food shortage in France. (⑤) In the letter, she wrote, "It is quite certain that in seeing the people who treat us so well despite their own misfortune, we are more obliged than ever to work hard for their happiness."

Words

historical 역사의 document 문서 symbolize 상징하다 originally 원래, 본래; *처음에 myth 신화; *근거 없는 이야기 autobiography 자서전
associate 관련시키다 cruel 잔인한 thoughtless 생각 없는, 경솔한 ongoing 계속되는 shortage 부족 despite ~에도 불구하고
misfortune 불운, 불행 be obliged to-v ~할 의무가 있다

02

글의 흐름으로 보아, 주어진 문장이 들어가기에 가장 적절한 곳은?

> For this reason, the birds were included on the list, and they were targeted by the government.

The Four Pests Campaign was begun in 1958 by Chinese leader Mao Zedong. The purpose of the program was to get rid of four creatures that were considered harmful to people, and three of these were obvious choices: mosquitoes, flies, and rats. However, you may feel that Mao's fourthly designated pest, the sparrow, does not seem as harmful. (①) But Mao suspected that sparrows consumed seeds planted by Chinese farmers. (②) People were instructed to chase them away or kill them on sight. (③) The campaign was completed successfully, making sparrows nearly extinct in China. (④) Unfortunately, this led to severe ecological imbalance. (⑤) In addition to eating seeds, sparrows also fed on locusts. With the birds gone, the locust population in China exploded. It caused farmers to lose large amounts of their grain, which resulted in a serious food famine in China.

*locust: 메뚜기

Words

target 목표[표적]로 삼다 pest 해충, 유해 동물 get rid of ~을 제거하다 harmful 해로운 obvious (누가 생각해도) 분명한, 확실한 designate 지정하다 sparrow 참새 suspect 의심하다; *아마 ~이라고 생각하다[여기다] instruct 지시하다 chase away ~을 쫓아내다 on sight 보이는 즉시 extinct 멸종된 severe 극심한, 심각한 ecological 생태계의 imbalance 불균형 population 인구; *개체 수 explode 폭발하다; *폭발적으로 증가하다 grain 곡물 result in (결과적으로) ~을 초래하다 famine 기근

03

글의 흐름으로 보아, 주어진 문장이 들어가기에 가장 적절한 곳은?

> But, as surprising as it sounds, scientists studying the poisoned water learned that the pit may actually serve a useful purpose.

Would you pay money to see a giant pool of toxic waste? If so, you should head to Berkeley Pit in Butte, Montana. Now a popular tourist attraction, it was originally a copper mine. The pit is a mile long, 1,780 feet deep, and filled with toxic water. When it was a functioning mine, workers simply collected the copper directly from the water. (①) If you were foolish enough to drink some of this water, it would make a hole in your stomach. (②) In 1995, more than 300 migrating geese made the mistake of landing at Berkeley Pit. (③) Before long, they were all dead. (④) They discovered new types of bacteria living in this tough environment. (⑤) These bacteria produce chemicals that may someday be used for fighting cancer.

Words

pit 구덩이   serve (음식을) 제공하다; *기여하다   toxic 유독한   waste 폐기물   head to ~로 향하다   copper mine 구리 광산   function (제대로) 기능하다[작용하다]   migrating 이주하는, 이동하는   goose 거위 (《pl.》 geese)   land 착륙하다   tough 힘든, 어려운; *혹독한

04

글의 흐름으로 보아, 주어진 문장이 들어가기에 가장 적절한 곳은?

> They show great respect to human bodies because they are considered gifts from their forefathers.

Famadihana is a unique ritual practiced by the people of Madagascar to celebrate their ancestors. It is a festival held once every seven years. During the celebration, a Malagasy family enters the tombs of its ancestors and brings out their bones to be wrapped in fresh cloth. (①) Following this, music is played, and people dance with the remains of their dead relatives. (②) The people of Madagascar believe that humans are not made from dust, but from the bodies of their ancestors. (③) They also believe that the dead remain in the world until their bodies break down completely. (④) Until this happens, the dead are able to receive and enjoy the love shown them during Famadihana. (⑤)

*Malagasy: 마다가스카르(사람)의

유형 소개

글의 내용을 한 문장으로 정리한 요약문의 빈칸에 들어갈 알맞은 말을 선택하는 유형이다. 비교적 추상적이거나 학술적인 소재가 출제된다.

다음 글의 내용을 한 문장으로 요약하고자 한다. 빈칸 (A)와 (B)에 들어갈 말로 가장 적절한 것은? 평가원

One way that music could express emotion is simply through a learned association. ⓑ Perhaps there is nothing naturally sad about a piece of music in a minor key, or played slowly with low notes. ⓒ Maybe we have just come to hear certain kinds of music as sad because we have learned to associate them in our culture with sad events like funerals. If this view is correct, we should have difficulty interpreting the emotions expressed in culturally unfamiliar music. ⓓ Totally opposed to this view is the position that the link between music and emotion is one of resemblance. For example, when we feel sad we move slowly and speak slowly and in a low-pitched voice. ⓔ Thus when we hear slow, low music, we hear it as sad. If this view is correct, we should have little difficulty understanding the emotion expressed in culturally unfamiliar music.

ⓐ It is believed that emotion expressed in music can be understood through a(n) ___(A)___ learned association or it can be understood due to the ___(B)___ between music and emotion.

	(A)		(B)
①	culturally	……	similarity
②	culturally	……	balance
③	socially	……	difference
④	incorrectly	……	connection
⑤	incorrectly	……	contrast

해결 전략

01 주어진 요약문을 먼저 읽고, 글의 소재와 대략적인 내용을 유추한다.

02 요약문에서 얻은 단서들을 바탕으로 반복적으로 등장하는 핵심어(구)에 집중하여 글을 읽는다.

03 글의 내용을 압축적으로 드러내는 선택지를 골라 요약문을 완성한다. 이때, 본문에 쓰인 핵심어(구)와 비슷한 의미를 가진 다른 어휘나 표현이 정답 선택지로 제시될 가능성이 높다는 점에 유의한다.

기출 해결

ⓐ 요약문에 등장한 emotion expressed in music, between music and emotion 등의 표현을 통해 '음악과 감정의 관계'에 관한 글임을 유추할 수 있다.

ⓑ-ⓒ 우리가 어떤 음악을 슬프게 느끼는 것은 우리가 속한 문화 속에서 그것을 슬픈 일과 연관시키도록 학습해 왔기 때문이라는 관점을 설명하고 있다.

ⓓ-ⓔ 앞서 제시된 관점과는 반대로, 음악과 감정 사이에는 유사성이 있어서 우리는 느리고 낮은 음의 음악을 슬프게 느낀다는 관점을 설명하고 있다.

➡ 음악에 표현된 감정을 이해하는 두 가지 방법에 대한 글로, 하나는 우리가 문화적으로 학습된 연상을 통해 음악을 이해한다는 것이고, 다른 하나는 음악과 감정 사이의 유사성을 통해 이해한다는 내용이므로, (A)에는 culturally(문화적으로), (B)에는 similarity(유사성)가 들어가는 것이 가장 적절하다.

유형 잡는 *Tips*	글의 유형에 따른 요약문 완성

설명문

글의 구조(두괄식, 미괄식, 양괄식)에 따라 소재와 주제문의 위치를 찾고, 선택지에서 주제문에 쓰인 핵심어를 다르게 표현한 것이 있는지 확인한다.

실험·조사 중심의 글

실험이나 조사, 연구 내용이 제시되는 글은 대개 그 결과가 중심 내용이자 주제에 해당한다. 따라서 The results showed that ~, According to the researchers ~, They found out that ~, It turned out that ~ 등과 같이 실험이나 조사의 결과를 언급하는 문장에 주목한다.

두 가지의 상반된 관점이 제시되는 글

하나의 논지에 대해 상반된 관점이 제시되는 경우 보통 두 개의 빈칸은 각 관점에 대한 내용 정리에 해당하므로, 각 입장을 설명하는 서로 반대되는 어휘나 표현을 찾는다.

개인적인 경험이 제시되는 글

일화를 담은 글은 경험을 통해 느낀 점이나 교훈이 중심 내용이므로 이를 포괄적으로 나타내는 어휘나 표현을 고른다.

다음 글의 내용을 한 문장으로 요약하고자 한다. 빈칸 (A)와 (B)에 들어갈 말로 가장 적절한 것은?

Recently, a study was conducted on the difference in pain tolerance between athletes and non-athletes. The results showed that the athletes were able to tolerate higher levels of pain. According to the researchers, this is because they make use of certain cognitive strategies to deal with the pain. For example, some athletes are immersed so deeply in the physical act they are performing that they are able to ignore the pain. Another strategy is one in which athletes focus on a positive thought to distract them from negative feelings of pain. The researchers believe that this kind of resistance to pain is something that can be learned over time. As athletes are often incredibly motivated to win a game or set a record in their event, they seem to be more likely to adopt these techniques.

⬇

Athletes can ___(A)___ pain better than others because they learn to use ___(B)___ techniques that allow them to focus on something else.

	(A)		(B)
①	reduce	······	medical
②	avoid	······	natural
③	handle	······	physical
④	endure	······	mental
⑤	remove	······	scientific

Words

conduct (특정한 활동이나 업무를) 하다 tolerance 관용; *내성 (*v.* tolerate 참다, 견디다) athlete 운동선수 cognitive 인지의 strategy 전략 be immersed in ~에 깊이 빠지다, 몰두하다 ignore 무시하다 method 방법 distract 주의를 돌리다 resistance 저항(력), 내성 incredibly 믿기지 않을 정도로, 엄청나게 motivate 동기를 부여하다 event 사건; *경기[종목] adopt 입양하다; *(특정 방식을) 쓰다[취하다] [문제] handle 다루다 endure 견디다, 참다

02

다음 글의 내용을 한 문장으로 요약하고자 한다. 빈칸 (A)와 (B)에 들어갈 말로 가장 적절한 것은?

Let's say there was a man who had a crush on one of his classmates in university. She was on the soccer team, and her uniform number was 36. As his feelings for her grew, he began to notice something strange. Wherever he looked, he saw the number 36. It was in books, on signs, and on price tags. However, this wasn't an amazing coincidence. It was simply due to an illusion called the Baader-Meinhof phenomenon. After you notice something for the first time, it suddenly seems to appear with increasing frequency. This gives you the feeling that you are seeing it everywhere you go. But this occurs only because you are actively looking for it without realizing it. In the man's case, the number 36 had always been all around him—he just wasn't paying any attention to it. But when it suddenly became significant to him, he began to notice it everywhere.

The Baader-Meinhof phenomenon is a condition in which people suddenly become more aware of the ___(A)___ of something because they have recently been ___(B)___ about it unconsciously.

	(A)		(B)
①	presence	······	thinking
②	absence	······	forgetting
③	difficulty	······	thinking
④	amount	······	forgetting
⑤	importance	······	complaining

Words

have a crush on ~에게 반하다 eventually 결국 fade 서서히 사라지다, 희미해지다 price tag 가격표 coincidence 우연의 일치 illusion 환영; *착각 phenomenon 현상 frequency 빈도 significant 중요한, 의미 있는 [문제] condition 상태 presence 존재 absence 부재

03

다음 글의 내용을 한 문장으로 요약하고자 한다. 빈칸 (A)와 (B)에 들어갈 말로 가장 적절한 것은?

Surprisingly, some scientists interested in learning more about animal evolution and adaptation are moving their studies to the big cities. This is because animals in these areas must find ways to deal with life in an unusual environment. For example, some species of fish in a New York City river have evolved a resistance to a certain kind of toxic pollution. Along with evolution, urban animals also undergo behavioral changes to survive in big cities. Some, such as crows, have even found ways to use human technology to their advantage. When unable to open a hard nut, birds will usually drop them from great heights. But crows in Tokyo use an easier method: they place the nuts in the street and wait for passing cars to run them over.

⬇

Animals can adjust to living in ____(A)____ areas by ____(B)____ their behavioral patterns as well as by evolving.

(A)		(B)
① rural	······	limiting
② favorable	······	diversifying
③ isolated	······	breaking
④ urban	······	altering
⑤ unnatural	······	analyzing

Words

evolution 진화 (*v.* evolve 발달시키다, 진화시키다) adaptation 적응 unusual 특이한, 드문 pollution 오염, 오염 물질 urban 도시의 undergo 거치다, 겪다 behavioral 행동의 crow 까마귀 to one's advantage (~에게) 유리하게 run over (차량 등이) ~을 치다 [문제] adjust 조절하다; *적응하다 rural 시골의, 지방의 limit 제한하다 favorable 호의적인 diversify 다양화하다 isolated 고립된 alter 바꾸다 unnatural 비정상적인, 이상한 analyze 분석하다

04

다음 글의 내용을 한 문장으로 요약하고자 한다. 빈칸 (A)와 (B)에 들어갈 말로 가장 적절한 것은?

For many years, marketers have sent emails to consumers as a form of advertising, but very few people actually open these emails. However, according to one marketing specialist, this isn't actually a problem. Even an unopened email can be an effective marketing tool by creating awareness of the advertiser's brand. A study shows that unopened marketing emails still help boost sales. On average, people who receive them will spend more on the company's products than people who get no such emails. Obviously, it is important for the advertiser to include their brand name in the subject line of the email. This way, it will be visible to the consumer even if he or she fails to open the message.

↓

An advertising email with the brand name in the title can result in a ____(A)____ even if the receiver does not ____(B)____ the email.

	(A)		(B)
①	problem	······	delete
②	benefit	······	answer
③	purchase	······	read
④	complaint	······	recognize
⑤	refusal	······	share

Words ────────────────────────────────────

specialist 전문가 awareness 의식, 인식 advertiser 광고주 boost 신장시키다, 북돋우다 on average 평균적으로 obviously 확실히, 분명히
subject line (편지 등의) 제목란 visible 눈에 띄는 [문제] title 제목 receiver 받는 사람, 수취인 delete 삭제하다 purchase 구매 complaint
불평 refusal 거절, 거부

유형 소개

하나의 긴 글을 읽고, 2문항(글의 제목, 빈칸/어휘 추론)에 답하는 유형이다. 글을 빠르게 읽으면서 주제와 전체적인 맥락을 파악할 수 있어야 한다.

[01-02] 다음 글을 읽고, 물음에 답하시오. 평가원

ⓐ A bedroom temperature of around 65 degrees Fahrenheit (18.3°C) is ideal for the sleep of most people, assuming standard bedding and clothing. This (a) surprises many, as it sounds just a little too cold for comfort. Of course, that specific temperature will vary depending on the individual in question and their gender and age. But like calorie recommendations, it's a good target for the average human being. ⓑ Most of us set bedroom temperatures higher than are ideal for good sleep and this likely contributes to (b) lower quantity and quality of sleep than you are otherwise capable of getting. Lower than 55 degrees Fahrenheit can be harmful rather than helpful to sleep, unless warm bedding or nightclothes are used. However, most of us fall into the (c) opposite category of setting a controlled bedroom temperature that is too high: 70 or 72 degrees. ⓒ Sleep clinicians treating patients who can't sleep at night will often ask about room temperature, and will advise patients to (d) raise their current thermostat set-point by 3 to 5 degrees from that which they currently use.

Anyone disbelieving of the influence of temperature on sleep can explore some related experiments on this topic. ⓓ Scientists have, for example, gently warmed the feet or the body of rats to encourage blood to rise to the surface of the skin and release heat, thereby decreasing core body temperature. ⓔ The rats fell asleep far (e) faster than was otherwise normal.

*thermostat: 온도 조절 장치

01 윗글의 제목으로 가장 적절한 것은?

① Signs of Sleep Problems

② Stay Cool for Better Sleep

③ Turn Up the Heat in Your Room

④ How to Correct Bad Sleeping Posture

⑤ A Key to Quality Sleep: Clean Bedding

02 밑줄 친 (a)~(e) 중에서 문맥상 낱말의 쓰임이 적절하지 <u>않은</u> 것은?

① (a)　　　　② (b)　　　　③ (c)　　　　④ (d)　　　　⑤ (e)

해결 전략

01 문제와 선택지를 먼저 읽고 문제 유형에 따라 글에서 중점적으로 확인해야 할 정보를 미리 파악한다.

02 제목 유형: 핵심어(구)와 반복적으로 등장하는 표현에 주목하여 글의 중심 내용을 파악한다.

03 어휘 추론 유형: 평소 반의어, 유의어, 철자가 유사한 단어를 학습해 두고, 선택지가 포함된 문장의 앞뒤 문맥을 정확히 파악하여 어휘의 적절성을 판단한다.

04 빈칸 추론 유형: 구체적인 예시를 일반화하거나 주제문을 재진술하는 선택지가 정답일 가능성이 높으므로 선택지와 주제 간의 관련성에 유의한다.

기출 해결

01 ⓐ 글의 도입에서 수면에 이상적인 침실 온도에 대해 언급하고 있으므로 이와 관련된 글이 전개될 것이라고 추측할 수 있다.

ⓑ 우리는 대개 침실 온도를 이상적인 것보다 높게 설정하는데 이것이 수면의 양과 질을 낮춘다고 언급하고 있다.

ⓓ-ⓔ 쥐의 심부체온을 낮추었더니 평소보다 훨씬 더 빨리 잠들었다는 실험 결과를 언급하며 높은 온도가 수면을 방해할 수 있다는 글의 내용을 뒷받침하고 있다.

➡ 대부분의 사람들이 평소 설정하는 것보다 다소 낮은 온도가 수면에 이상적인 온도이며 그 온도에서 수면의 질과 양이 좋아진다는 내용이므로, 글의 제목으로는 ② '더 나은 수면을 위해 시원함을 유지해라'가 가장 적절하다.

02 ⓒ 위에서 대략 화씨 65도의 침실 온도가 수면에 이상적이나, 대부분의 사람들이 너무 높은 침실 온도를 설정한다고 했다. 따라서 수면 임상의가 밤에 잠을 자지 못하는 환자들에게 방의 온도를 '올리라고' 조언한다는 것은 어색하다.

➡ (d)의 raise(올리다)를 lower(낮추다) 등으로 고쳐야 한다.

George P. Burdell graduated from Georgia Tech in 1931 and received a bachelor's degree in ceramic engineering. Later, he was given a master's degree from the same university. During World War II, he served in the Air Force, engaging in 12 missions over Europe. After the war, he returned to Georgia Tech and enrolled in countless other classes. He was even listed as a member of the basketball team. In fact, he is so famous that a store on campus has even been named after him. Therefore, you might be surprised to learn that he _____.

He is actually the result of a prank played by a young man named William Edgar Smith in 1927. After being admitted to the university, Smith found that he had accidentally been sent two enrollment forms. Deciding to play a joke, he filled out the second one with an imaginary student's information, using the name George P. Burdell. After the semester started, Smith continued his prank, enrolling Burdell in classes and handing in assignments for him. After the truth was revealed, other Georgia Tech students decided to keep Burdell "alive." It is through their efforts that he joined the basketball team and the Air Force. He is also continually enrolled in new classes, even today. It's been more than 80 years since Smith started this prank, but it's still going strong!

01 윗글의 제목으로 가장 적절한 것은?

① The First Case of Identity Theft

② Georgia Tech's Most Popular Fake Student

③ A Friendly Rivalry among Georgia Tech Students

④ Students Working Together to Help Their Classmate

⑤ George P. Burdell: The Most Brilliant Student in History

02 윗글의 빈칸에 들어갈 말로 가장 적절한 것은?

① never existed

② was a criminal

③ had passed away

④ was not a human

⑤ was actually a child

Words ——

graduate from ~을 졸업하다 bachelor's degree 학사 학위 ceramic 도자기 master's degree 석사 학위 serve 제공하다; *복무하다
engage in ~에 참여하다 enroll 등록하다, 입학하다 (*n.* enrollment 등록, 입학) countless 수많은 name after ~의 이름을 따서 짓다 prank
장난 admit 인정하다; *입학을 허락하다 accidentally 우연히, 실수로 fill out (서류 등을) 작성하다 imaginary 가상의 semester 학기 hand in
~을 제출하다 assignment 과제 reveal 밝히다, 폭로하다 [문제] identity 신분 theft 절도, 도둑질 fake 가짜의 rivalry 경쟁 brilliant 훌륭한;
*(재능이) 뛰어난 criminal 범죄자

When we try to come up with ideas in groups, we usually use the brainstorming technique. You're probably familiar with how this works. People speak their ideas out loud, and others make comments and (a) <u>share</u> their own thoughts in response. Unfortunately, studies show that there are some significant problems with this commonly used method. The biggest one is called "blocking," which refers to the fact that, in a group setting, only one person can speak at a time. This puts a (b) <u>limit</u> on the number of ideas that are created. While everyone sits and waits for one person to explain his or her idea, they are (c) <u>judging</u>, changing, and even forgetting their own. Moreover, no one gets the chance to say everything they're thinking during a brainstorming session. They have to give everyone else an opportunity to speak as well, so they might lose the chance to share a great idea. What's the solution? Instead of brainstorming, consider "brainwriting." The method is (d) <u>similar</u>, but participants write down their ideas instead of speaking them. Since everyone is producing ideas at the same time, this can (e) <u>worsen</u> the problem of blocking. Thus, the total number of ideas at the end will be much greater. Also, no ideas are forgotten or changed while people wait for their turn to speak.

03 윗글의 제목으로 가장 적절한 것은?

① An Effective Alternative to Brainstorming

② The Importance of Getting Group Feedback

③ Problems with Written Forms of Brainstorming

④ How to Practice Speaking and Writing in a Group

⑤ Brainstorming: A Useful Method to Generate Ideas

04 밑줄 친 (a)~(e) 중에서 문맥상 낱말의 쓰임이 적절하지 <u>않은</u> 것은?

① (a)   ② (b)   ③ (c)   ④ (d)   ⑤ (e)

Words ———————————————————————————————

come up with 생각해 내다   out loud 소리 내어   make a comment 논평하다   in response (이에) 대응하여   refer to ~을 나타내다, 언급하다
put a limit on ~을 제한하다   judge 판단하다, 평가하다   session (특정 활동을 위한) 시간[기간]   opportunity 기회   participant 참가자   worsen
악화시키다   turn 회전; *순서, 차례   [문제] alternative 대안   generate 만들어 내다, 발생시키다

16 순서 장문

유형 소개

네 개의 단락으로 이루어진 긴 글을 읽고, 3문항(순서 배열, 지칭 추론, 내용 일치)에 답하는 유형이다.

[01-03] 다음 글을 읽고, 물음에 답하시오. 평가원

(A)

A rich merchant lived alone in his house. Knowing that he was the only person living in the house, he was always prepared in case thieves came to his house. So, one day, when a thief entered his home, he remained calm and cool. Although he was awake, the merchant pretended to be in a deep sleep. He lay in bed and watched the thief in action. The thief had brought a new white sheet with (a) him to carry away the stolen goods.

(B)

(b) He then lay down and pretended to be asleep. When the thief had finished collecting as many valuables as he could, he hurriedly tied a knot in the white sheet which he thought was his. The merchant meanwhile ran out into the garden and yelled—"Thief! Thief!" with all the air in his lungs. The thief got nervous and quickly lifted the sheet. To (c) his surprise, the thin white sheet, filled with stolen goods, was torn apart.

(C)

All the stolen goods fell down on the floor creating a very loud and unpleasant noise. Seeing many people run towards him, the thief had to give up on all of the stolen goods. Leaving the goods behind in the house, he ran away in a hurry saying under his breath: "This man is such a skillful merchant; he is a businessman to the core. He has not only managed to save his valuables but has also taken away (d) my new sheet. He has stolen from a thief!" As he said that to himself, he ran away from the house.

(D)

He spread it out on the floor with the idea of putting all the stolen valuables into it, tying it, and carrying it away. While (e) he was busy gathering expensive-looking items from the merchant's luxurious house, the merchant quickly got out of the bed. Then he replaced the new white sheet with a similar looking white sheet, which was much weaker and much cheaper than the thief's one.

01 주어진 글 (A)에 이어질 내용을 순서에 맞게 배열한 것으로 가장 적절한 것은?

① (B) – (D) – (C) ② (C) – (B) – (D)

③ (C) – (D) – (B) ④ (D) – (B) – (C)

⑤ (D) – (C) – (B)

02 밑줄 친 (a)~(e) 중에서 가리키는 대상이 나머지 넷과 다른 것은?

① (a) ② (b) ③ (c) ④ (d) ⑤ (e)

03 윗글에 관한 내용으로 적절하지 <u>않은</u> 것은?

① 상인은 도둑이 드는 상황에 항상 대비하고 있었다.

② 상인은 정원으로 뛰어나가 크게 소리쳤다.

③ 도둑이 훔친 물건들이 바닥에 떨어졌다.

④ 도둑은 상인의 물건들을 집밖으로 가지고 달아났다.

⑤ 상인의 보자기는 도둑의 보자기보다 값싼 것이었다.

해결 전략

01 순서 배열 유형: 대명사, (정)관사, 연결사, 일의 순서 및 전후 관계를 나타내는 말, 앞에서 언급한 말을 재진술하는 표현 등 단락의 순서를 파악할 수 있는 단서를 활용하여 논리적 흐름에 적합하게 글을 배열한다.

02 지칭 추론 유형: 대명사의 수와 성에 유의하여 각각의 밑줄 친 부분이 지칭하는 바를 본문에 표시하며 글을 읽는다.

03 내용 일치 유형: 글을 읽기 전에 선택지를 먼저 살펴보며 글의 대략적인 내용을 짐작해 본 뒤, 글을 읽으며 해당 선택지의 내용이 나올 때마다 차례로 대조한다.

기출 해결

01 (A)는 혼자 사는 상인의 집에 도둑이 들었는데 상인이 잠든 척하며 도둑을 지켜보았고, 도둑은 훔친 물건을 가져가기 위해 흰 새 보자기를 가지고 왔다는 내용이다. 이어서, 도둑이 보자기를 바닥에 펼쳐 두고 물건들을 모으는 사이, 상인이 도둑의 보자기를 훨씬 약하고 값싼 자신의 흰 보자기로 바꿔치기 했다는 내용의 (D)가 오고, 정원으로 뛰쳐나간 상인이 '도둑'이라고 소리치자 도둑이 도망가려고 보자기를 들어 올렸는데 얇은 흰 보자기가 찢어졌다는 (B)에 이어, 결국 훔친 물건들을 남겨 두고 도망가면서 도둑이 상인은 그의 귀중품을 지켜내고 새 보자기도 빼앗은 뼛속까지 장사꾼이라고 말하는 내용의 (C)로 이어지는 것이 자연스럽다.

02 (b)는 상인을 가리키고, 나머지는 도둑을 가리킨다.

03 ④ 도둑은 훔치려던 상인의 물건들을 집에 남겨 두고 도망쳤다.

[01-03] 다음 글을 읽고, 물음에 답하시오.

(A)

In 1988, nine-year-old Craig Shergold began complaining of pain in his ear. Antibiotics were unsuccessful in treating his symptoms. Unfortunately, his problem turned out to be far worse than a simple earache. Doctors soon found that the pain was caused by a brain tumor and predicted (a) he would only live for a few more months.

(B)

Craig's tumor was successfully removed, and (b) he soon regained his health. Despite this, the greeting cards continued to come. It is now estimated that Craig has received more than 350 million greeting cards since he made his wish in 1989. These days, (c) he has a very different request: "Please stop sending me cards!"

(C)

One year later, Craig's wish came true. He had received more than 16 million greeting cards by May, 1990, and his name was added to the *1991 Guinness Book of World Records*. A year after that, Craig was still alive and the number of cards he had received reached 33 million. Around this time, an American billionaire named John Kluge heard about Craig's situation. (d) He arranged for him to be flown from his home in the UK to the US, where he received a special operation.

(D)

Craig expressed a wish that before (e) he died he could be listed in *the Guinness Book of World Records* as the person who had received the most greeting cards. His friends and relatives sent out a chain letter to ask people to send the young boy a greeting card. Soon, the Children's Wish Foundation International got involved, and millions of cards began to arrive.

01 주어진 글 (A)에 이어질 내용을 순서에 맞게 배열한 것으로 가장 적절한 것은?

① (B) – (D) – (C)　　　　　　　② (C) – (B) – (D)

③ (C) – (D) – (B)　　　　　　　④ (D) – (B) – (C)

⑤ (D) – (C) – (B)

02 밑줄 친 (a)~(e) 중에서 가리키는 대상이 나머지 넷과 <u>다른</u> 것은?

① (a)　　　② (b)　　　③ (c)　　　④ (d)　　　⑤ (e)

03 윗글의 Craig Shergold에 관한 내용으로 적절하지 <u>않은</u> 것은?

① 아홉 살 때 시한부 인생을 선고받았다.

② 수술 이후에는 더 이상 연하장을 받지 못했다.

③ 자신의 소망대로 기네스북에 등재되었다.

④ 한 억만장자의 도움으로 미국에서 수술을 받았다.

⑤ 지인들과 한 단체의 도움으로 많은 연하장을 받을 수 있었다.

Words

antibiotic 항생제　symptom 증상　earache 귀통증　tumor 종양　predict 예측하다　remove 제거하다　regain 되찾다, 회복하다　greeting card 연하장　estimate 추정하다　request 요청, 부탁　reach ~에 닿다; *~에 이르다[달하다]　billionaire 억만장자　arrange 준비하다, 마련하다　operation 수술　relative 친척　chain letter 연쇄 [행운의] 편지　foundation 설립; *재단, 협회　involve 포함하다; *참여시키다

(A)

During the violent Russian Revolution of the early 20th century, the Bolsheviks took control of the country from the emperor, Czar Nicholas II. To make sure no member of the royal family could later return to power, the czar, his wife, his son, and his four daughters were all killed in 1918.

*Bolshevik: 볼셰비키 (러시아 사회 민주 노동당의 일원)
**czar: 황제, 군주: [C~] 제정 러시아의 황제

(B)

But most of the people who had actually known the royal family were sure that Anderson was a fake. In 1927, Anderson's former roommate announced that (a) her real name was Franziska Schanzkowska. (b) She insisted that she knew Anderson well and that she clearly was not a royal princess. In fact, a private investigation identified Anderson as a Polish factory worker. Anderson, however, continued to claim she was Anastasia and lived the life of a celebrity.

(C)

The truth that many people had suspected was revealed in the end. Anderson passed away in 1984, and tests of (c) her DNA showed that it did not match that of the royal family, which clarified that she was not Princess Anastasia. Most scientists concluded that Anderson and Schanzkowska were the same person. In 2009, it was officially announced that remains of all the members of the Russian royal family had been found. Despite the rumors, none of them had survived.

(D)

However, there were soon rumors that one of the family members had survived and escaped. Over the next few years, several people claimed to be members of the royal family. Among them was a woman named Anna Anderson. In 1920, (d) she announced that she was the czar's youngest daughter, Princess Anastasia. Because (e) she knew so much about the royal family's lifestyle, many people were convinced she was Anastasia.

04 주어진 글 (A)에 이어질 내용을 순서에 맞게 배열한 것으로 가장 적절한 것은?

① (B) – (D) – (C)
② (C) – (B) – (D)
③ (C) – (D) – (B)
④ (D) – (B) – (C)
⑤ (D) – (C) – (B)

05 밑줄 친 (a)~(e) 중에서 가리키는 대상이 나머지 넷과 다른 것은?

① (a) 　② (b) 　③ (c) 　④ (d) 　⑤ (e)

06 윗글에 관한 내용으로 적절하지 않은 것은?

① 러시아 혁명으로 러시아 황제의 통치 체제가 무너졌다.
② Anderson은 주변의 의심에도 불구하고 자신이 왕족이라고 주장했다.
③ Anderson이 사망한 후, 그녀의 DNA가 왕족과 일치함이 밝혀졌다.
④ 러시아 혁명 이후 왕가 중 한 명이 살아남았다는 소문이 돌았다.
⑤ Anderson은 왕가에 대해서 많은 것을 알고 있었다.

Words

violent 폭력적인 revolution 혁명 take control of ~을 통치하다, 장악하다 emperor 황제 royal 왕[여왕]의, 왕실의 fake 가짜 former 이전의 announce 발표하다, 알리다 insist 주장하다 investigation 수사, 조사 claim 주장하다 celebrity 유명 인사 suspect 의심하다 reveal 드러내다, 밝히다 pass away 죽다 clarify 명확하게 하다 conclude 결론을 내리다 officially 공식적으로 remain 《*pl.*》 유해, 유골 escape 탈출하다, 도망치다 convince 확신시키다, 납득시키다

PART
02

어법

01 주어와 동사·수의 일치

1   문장은 주어와 동사가 필요하며, 동사 자리에 준동사(동명사, to부정사, 분사)는 올 수 없다.

   [The money donated by the man] **was sent** to the children in the orphanage.

2   접속사나 관계사가 이끄는 절에도 동사가 있으므로 문장 전체의 동사와 헷갈리지 않도록 주의한다.

   [Everything that he uses] **gets** broken.

3   수식어(구)가 붙어 주어가 길어진 경우 핵심 주어를 찾아 동사의 수를 일치시킨다.

   [The wedding of the two young musicians] **was** held in a small church.

4   주격 관계대명사절의 동사는 선행사에 수를 일치시킨다.

   She trained the employees [who **were** not familiar with the new job].

5   명사구(동명사구, to부정사구) 또는 명사절(관계대명사 what절, 접속사 that/whether절, 의문사절 등) 형태의 주어는 단수 취급한다.

   [Learning about the environment] **helps** us protect it.

6   대명사는 그것이 지칭하는 명사와 수를 일치시킨다.

   The company created a new computer program for **its** engineers.
   He made a number of fascinating findings, and he had the evidence to back **them** up.

7   「부분 표현(all/most/some/half/part/the rest/분수 등)+of+명사」 형태의 주어가 나올 경우, of 뒤에 오는 명사에 동사의 수를 일치시킨다. 단, 「one/each+of+명사」 형태의 주어는 단수 취급하는 것에 주의한다.

   Some of the soldiers **are** going home for the holidays.
   One of the discussion topics **is** the use of cell phones at school.

8   「not A but B / either A or B / neither A nor B / not only A but also B / B as well as A」의 형태가 주어부인 경우, B에 해당하는 명사에 동사의 수를 일치시킨다.

   Either one or two participants **throw** the ball through the hoop.
   Not only several students but also their teacher **has** watched the movie.

확인문제   네모 안에서 어법에 알맞은 것을 고르시오.

1   The soccer player injured by the tackle | leaving / left | the game.

2   The people jealous of Emily | say / says | bad things about her behind her back.

3   Oil prices reached | its / their | peak during the oil crisis.

4   The movie is about a dog that truly | loves / love | its owner.

5   Most of the land in coastal areas | is / are | infertile.

02 시제

1 현재완료 시제(have p.p.)는 과거의 일이 현재까지 지속되거나 영향을 미칠 때 쓴다.

 – 완료: already, just, yet 등과 함께 자주 쓰이며 '(이미/방금) ~했다, 해버렸다'라는 의미

 – 경험: ever, never, before, once 등과 함께 자주 쓰이며 '~해본 적이 있다/없다'라는 의미

 – 계속: 〈for+기간〉, 〈since+과거 시점〉 등과 함께 자주 쓰이며 '(지금까지 계속) ~해 왔다'라는 의미

 – 결과: '~했다 (그 결과 지금은 …인 상태이다)'라는 의미

 I **have been** under a lot of stress for a few months.

2 과거완료 시제(had p.p.)는 특정 과거 시점보다 더 먼저 일어난 일을 표현하거나 과거보다 더 이전에 시작된 일이 과거의 기준 시점까지 영향을 미친 경우에 쓴다.

 The police arrested a man who **had robbed** some empty houses around town.

3 시간이나 조건의 부사절에서는 미래의 일을 현재시제로 쓴다.

 If she **comes** tomorrow, we'll officially offer her a manager position.

4 ago/yesterday, 「last+시간」, 「in+연도」 등 명백히 과거 시점을 나타내는 말은 과거시제와 사용된다.

 More than a hundred people **were killed** by the typhoon three months ago.

5 「조동사+동사원형」은 현재나 미래 일에 대한 가능성, 추측 등을 나타내는 반면, 「조동사+have p.p.」는 과거 일에 대한 추측이나 후회를 나타낸다.

> – may[might] have p.p.: ~했을지도 모른다(불확실한 추측)
>
> – must have p.p.: ~했음이 틀림없다(강한 추측)
>
> – cannot have p.p.: ~했을 리가 없다(강한 부정적 추측)
>
> – could have p.p.: ~했을 수도 있다(불확실한 추측)
>
> – should have p.p.: ~했어야 했다(후회)
>
> – shouldn't have p.p.: ~하지 말았어야 했다(후회)

 Amy didn't answer my call. She **might have been** out of the office.
 The show was wonderful. You **should have seen** it.

확인 문제

네모 안에서 어법에 알맞은 것을 고르시오.

1 My aunt [sent / has sent] me a birthday card every year since I was born.

2 I knew something [had happened / has happened] from the look on her face.

3 Sandra will go sightseeing if she [will finish / finishes] her project.

4 He [wrote / has written] a paper on modern Korean literature last night.

5 We should [visit / have visited] Mr. Ferraro before he returned to his country.

03 능동태와 수동태

1 능동태는 '~하다'라는 의미로 주어가 동작의 주체인 반면, 수동태는 '~되다, ~당하다'라는 의미로 주어가 동작의 대상이 된다. 수동태의 기본형은 「be동사+p.p.」이다.

This magazine **is delivered** every Tuesday morning.

2 목적어를 취하지 않는 자동사와 have(~을 가지고 있다), resemble(~와 닮다), fit(~에 맞다), lack(~이 부족하다)과 같이 소유·상태를 나타내는 타동사는 수동태로 쓸 수 없다.

The little boy ~~was disappeared~~ (→ **disappeared**) yesterday.

3 능동태에서 지각동사(see, watch, hear, feel 등)와 사역동사의 목적격 보어로 쓰인 동사원형은 수동태에서 to부정사로 바뀐다. 사역동사는 make만 수동태로 쓸 수 있다.

The thief was seen **to enter** the house through a back window.
The noisy student was made **to stand** alone in the corner for ten minutes.

4 완료시제의 수동태(have[had] been p.p.), to부정사의 수동태(to be p.p.), 동명사의 수동태 (being p.p.)와 같은 다양한 형태의 수동태에 유의한다.

Various methods **have been used** to teach foreign languages.
After the project failed, Alvin was the first **to be fired**.
His manuscript stands little chance of **being published**.

5 수동태의 행위자는 보통 「by+행위자」로 나타내지만 by 외의 전치사가 쓰이는 경우도 있다.

- be satisfied with ~에 만족하다	- be disappointed with[at] ~에 실망하다
- be surprised at ~에 놀라다	- be worried about ~에 대해 걱정하다
- be composed of ~로 구성되다	- be made of[from] ~로 만들어지다
- be covered with[in] ~로 덮여 있다	- be filled with ~로 가득 차다
- be known for ~로 알려져 있다	- be known to ~에게 알려지다

This country **is known for** its diversity of languages.

네모 안에서 어법에 알맞은 것을 고르시오.

1 The famous picture stole / was stolen during World War II.

2 The incident occurred / was occurred in this park last Tuesday.

3 This document has prepared / been prepared specifically for this meeting.

4 He was made learn / to learn piano at the age of four by his father.

5 The movie is filled with / of action and special effects.

04 보어의 형태

1 상태 또는 상태의 변화를 나타내는 동사(be, become, keep, remain, appear 등)와 감각을 나타내는 동사(look, sound, smell, taste, feel 등)는 주격 보어를 취하며, 주격 보어로는 보통 명사나 형용사가 온다. 보어 자리에 부사를 쓰지 않도록 주의한다.

Jason <u>remained</u> **silent** when he heard the news.
Perfume <u>smells</u> **different** on different people's skin.

2 leave, make, keep, turn, consider, find 등의 동사는 목적격 보어로 형용사를 취할 수 있다.

The mother <u>kept</u> the house **warm** for her children.

3 call(~라고 부르다), name(~라고 이름 짓다), elect(~로 선출하다) 등의 동사는 목적격 보어로 명사를 취한다.

The committee <u>elected</u> him **the next chairman**.

4 want, ask, allow, cause, encourage, enable, expect, advise 등의 동사는 목적격 보어로 to부정사를 취한다.

This special equipment <u>allows</u> athletes **to improve** their performance.

5 see, watch, hear, feel 등의 지각동사는 목적어와 목적격 보어가 능동 관계일 때 목적격 보어로 동사원형이나 현재분사가 오며, 수동 관계일 때는 과거분사가 온다.

When we <u>watch</u> someone **experience[experiencing]** an emotion, we feel the same emotion in response.
I <u>heard</u> his name **called** out in the City Hall square.

6 make, have, let 등의 사역동사는 목적어와 목적격 보어가 능동 관계일 때 목적격 보어로 동사원형이 오고, 수동 관계일 때는 과거분사가 온다.

The heavy snowstorm <u>made</u> many trees in the city **fall** down.
I brought my computer to the service center to <u>have</u> the keyboard **fixed**.

네모 안에서 어법에 알맞은 것을 고르시오.

1 Ted looked quite confident / confidently , so I believed he would do great.

2 The first chapter of the book made me sleepy / sleepily .

3 Susan saw a fire truck pull / to pull up in front of the building.

4 The hotel manager had my room cleaning / cleaned while I was eating breakfast.

5 Choose books or articles that encourage you read / to read more.

05 to부정사·동명사

1 to부정사는 명사, 형용사, 부사 역할을 하며, 동명사는 명사 역할을 한다.

John makes his kids read a lot **to improve** their vocabulary.
Slowing down tourism might affect the local economy.

2 to부정사를 목적어로 취하는 동사와 동명사를 목적어로 취하는 동사를 구분해야 한다.

> – to부정사를 목적어로 취하는 동사: want, need, hope, expect, decide, plan, refuse, afford 등
> – 동명사를 목적어로 취하는 동사: keep, enjoy, mind, avoid, finish, stop, consider, suggest 등
> – to부정사와 동명사를 모두 목적어로 취하는 동사: like, love, hate, start, begin, continue, prefer 등

He decided **to work** on a new project with some experts.
I kept **hearing** someone singing loudly in another room.

3 to부정사와 동명사를 모두 목적어로 취하는 동사 중, 목적어에 따라 의미가 변하는 동사들은 문맥에 따라 알맞은 형태를 선택해야 한다.

> – remember[forget]+to-v: (미래에) ~할 것을 기억하다[잊다]
> – remember[forget]+v-ing: (과거에) ~했던 것을 기억하다[잊다]
> – regret+to-v: ~하게 되어 유감이다 / regret+v-ing: ~한 것을 후회하다
> – try+to-v: ~하려고 노력하다 / try+v-ing: (시험 삼아) ~해 보다
> – stop+v-ing: ~하는 것을 멈추다
>   (cf. 「stop+to-v」는 '~하기 위해 멈추다'라는 의미이며, 여기서 to-v는 부사적 용법의 to부정사이다.)

She forgot **to bring** her portfolio to the interview.
I remember **running** a workshop for a group of teenagers when I was younger.

4 object to(~에 반대하다), look forward to(~을 고대하다), be used to(~하는 데 익숙하다)와 같은 구문의 to는 전치사이므로 뒤에 (대)명사, 동명사 형태를 써야 한다.
(cf. 「be used to-v」는 '~하기 위해 사용되다'라는 의미로, 여기서 to는 전치사가 아니라 부사적 용법으로 쓰인 to부정사의 to이다.)

She looks forward to **visiting** Europe next month.

네모 안에서 어법에 알맞은 것을 고르시오.

1 I looked around the room but couldn't find anything sit / to sit on.

2 Sam is expecting to receive / receiving an important phone call from a client.

3 Wendy doesn't mind to pay / paying extra for clothing of high quality.

4 We were hungry, so we stopped to eat / eating lunch.

5 I am used to ride / riding my bicycle to work in the morning.

어법

06 분사와 분사구문

1 분사는 형용사처럼 명사를 수식하거나 보어로 쓰인다. 현재분사는 '~하는, ~하고 있는'과 같은 능동·진행의 의미를 나타내고, 과거분사는 '~되는, ~한[된]'과 같이 수동·완료의 의미를 나타낸다.

There are <u>many children</u> **running** around the playground.
People look for the **hidden** <u>treasure</u> on the island.

2 excite, disappoint, satisfy, surprise, annoy, frighten, embarrass, amaze 등의 감정을 나타내는 동사는 분사 형태로 형용사처럼 자주 쓰인다. 이때 '~한 감정을 유발하는'이라는 능동의 뜻일 때는 현재분사를, '~한 감정을 느끼는'이라는 수동의 뜻일 때는 과거분사를 쓴다.

The Halloween event was so **frightening** that the children at the party cried.
Susie was **frightened** by the strange sound outside.

3 분사가 이끄는 부사구를 분사구문이라고 하며, 문맥에 따라 〈시간·원인·조건·부대상황(동시동작, 연속동작)·결과〉를 나타낸다. 분사와 의미상 주어가 능동의 관계일 때는 현재분사를, 수동의 관계일 때는 과거분사를 쓴다.

Smartphones have made communication more efficient, **replacing** older ways of sharing information.
Left out in the woods, they couldn't eat anything for several days.
Treated with great care, his car was as good as new.

4 분사구문의 의미를 명확히 하기 위해 분사 앞에 접속사를 생략하지 않는 경우도 있다.

<u>While</u> **sitting** in front of the TV, Angela folded the laundry.

5 분사구문의 주어가 주절의 주어와 다른 경우, 분사구문의 주어를 생략하지 않고 분사 앞에 써 준다.

<u>The last bus</u> **having left**, <u>they</u> had to walk home.

6 「with+(대)명사+현재분사[과거분사]」는 '~가 …한[된] 채로'라는 의미를 나타낸다. 명사와 분사가 능동의 관계일 때는 현재분사를, 수동의 관계일 때는 과거분사를 쓴다.

With the summer temperatures **going** up, many people are buying air conditioners.
They fell asleep **with** the TV **turned** on.

확인 문제 | 네모 안에서 어법에 알맞은 것을 고르시오.

1 The student wrote an essay describing / described her trip to South America.

2 All the fans were screaming because the game was so exciting / excited .

3 Picking / Picked up my suitcase, I realized that I had packed too many clothes.

4 Recently, a severe drought hit the country, causing / caused hundreds of deaths.

5 Don't brush your teeth with the water turning / turned on.

어법

07 관계사

1 관계대명사는 관계사절 내에서 하는 역할에 따라 주격(who/which/that), 목적격(who(m)/which/that), 소유격 (whose/of which)으로 나뉜다. 관계대명사 what은 선행사를 포함하며, '~하는 것'이라고 해석한다. 관계대명사는 관계사절 내에서 빠진 성분을 대신하므로, 뒤에 불완전한 절이 온다.

Please tell me the name of the girl **who**[whom] you secretly love.
Laura began to believe **what**(= the thing which) Jennifer was saying.

2 관계부사 when/where/how/why는 각각 〈시간·장소·방법·이유〉를 나타내는 선행사를 수식한다. 관계부사는 관계 사절 내에서 부사 역할을 하므로, 관계부사 뒤에는 완전한 절이 온다. 관계부사 how의 경우, 선행사 the way와 함께 쓸 수 없고 둘 중 하나는 반드시 생략해야 한다.

The park **where** we played badminton is full of people today.

3 관계사절 안에서 관계대명사가 전치사의 목적어 역할을 하는 경우, 전치사는 관계사 앞 또는 관계사절 끝에 올 수 있다. 단, 「전치사+who/that」의 형태로는 쓸 수 없다.

This is the town **in which** many famous celebrities live.
→ This is the town **which**[that] many famous celebrities live **in**.

4 계속적 용법의 관계사절은 선행사에 대한 부연 설명을 하며, 관계사 앞에 콤마(,)를 써서 나타낸다. 계속적 용법으로 쓰인 관계대명사 which는 앞 절 전체를 선행사로 하기도 한다. 단, 관계대명사 that과 what은 계속적 용법으로 쓸 수 없다.

Victoria wrote a story about traveling, **which** was based on her own experiences.

5 복합 관계대명사(whoever/whichever/whatever)는 부정의 명사절 또는 양보의 부사절을 이끌고, 복합 관계부사 (wherever/whenever/however)는 부정 또는 양보의 부사절을 이끈다.

The event is open to **whoever**(= anyone who) wants to attend.
Wherever(= No matter where) they go, they make new friends.

 확인 문제 네모 안에서 어법에 알맞은 것을 고르시오.

1 The spectators couldn't believe whom / what they were seeing.

2 He walked past a park where / which some boys were playing baseball.

3 I said hello to the woman with whom / whom my brother works.

4 My grades were not very good, which / that disappointed my parents.

5 Whatever / Whenever Jim comes, he brings us a little gift.

08 전치사·접속사

1 전치사 뒤에는 명사(구)가, 접속사 뒤에는 완전한 절이 온다. 의미가 유사한 전치사와 접속사(during/while, because of/because, despite/although 등)를 구분해서 알아 둔다.

If you were a baseball fan **during** the 1960s, you might know Maury Wills.
We need to make sure to be quiet **while** we stay here.

2 접속사 that(~라는 것), whether(~인지 아닌지), 의문사는 문장에서 주어, 목적어, 보어 역할을 하는 명사절을 이끈다. 접속사 that은 앞에 있는 명사를 보충 설명하는 동격의 절을 이끌기도 한다.

Audience feedback often indicates **whether** listeners understand.
The legend explains **how** the flower got its unusual shape.
You must realize the fact **that** you are responsible for your actions.

3 부사절을 이끄는 접속사는 〈시간(when/while/as 등), 이유(because/since 등), 조건(if/unless 등), 양보 (although/though 등), 목적(so that 등), 결과(so+형용사/부사+that)〉의 의미를 나타낸다.

People tend to eat sweets **when** they are depressed.
Although the law forbids people from texting **while** they drive, some people still do it.
He was **so** upset **that** he didn't listen to me.

4 〈시간·조건·양보〉를 나타내는 부사절에 쓰인 주어가 주절의 주어와 일치하고 동사가 be동사일 때, 부사절의 「주어+be동사」는 생략할 수 있다.

Though (**she was**) sick, she went to work as usual.

네모 안에서 어법에 알맞은 것을 고르시오.

1 Although / Despite we lost this game, we are proud of our team.

2 I was wondering whether / what anyone knows the name of this song.

3 It is essential that / what you review your lessons after school.

4 Water is so important how / that it is impossible to live without it.

5 As / Unless she is tall, Emma doesn't like wearing high heel shoes.

09 특수구문

1 「it is[was] ~ that ...」 구문은 '...하는 것은 바로 ~이다[였다]'라는 의미로, 강조하고자 하는 어구를 it is[was]와 that 사이에 둔다. 강조되는 말이 사람이면 that 대신 who를 쓸 수 있다.

It is <u>the Internet</u> **that** is causing newspapers to disappear.

2 「do[does/did]+동사원형」 형태로 일반동사의 의미를 강조할 수 있으며, '정말로 ~하다[했다]'라고 해석한다.

Despite what he claimed, the trees **did** <u>block</u> the view of the highway.

3 앞에 나온 일반동사(구)의 반복을 피하기 위해 대동사 do를 쓸 수 있다. 대동사 do 역시 시제 및 수에 맞추어 did 또는 does로 변형해서 써야 한다.

My daughter <u>believes in Santa Claus</u>, just as her friends **do**.
Tom doesn't <u>speak German</u> as fluently as Fred **does**.

4 등위접속사(and/or/but 등), 상관접속사(both A and B/not only A but also B/not A but B/either[neither] A or[nor] B 등), 비교 구문으로 연결된 어구들은 문법적으로 대등한 형태여야 한다.

Be sure to wear protective equipment, even if your friends <u>point</u> **and** <u>laugh</u>.
What he needs now is **not** <u>money</u> **but** <u>time</u>.

5 한정어(only), 부정어(no/never/rarely/little/seldom/hardly 등), 보어, 〈방향·장소〉를 나타내는 부사(구) 등 강조하고자 하는 어구가 문장 앞에 오면 주어와 동사가 도치된다. 동사가 일반동사일 경우에는 「do[does/did]+주어+동사원형」의 어순이 된다.

<u>Not only</u> **was she** a liar, but she was also arrogant and selfish.
He was not very good at his work, <u>nor</u> **did he seem** to be improving.

6 「타동사+부사」로 이루어진 동사구의 목적어로 대명사가 쓰인 경우, 「타동사+대명사+부사」의 어순으로 쓴다.

She picked up a hat and **put it on**.

**확인
문제**

네모 안에서 어법에 알맞은 것을 고르시오.

1 It was two weeks ago | what / that | I ordered the book.

2 Many people spend more time with their smartphones than they | are / do | with books.

3 Bob likes not only eating cookies but also | bakes / baking | them.

4 Never | did he / he did | dream that he would become a famous actor.

5 An idea popped into my mind, and I wrote | down it / it down | on my notepad.

10 주의할 품사

1 형용사는 명사를 수식하거나 보어로 사용되는데, 형용사가 다른 어구를 동반하여 길어지면 명사를 뒤에서 수식한다. 부사는 형용사, 동사, 다른 부사, 문장 전체 등을 수식한다.

Her child likes shopping at a supermarket **close** to their home.
Eleven languages are **officially** recognized in this region.

2 high(높이)-highly(매우), hard(열심히)-hardly(거의 ~하지 않다), late(늦게)-lately(최근에) 등 형태는 유사하지만 의미는 전혀 다른 부사의 쓰임에 유의한다.

Volcanic ash was blasted **high** into the atmosphere.
The company's new product is **highly** successful.

3 비교급을 강조할 때는 much, far, a lot, even, still 등의 부사를 쓰며 very는 쓸 수 없다.

There is a **much** stronger emphasis on creativity for this project.

4 「many/(a) few+복수명사」, 「much/(a) little+셀 수 없는 명사」, 「some/any/lots of/most/all+복수명사/셀 수 없는 명사」에서 명사의 수에 유의한다.

Receiving so **many** presents and so **much** money all at once surprised her.
All lectures are provided for free on our website.

5 대명사 those (who)는 '~하는 사람들'의 의미로 특정 사람들을 가리킬 때 쓰며, 「the+형용사」는 '~한 사람들'이라는 의미로 복수 취급한다.

Those who make the proper effort will usually succeed.
The elderly were rescued from the flood zone first.

6 앞에 나온 명사의 반복을 피하기 위해 단수명사는 that으로, 복수명사는 those로 대신할 수 있다.

Human brains are much larger than **those**(= the brains) of chimpanzees.

7 동일한 절 안에서 주어와 동작의 대상인 목적어가 같을 때 또는 주어나 목적어, 보어를 강조하고자 할 때 재귀대명사를 쓴다.

People who consider **themselves** good singers should join the competition.

확인 문제 네모 안에서 어법에 알맞은 것을 고르시오.

1 The tornado complete / completely destroyed the town I lived in.

2 Harold woke up late / lately and had to run to catch the bus.

3 There are few / little taxis in this part of town after the sun goes down.

4 The injured was / were taken to a nearby hospital by ambulance.

5 His doctor warned him / himself about the risks of the operation.

다음 글의 밑줄 친 부분 중, 어법상 틀린 것은?

Do you have photos or videos of interesting animals that you've observed? If so, they may be of use to scientists. In the past, the information contained in such images went ① largely unused. Now, however, imageomics, a new scientific field ② that utilizes artificial intelligence, is extracting valuable data from them. Currently, the exact status of many threatened species ③ are unclear due to a lack of information. By tapping into the digital collections of public institutions and private citizens, scientists hope to expand their knowledge and better ④ understand the current range and population of the planet's many animal species. If you haven't posted your animal photos and videos to an imageomics-related website, you should consider ⑤ doing so. It doesn't take long, and it could make a difference for a rare species facing extinction.

Words

observe 보다, 관찰하다 contain 담고 있다, 포함하다 be of use 쓸모 있다[유용하다] largely 대부분, 주로 field 분야 utilize 활용하다 artificial intelligence 인공 지능 extract 뽑다, 얻다 status 지위; *상태 tap into ~을 이용[활용]하다 public institution 공공 기관 expand 확장시키다 range 다양성 population 인구; *개체 수 planet 행성; *지구 post 게시하다 extinction 멸종

02

다음 글의 밑줄 친 부분 중, 어법상 틀린 것은?

In Pakistan, trucks are more than a means of transport. Thanks to a variety of decorations, Pakistani trucks are moving works of art. ① <u>What</u> is beautiful about the art on these trucks is that it features unique designs and bright colors. Not only that, but the entire truck is decorated. The inside, the outside, and even the manufacturer's logo are made to look ② <u>beautiful</u>. Paintings are commonly used and can be of any style, depending on the request of the owner. Some choose to feature images of their children, while others prefer ③ <u>that</u> of celebrities. In addition to paintings, all kinds of decorations from chains and wooden carvings to structural changes are used to create art on the trucks. Most truck owners spend more than their annual income ④ <u>decorating</u> their vehicles in this way. It's no wonder ⑤ <u>that</u> drivers are proud of their trucks and love to show them off.

Words ────────────────────────────────────

means 수단 transport 운송 a variety of 다양한 decoration 장식(품) (v. decorate 장식하다) Pakistani 파키스탄의 feature ~을 특징으로 하다, 특별히 포함하다 manufacturer 제조자[사], 생산 회사 request 요구, 요청 carving 조각(품) structural 구조상의, 구조적인 annual income 연간 수입, 연봉 vehicle 운송 수단, 차량 show off ~을 자랑하다, 과시하다

03

(A), (B), (C)의 각 네모 안에서 어법에 맞는 표현으로 가장 적절한 것은?

If living a happier life is your goal, there are five essential things you should do every day. The first of these is to connect with others. Strong social relationships are the foundation of a satisfying life. The second is to be active. When you find yourself feeling down, physical exercise, such as walking or cycling with friends, (A) is / are certain to improve your mood. The third thing is to pay attention to your surroundings. By being aware of seemingly trivial details like a classmate's new hairstyle or the changing seasons, you'll feel more alive. The fourth is to keep learning. Curiosity is good for your brain, so experiment with a new recipe or teach yourself a new skill that makes you (B) happily / happy. And the final thing is to give to others. Generosity, (C) that / which is one of the most basic characteristics of human beings, can lift your spirits while bringing joy to others.

	(A)	(B)	(C)
①	is	happily	that
②	is	happy	that
③	is	happy	which
④	are	happily	that
⑤	are	happy	which

Words

essential 필수적인 connect 연결하다; *친해지다 foundation 토대, 기초 satisfying 만족스러운 mood 기분 seemingly 겉보기에 trivial 사소한, 하찮은 curiosity 호기심 generosity 관용, 관대 characteristic 특징, 특성 lift 들어 올리다; *(기분·사기 등을) 좋아지게 하다 spirit 정신; *《pl.》 기분

120   PART 02

04

다음 글의 밑줄 친 부분 중, 어법상 틀린 것은?

People on the Canary Island of La Gomera, in the Atlantic Ocean, ① have a unique way of communicating. Their traditional language, ② calling Silbo Gomero, uses whistling instead of spoken words. Silbo Gomero is the world's only fully developed and widely used whistled language. It features two whistle sounds for vowels and four whistle sounds for consonants. Each differs from the others in pitch and whether it is held for a long or short time. People on the island ③ who speak the language can deliver any message with it. Not only ④ is Silbo Gomero an interesting language, but it can also be used to communicate over distances of more than two miles. Because of ⑤ its many special features, the language is now recognized as a Masterpiece of the Oral and Intangible Heritage of Humanity by UNESCO.

*Masterpiece of the Oral and Intangible Heritage of Humanity: 인류 무형 문화유산

Words ───

the Atlantic Ocean 대서양   whistle 휘파람을 불다; 휘파람   fully 완전히, 충분히   vowel 모음   consonant 자음   differ 다르다   pitch 음의 높이
deliver (물건·편지 등을) 배달하다, 전하다   distance 거리   recognize 알아보다; *공인하다

PART
03

MINI TEST

01 다음 글의 주제로 가장 적절한 것은?

Most people have experienced the unpleasant surprise of a static electricity shock. They can be quite painful and can even cause damage to electronic components. Thankfully, there are ways to lower the amount of potential friction around you and prevent these shocks from happening. One way is by simply applying moisturizer to your skin, especially during the cold, dry winter months. The moisturizer acts as a barrier on your skin that prevents static electricity from accumulating. The clothes you wear can also affect how much static electricity is created around you. If you wear clothes made of polyester or nylon, you are much more likely to be shocked because these materials hold a static charge quite easily. However, clothes made of cotton or wool are less likely to cause static to accumulate, so they are the best options for dry weather.

① how static electricity shocks occur
② strategies to avoid static electricity buildup
③ why static electricity is common in the winter
④ the best materials to use for making clothes
⑤ how moisturizers work to protect your skin

Words

static electricity 정전기 shock 충격; 충격을 주다 electronic 전자의 component 요소, 부품 lower 낮추다 amount 총액; *양 potential 잠재적인 friction 마찰 prevent 막다, 예방하다 apply 신청하다; *(크림 등을) 바르다 moisturizer 보습제 barrier 장벽 accumulate 축적되다 polyester 폴리에스테르(섬유) nylon 나일론 material 천, 직물 static charge 정전하 cotton 면 wool 모직 option 선택, 선택지 [문제] occur 일어나다, 발생하다 strategy 계획, 전략 buildup 축적

02

2023 Sydney Arm-Wrestling Competition에 관한 다음 안내문의 내용과 일치하지 <u>않는</u> 것은?

2023 Sydney Arm-Wrestling Competition
Sunday, October 14, 2023 at 1:00 p.m. at Logan Arena

Are you the strongest student in your school? Can you lift heavy objects with one hand? If so, sign up for the 2023 Sydney Arm-Wrestling Competition.

Note:
- The competition is open to 17-to 19-year-old boys and girls.
- Participants must weigh in during registration.
- The winner of each weight and gender division will receive a trophy.

Competition rules:
- Matches start after both participants are happy with their grip.
- At least one foot must be on the ground during the match.
- One hand must stay on the handle at the side of the table during the match.

Registration:
- Registration starts one hour before the competition at Logan Arena.
- No entry fee

---

*weigh in: (시합 등을 하기 전에) 체중 검사를 받다

① 10월 14일 일요일에 개최된다.

② 여성도 참여할 수 있다.

③ 경기 도중 발은 자유롭게 움직일 수 있다.

④ 경기 도중 한 손은 테이블 옆면의 손잡이에 두어야 한다.

⑤ 참가 신청은 시합 한 시간 전부터 가능하다.

Words

arm-wrestling 팔씨름 competition 대회 arena 경기장 object 물건 sign up (for) (~에) 등록하다[참가하다] registration 등록 gender 성, 성별 division 분할; *(기량·체중·연령별) 급(級), 클래스 match 성냥; *경기, 시합 grip 움켜쥠; *잡는[쥐는] 방식 entry 입장; *참가

다음 글의 밑줄 친 부분 중, 문맥상 낱말의 쓰임이 적절하지 <u>않은</u> 것은?

In the 1930s, a painter named Han van Meegeren felt ① <u>unrecognized</u> by art critics. He decided to show his talent by creating a fake painting by the Dutch artist Vermeer. He ② <u>copied</u> the style of Vermeer exactly and made his painting appear hundreds of years old. His plan worked, and experts believed the painting was ③ <u>authentic</u>. Van Meegeren sold it at a high price and began to produce more fake Vermeers. Apparently, his greed for money ④ <u>overcame</u> his desire for fame, and he continued to work in secret. He even sold one of his paintings to a leader of the Nazi Party. However, after World War II, the Dutch government accused him of giving a "national treasure" to the enemy. In order to ⑤ <u>increase</u> his punishment, Van Meegeren admitted that the paintings were fakes.

Words

unrecognized 인정받지 못하는 critic 평론가 fake 가짜의; 모조[위조]품 Dutch 네덜란드(인)의 copy 복사하다; *모사하다 authentic 진짜의, 진품의 apparently 분명히 greed 탐욕 overcome 극복하다; *압도하다 desire 욕구, 갈망 fame 명성 party 정당, 당 accuse A of B A를 B로 고발하다 treasure 보물 enemy 적 punishment 벌, 처벌 admit 인정하다; *(범행을) 자백하다

04

다음 빈칸에 들어갈 말로 가장 적절한 것은?

There are several possible causes of short-term memory loss. It can occur due to diseases, injuries, or stress, and it can also be a side effect of drug use or the natural aging process. But regardless of the cause, it is important to remember that short-term memory loss is a problem that can be overcome. With time and patience, it is possible to improve your memory. One effective way to achieve this is by _____. This is an ideal way to stimulate your brain because relationships are hard to predict and require constant engagement and mental alertness. In fact, research has shown that older people with active social lives tend to exhibit a slower decline in memory than those who spend most of their time alone. What's more, these socially active seniors also live longer lives.

① avoiding social stress
② keeping a steady routine
③ doing brain training games
④ interacting with other people
⑤ engaging in physical activities

Words

short-term 단기적인 loss 상실, 손실 injury 부상 side effect 부작용 aging process 노화 과정 regardless of ~에 상관없이 patience 인내심 achieve 성취하다; *해내다 ideal 이상적인 stimulate 자극하다 predict 예측하다 constant 끊임없는 engagement 참여 (v. engage 종사하다, 관여[참여]하다) alertness 각성 exhibit 전시하다; *드러내다, 보이다 decline 감소 [문제] steady 꾸준한; *한결같은, 규칙적인 routine (판에 박힌) 일상, 일과 interact 상호 작용하다; *교류하다

MINI TEST 01   **127**

05

주어진 글 다음에 이어질 글의 순서로 가장 적절한 것은?

> Imagine two hedgehogs in winter. If they keep close together, they'll stay warm; but each may also be injured by the other's sharp spines.

(A) So, what is the solution? Should you keep close relationships and risk hurting each other? Or should you remain remote from everyone and live in loneliness? It's important to find the right balance in your relationships. Showing respect to your loved ones is probably a good start.

(B) This is known as the hedgehog's dilemma, and it's possible to view human relationships the same way. It can feel good to have a close relationship with someone. Unfortunately, this also puts you in danger of hurting that person and having your own feelings wounded.

(C) For example, you may often become angry with your mom or your best friend. You may even say mean things to them, expecting them to understand that you are just upset. On the other hand, you're probably more forgiving of people who you aren't close with.

① (A) – (C) – (B)   ② (B) – (A) – (C)

③ (B) – (C) – (A)   ④ (C) – (A) – (B)

⑤ (C) – (B) – (A)

Words ───

hedgehog 고슴도치 injure 부상을 입히다 spine 척추; *가시 risk ~할 위험을 무릅쓰다 remote 멀리 떨어진 loneliness 외로움 respect 존경; *존중 dilemma 진퇴양난, 딜레마 wound 상처[부상]를 입히다 mean 못된, 심술궂은 forgiving 너그러운, 용서하는

MINI TEST 02

01

밑줄 친 borrow third-party influence가 다음 글에서 의미하는 바로 가장 적절한 것은?

Imagine you're trying to decide which of three laptops to purchase online. The first has many reviews and a high rating; the second has fewer reviews and a low rating; and the third has no reviews at all. Chances are that you will select the one with the most satisfied customers. This is due to something called social proof, a psychological phenomenon based on the idea that people strive to conform to social norms. Marketers use it to more or less borrow third-party influence in the interest of luring new customers. Shoppers who are undecided about which product to buy are easily swayed by the reviews and recommendations of other people who have bought the items they are considering. This is why companies are so eager to persuade their customers to leave reviews—the social proof they create is an invaluable selling point.

① consult industry professionals
② upgrade customer service policies
③ utilize the reviews of past customers
④ create false reviews of their products
⑤ recommend websites to customers

Words ────────────────────────────────────

purchase 구매하다   rating 등급; *평가, 평점   select 선택하다   satisfied 만족하는   proof 증거   psychological 심리적인   phenomenon 현상   strive 노력하다   conform (관습 등에) 따르다, 순응하다   norm 《pl.》 규범   more or less 다소간   third-party 제3자의   influence 영향; *영향력   in the interest of ~을 위하여   lure 꾀다, 유혹하다   sway 흔들리다   eager 열렬한, 열심인   persuade 설득하다   invaluable 매우 귀중한   [문제]   consult 상담하다   policy 정책, 방침   utilize 활용하다

다음 글의 목적으로 가장 적절한 것은?

Dear parents,

Halloween is coming! Since Halloween is on Saturday this year, students of Carson Valley High are invited to wear their costumes to school on Friday, October 30. As part of the celebration, the school will be giving out prizes for the best costumes in each homeroom, as well as a grand prize for the best costume overall. Hand-made costumes will be given preference in the contest, so be creative! Our vice principal, Mr. Bailey, will be the head judge, but he is still looking for parents to volunteer as guest judges. If you are interested, please notify the school secretary. Finally, every student who wants to participate in the event is asked to bring two dollars to donate to the school's charitable fund. All of this money will go directly to the town's wonderful Food for Children program.

Regards,
Colin Sanderson,
Carson Valley High Principal

① 대회 결과를 발표하기 위해
② 대회의 규칙을 설명하기 위해
③ 핼러윈의 유래를 설명하기 위해
④ 교내 핼러윈 행사를 안내하기 위해
⑤ 의상 제작에 도움을 요청하기 위해

Words ────────────────────────────────────

costume 의상, 복장[분장/변장]   celebration 기념[축하] 행사   give out 나눠주다   homeroom 홈룸(학급 전원이 모이는 교실)   grand prize 최우수상
overall 전체로   give preference 특혜를 주다   judge 판사; *심사 위원   notify 알리다   secretary 비서; *사무관   donate 기부하다   charitable
fund 자선기금

03

글의 흐름으로 보아, 주어진 문장이 들어가기에 가장 적절한 곳은?

> But the coloring caused by this process is not the only amazing feature of the Seven Colored Earths.

If you travel to the village of Chamarel in southwest Mauritius, you will be able to view a rare geological formation known as the Seven Colored Earths. (①) It is a small group of sand dunes made up of seven different colors of sand: red, brown, violet, green, blue, purple, and yellow. (②) If you take a handful of each color of sand and mix them together, you will find that they separate into seven distinct colored layers. (③) These sands were created when volcanic rock cooled down at different temperatures, and were later shaped into hills. (④) Despite the strong winds and heavy rains of this region, the dunes show no signs of eroding at all. (⑤) For these reasons, geologists have been fascinated with the formation ever since it was discovered.

*sand dune: 모래 언덕, 사구(砂丘)

Words ──

feature 특징, 특성 geological 지질학의 formation 형성 (과정); *형성물 a handful of 한 줌의 separate 분리되다 distinct 뚜렷한, 구별되는 layer 층 volcanic 화산의 cool down 식다 region 지역 erode 침식하다 geologist 지질학자 fascinate 마음을 사로잡다, 매료하다

[04-05] 다음 글을 읽고, 물음에 답하시오.

Research has shown that six-month-old babies are able to distinguish not only the faces of other humans but also those of different animal species. However, at around the age of nine months, this skill becomes (a) <u>more</u> specialized—babies get far better at recognizing human faces but lose their ability to tell animal faces apart. In an experiment, researchers tried to discover whether this skill would be (b) <u>retained</u> if the babies saw animal faces on a regular basis. They showed six-month-old babies pictures of some monkey faces and then (c) <u>divided</u> the babies into two groups. The first group was then shown different pictures of monkeys for one or two minutes each day, while the other group was not shown any. After they reached the age of nine months, the researchers tested the babies by showing them a pair of monkey faces, one that they had all seen before in the first stage of the experiment and one that they hadn't. By measuring the amount of time the babies spent looking at the faces, the researchers were able to determine that the first group could recognize the (d) <u>familiar</u> face, while the second could not. This suggests that our tendency to focus only on human faces as we mature arises from the simple fact that we are (e) <u>seldom</u> exposed to them.

04 윗글의 제목으로 가장 적절한 것은?

① Distinguishing the Abilities of Infants at Different Ages
② Enhanced by Familiarity: Facial Recognition in Infants
③ At What Age Do Human Babies Surpass Monkey Babies?
④ How Humans Can Recognize Each Other After Many Years
⑤ Babies Can't Tell the Difference Between Humans and Monkeys

05 밑줄 친 (a)~(e) 중에서 문맥상 낱말의 쓰임이 적절하지 <u>않은</u> 것은?

① (a) ② (b) ③ (c) ④ (d) ⑤ (e)

Words ──

distinguish 구별하다, 식별하다 species 종 specialized 전문의; *분화[특수화]된 recognize 인식하다, 인지하다 (*n.* recognition 알아봄, 인식)
tell apart 구별하다 retain 유지하다 on a regular basis 정기적으로 divide 나누다 measure 측정하다 determine 알아내다, 밝히다
tendency 성향, 경향 mature 어른이 되다 arise 발생하다 expose 노출시키다 [문제] infant 유아 enhance 높이다, 강화하다 familiarity 익숙
함 surpass 능가하다

MINI TEST 03

01 다음 글에 드러난 'I'의 심경 변화로 가장 적절한 것은?

I woke up early in the morning and couldn't get back to sleep. The strong wind beating against my tent made it too difficult. But more than that, I couldn't stop thinking about Tim, high up on the mountain above me. The storm must have been even worse up there. I just couldn't sit still and kept pacing back and forth in the tent. I tried repeatedly to contact Tim on the radio. However, all the snow that was falling made it impossible to get through to him. Instead, I decided to radio Paul at the base camp at the foot of the mountain. After a few tries, he picked up. He, too, had been attempting to contact Tim and had finally gotten an answer. He told me that Tim had found a cave to hide in and was waiting for the storm to pass. He was safe.

① bored → excited
② jealous → embarrassed
③ anxious → relieved
④ satisfied → annoyed
⑤ regretful → grateful

Words

beat 치다, 두드리다   still 정지한, 가만히 있는   pace (초조해서) 서성거리다   back and forth 앞뒤로, 이리저리   repeatedly 반복해서, 여러 차례
contact 연락하다   radio 무전기; 무전을 보내다   get through 연락이 닿다, 전화가 통하다   foot 발; *~의 맨 아래 부분   pick up 전화를 받다
attempt 시도하다   cave 동굴   [문제] jealous 질투하는   embarrassed 당황한   anxious 불안해하는, 염려하는   relieved 안도하는   regretful
후회하는   grateful 고마워하는

02 다음 도표의 내용과 일치하지 <u>않는</u> 것은?

Preference for Technology in Museums by Age of Respondents

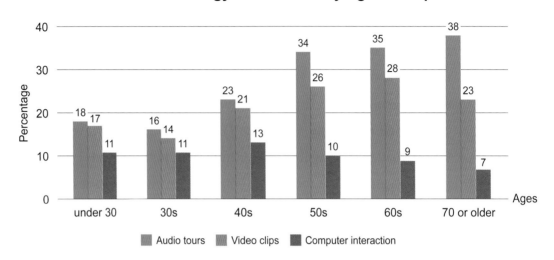

A recent survey asked museum visitors what kinds of technology they preferred using at a museum. Older visitors were more likely to prefer both audio tours and video clips than younger respondents. ① In fact, visitors over the age of 70 were more than three times as likely to prefer audio tours as visitors under 30. ② Similarly, respondents in their 60s were twice as likely to prefer video clips as the 30-39 age group. ③ Computer interaction, on the other hand, was the least popular technology among all six age groups in the survey. ④ Just 11% of the youngest visitors answered that they preferred using computer interaction at museums. ⑤ This figure rose to 13% among people in their 40s, but this was still lower than the percentages for audio tours and video clips in all age groups.

*audio tour: 오디오 투어 (박물관이나 미술관 등에서 미리 녹음된 음성 해설을 들으며 하는 관람)

Words

preference 선호 (*v.* prefer 선호하다) respondent 응답자 video clip 동영상 interaction 상호 작용 survey (설문) 조사 similarly 유사하게 figure 수치, 숫자

03

다음 글의 밑줄 친 부분 중, 문맥상 낱말의 쓰임이 적절하지 <u>않은</u> 것은?

In an experiment, researchers divided people into two groups. The first group was asked, "Is the population of Turkey greater than 35 million? What's your best estimate?" While the answers varied, they were mostly close to 35 million. They then asked the same question to the second group, only with the number changed to 100 million. Although these were both ① <u>random</u> figures, the second group's estimates were much higher than those of the first group. This shows that people often set their standard of judgment based on the first thoughts they form. In other words, where you ② <u>start</u> can influence your conclusion. This tendency is intentionally used by some salespeople. They will show you their highest-priced items first in order to ③ <u>lower</u> your estimate of a fair price. To avoid this trap, don't make hasty decisions based on a ④ <u>single</u> starting point or the standards set by others. Instead, learn more about the subject and make an ⑤ <u>informed</u> decision.

Words ──

estimate 추정(치) vary 다르다, 다양하다 mostly 주로, 대부분 random 무작위의, 임의의 set 놓다; *정하다 standard 기준 judgment 판단
influence 영향을 미치다 conclusion 결론, (최종) 판단 intentionally 의도적으로 salesperson 판매원 fair 공정한; *타당한, 적정한 trap 함정, 덫
hasty 성급한 informed 정보에 근거한

MINI TEST 03   **135**

04

Hananuma Masakichi에 관한 다음 글의 내용과 일치하지 <u>않는</u> 것은?

Hananuma Masakichi is a Japanese sculptor most famous for creating a life-size statue of himself. Masakichi began his masterpiece in the 1880s, believing that he was about to die. He wanted to give the statue as a gift to the woman he loved. Looking at himself in adjustable mirrors, the artist made each of his body parts separately from strips of wood. He then joined them together. The number of strips he used was somewhere between 2,000 and 5,000. What's surprising is that they were all fitted together without nails. Only wood joints, glue, and wooden pegs were used during the process. Because of Masakichi's care and skill, his sculpture is incredibly realistic. In fact, when he stood next to it, people had a hard time telling which figure was real. Even today, the accuracy of the muscles, wrinkles, and eyes amazes scientists and artists alike.

① 실물 크기의 조각상을 만들었다.
② 사랑하는 여인의 모습을 조각했다.
③ 각 신체 부위를 따로 조각한 뒤 연결했다.
④ 조각상에 사용된 나무 조각의 수는 2,000개가 넘는다.
⑤ 그의 작품은 과학자들이 놀랄 만큼 매우 정교하다.

Words ───

sculptor 조각가 life-size 실물 크기의 statue 조각상 masterpiece 걸작 adjustable 조절 가능한 separately 따로따로 strip (가늘고 긴) 조각 somewhere 어딘가에; *대략 fit (옷이) 맞다; *맞추다, 끼우다 nail 손톱, 발톱; *못 joint 연결 부위, 접합 부분 peg 못, 핀 sculpture 조각품 incredibly 믿을 수 없을 정도로 figure 숫자; *형체, 형상 accuracy 정확도 wrinkle 주름 alike 비슷하게; *둘 다, 똑같이

05

다음 글의 내용을 한 문장으로 요약하고자 한다. 빈칸 (A)와 (B)에 들어갈 말로 가장 적절한 것은?

Do you have trouble falling asleep and sleeping through the night? You may suffer from insomnia, a sleep problem that affects millions of adults. As you might know, insomnia is bad for your health. In addition, it can affect both your personal relationships and your performance at work because it can cause memory loss, lack of concentration, depression, and the inability to handle stress. But have you ever considered the ways in which insomnia affects the economy? One recent study looked at this problem and found that insomnia was responsible for 7% of accidents in the workplace. Not only that, but the sleep disorder was blamed for 23.7% of the costs of these accidents. This means that 274,000 workplace accidents happen every year as a result of insomnia among employees. And this costs companies an estimated $31 billion, which is a serious problem for the economy.

↓

Not only does insomnia negatively affect ___(A)___ , but it also causes ___(B)___ problems for society.

	(A)		(B)
①	industries	......	medical
②	industries	......	ethical
③	individuals	......	cultural
④	individuals	......	financial
⑤	relationships	......	psychological

Words

insomnia 불면증 personal relationship 대인 관계 performance 수행, 성과 concentration 집중, 집중력 inability 무능, 불능 handle 다루다, 처리하다 be responsible for ~에 책임이 있다; *~의 원인이 되다 workplace 직장 disorder 장애 be blamed for ~에 대한 책임이 있다 estimated 어림의, 추측[예상]의 billion 10억 [문제] industry 산업 ethical 윤리적인 individual 개인 financial 재정의, 금융의 psychological 심리적인

01

다음 빈칸에 들어갈 말로 가장 적절한 것은?

Imagine taking a test and being surprised to find that you received an unsatisfactory grade. Most likely, your brain would immediately begin to seek out explanations for this unexpected outcome—perhaps the test was overly difficult or the teacher graded it unfairly. Now imagine you got an A+ on the same test. Instead of searching for an external cause, you would likely attribute the grade to your hard work and intelligence. In psychology, this is known as a self-serving bias. What determines whether we attribute the cause of an outcome to internal or external forces is whether the outcome itself is positive or negative. It is believed that this bias exists as a means of _____, allowing us to take credit for the good and avoid accepting blame for the bad. While this is useful, it is also important to learn how to take responsibility for our shortcomings.

① evaluating our intellect
② maintaining our self-esteem
③ improving our social skills
④ justifying our actions to others
⑤ confirming our existing beliefs

Words

unsatisfactory 만족스럽지 못한 grade 성적; 성적을 매기다 unexpected 예기치 않은 outcome 결과 overly 몹시 unfairly 부당하게, 편파적으로 external 외부의 attribute (~을 …의) 결과로[덕분으로] 보다 self-serving 자기 잇속만 차리는 bias 편견, 편향 determine 알아내다, 밝히다; *결정하다 internal 내부의 means 수단 take credit for ~의 공을 차지하다 shortcoming 결점, 단점 [문제] intellect 지적 능력 maintain 유지하다 self-esteem 자존감 justify 옳음을 보여 주다; *정당화하다 confirm 확인하다

02

다음 글의 밑줄 친 부분 중, 문맥상 낱말의 쓰임이 적절하지 <u>않은</u> 것은?

Singapore is a tiny Southeast Asian nation where more than five million people ① <u>inhabit</u> a very small area. Because nearly everyone lives in an urban environment, the Singaporean government is very concerned with traffic problems. To keep them to a ② <u>minimum</u>, they require people to buy a license before they can own a car. This is not the same as a driver's license, which only allows you to ③ <u>operate</u> a vehicle. Known as a Certificate of Entitlement (COE), it is a car ownership license. The number of available COEs is ④ <u>unlimited</u>. Therefore, their price goes up and down depending on demand. Each COE lasts for a decade, but they can be renewed by paying a special fee. COEs that are not renewed are auctioned off, and the cars that were purchased with them must be destroyed or ⑤ <u>exported</u> to another country.

Words ───

inhabit ~에 살다 urban 도시의, 도회지의 concerned 걱정[염려]하는 minimum 최소한도, 최저(치) license 면허[자격](증) operate 조종[조작]하다 vehicle 차량 certificate 증명서 entitlement 자격, 권리 ownership 소유(권) available 이용할 수 있는; *효력이 있는, 유효한 unlimited 무제한의 demand 수요 decade 10년 renew 갱신하다 auction off ~을 경매로 처분하다 export 수출하다

03

글의 흐름으로 보아, 주어진 문장이 들어가기에 가장 적절한 곳은?

> Not only that, but studying wild animals in this way also serves other important purposes.

Tracking with GPS serves many functions in our everyday lives. For instance, it enables us to locate our cell phone if it is ever stolen and to keep track of packages when they are shipped to us. (①) This technology is equally useful in the field of biology. (②) Scientists use GPS tracking to monitor the movement of animals in their natural habitats, gaining a better understanding of different species. (③) For example, scientists can use GPS tracking to prevent the spread of animal-borne diseases. (④) When they are able to determine where sick animals come from and where they go, they can stop them from endangering humans. (⑤) In this sense, GPS tracking can be beneficial even to human health.

Words ────────────────────────────────

serve 제공하다; *기여하다, 도움이 되다 purpose 목적 track 추적하다 function 기능 locate 위치시키다; *~의 위치를 찾아내다 keep track of ~을 추적하다 ship 배송하다, 운송하다 equally 똑같이; *마찬가지로 biology 생물학 monitor 추적 관찰하다 habitat 서식지 spread 확산 animal-borne 동물에 의해 퍼지는 endanger 위험에 빠뜨리다 sense 감각; *의미

04

다음 글에서 전체 흐름과 관계 없는 문장은?

In the past, it was believed that children growing up in multilingual households were at a disadvantage. Experts worried that these children were likely to become confused and never fully master either language. ① While linguists admit that confusion can be caused by having multiple languages in the home, they now believe there are far more advantages. ② For one thing, children growing up in this sort of environment must constantly switch between languages. ③ As they become adults, their routines and language habits make it challenging to gain a complete grasp of the second language, so it requires self-discipline to continue using the secondary language fluently. ④ This kind of mental exercise is very useful because it keeps their brain in shape, improves their ability to focus under difficult conditions, and teaches them how to smoothly move from one task to another. ⑤ These are important skills that give multilingual children an advantage over their classmates.

Words

multilingual 여러 언어를 사용하는 household 가정 disadvantage 불리한 점 (↔ advantage 장점, 유리한 점) confused 혼란스러워 하는 (*n.* confusion 혼동) master ~을 완전히 익히다 linguist 언어학자 multiple 많은, 여럿의 constantly 끊임없이 switch 바꾸다 challenging 도전적인, 어려운 complete 완벽한 grasp 꽉 쥐기; *이해 self-discipline 자기 훈련 secondary 제2의 fluently 유창하게 keep ~ in shape ~을 건강하게 유지하다 condition 상태; 질환; *환경, 상황 task 일, 과업 smoothly 부드럽게, 순조롭게

05

progeria에 관한 다음 글의 내용과 일치하지 <u>않는</u> 것은?

Progeria is a disease that causes infants to show symptoms of aging. The name of the disease describes its effect. The word comes from two Greek roots: *pro*, which means "before," and *géras*, which means "old age." Babies with progeria fail to develop normally and may suffer from skin disease during infancy. More symptoms begin to show at around 18 months. These include the inability to grow hair and the development of a small face. Progeria occurs due to a genetic problem, but it is not passed on genetically. Rather, it seems that the disease can affect any infant. It is an extremely rare condition, occurring in only one out of every eight million babies. Sadly, most individuals with the disease live only to their mid-teens or early twenties.

*progeria: 조로증

① 이 병의 이름은 그리스어에서 유래했다.
② 유아기에 발달 장애와 피부 질환을 유발할 수 있다.
③ 모발 성장 및 얼굴 크기에 영향을 미친다.
④ 유전적인 요인으로 발생하며 대물림된다.
⑤ 이 병에 걸린 환자들은 보통 젊은 나이에 사망한다.

Words ───

symptom 증상 aging 노화 describe 묘사하다 effect 영향 root 뿌리; *근원, 기원 normally 보통; *정상적으로 infancy 유아기 inability 무능, 불능 genetic 유전(자)의 (*ad.* genetically 유전적으로) pass on ~을 전하다 affect 영향을 미치다; *(질병이) 발생하다 extremely 극도로, 극히

MINI TEST 05

01

다음 빈칸에 들어갈 말로 가장 적절한 것은?

The main speaker at a seminar began his presentation by holding a $50 bill in the air. "Who wants it?" he asked. Immediately, every hand in the room shot up into the air. "Wait a minute," he said. Taking the bill in his fist, he crushed it into a small ball. "All right, who wants this $50 bill now?" Once again, everyone in the room raised their hand. Next, he dropped the bill onto the filthy floor and stepped on it. "Do you still want it?" he asked. Everyone indicated that they did. "Excellent. You've just learned a valuable lesson. This bill was crushed and stepped on, but you recognized that its value remained unchanged. It is the same with people. Sometimes we are stepped on and crushed by the difficulties in our lives. We may feel worthless, but we must not forget that _____."

① we are still special
② we should not complain
③ money is not everlasting
④ hardships make us stronger
⑤ some things are more valuable than money

Words ——

presentation 발표   bill 청구서; *지폐   shoot 쏘다; *휙 움직이다   fist 주먹   crush 잔뜩 구기다, 으스러뜨리다   ball 공; *뭉치   filthy 아주 더러운
indicate 나타내다; *(간단히) 말하다   valuable 소중한   recognize 알아보다   value 가치   unchanged 변하지 않은   worthless 가치 없는   [문제]
complain 불평하다   everlasting 영원한   hardship 어려움, 고난

02

밑줄 친 it's time we moved the goalposts inward가 다음 글에서 의미하는 바로 가장 적절한 것은?

Although taking part in sports can be a positive experience for some children, others are traumatized by the pressure to succeed and the humiliation of failing to win. This kind of intense focus on defeating the competition drives kids away from athletics, depriving them of the physical benefits sports can bring. The main problem is that student athletes are constantly being encouraged to outperform their rivals. If they don't, they may suffer a loss of confidence. And even if they do, the pressure to keep winning can be stressful and damaging. We need to blow the whistle on this behavior. Instead of trying to be the best, young athletes should focus on their personal performance. Comparing today's results to yesterday's is a healthy kind of comparison that can lead to personal development. When it comes to school sports, it's time we moved the goalposts inward.

① schools need to offer more sports programs for students

② young athletes should be taught how to accept losing

③ the aim of youth sports should be self-improvement

④ children should be encouraged to aim for higher goals

⑤ young athletes must receive emotional support from their coaches

---

Words

traumatize 엄청난 충격을 주다 pressure 압박 humiliation 망신, 수치, 굴욕 intense 극심한, 극도의 defeat 패배시키다[이기다] athletics 운동경기 deprive A of B A에게서 B를 빼앗다 athlete (운동)선수 outperform 능가하다 confidence 신뢰; *자신(감) compare 비교하다 (*n.* comparison 비교) goalpost 골대 inward 내부로 [문제] aim 목표; 목표하다 improvement 개선 emotional 감정의, 정서의

[03-05] 다음 글을 읽고, 물음에 답하시오.

(A)

The *Miserere* was composed by an Italian musician named Gregorio Allegri in the 1630s. It is approximately 15 minutes long and requires two choirs consisting of four and five people respectively to perform it. It is one of the most famous pieces of music from this time period.

(B)

Because the Church could no longer stop people from performing the work, (a) it ended the ban. However, the Pope ordered Mozart to come see him at the Vatican. Although Mozart feared he might be kicked out of the Church forever, the Pope overcame his anger. Instead, he praised Mozart for his musical genius. Today, the *Miserere* is performed around the world, but the special Sistine Chapel performances of (b) it remain the most popular.

(C)

However, (c) it was only officially performed twice a year, with both performances held at the Sistine Chapel in the Vatican City during the week before Easter. In fact, the Pope made a rule that (d) it could neither be written down nor performed anywhere else, a ban that lasted for more than a century. The ban lasted until 1770 when the renowned musician Wolfgang Amadeus Mozart finally brought it to an end at the age of 14.

(D)

Even at that early age, he was a skilled musician and composer. That year, he attended the first of the two official *Miserere* performances. Impressed, he went home and wrote it down based on his memory, even though he had only heard (e) it once. He made a few mistakes, but corrected them after attending the second performance. The next year, Mozart gave his transcription of the *Miserere* to an English music historian, who then published it.

03 주어진 글 (A)에 이어질 내용을 순서에 맞게 배열한 것으로 가장 적절한 것은?

① (B) – (D) – (C)　　　　　　② (C) – (B) – (D)

③ (C) – (D) – (B)　　　　　　④ (D) – (B) – (C)

⑤ (D) – (C) – (B)

04 밑줄 친 (a)~(e) 중에서 가리키는 대상이 나머지 넷과 다른 것은?

① (a)　　② (b)　　③ (c)　　④ (d)　　⑤ (e)

05 윗글의 Miserere에 관한 내용과 일치하지 않는 것은?

① 1630년대에 Gregorio Allegri에 의해 작곡되었다.

② 이 곡의 악보를 퍼뜨린 모차르트는 교회에서 추방당했다.

③ 오늘날 이 곡은 전 세계적으로 연주된다.

④ 교황은 이 곡에 관한 금기 사항을 만들었다.

⑤ 모차르트는 이 곡을 두 번 듣고 악보를 완벽하게 기록했다.

Words

compose 구성하다; *작곡하다　approximately 거의, 대략　choir 합창단, 성가대　respectively 각각　perform 수행하다; *공연[연주]하다 (*n.* performance 성과; *공연, 연주)　piece 한 조각; *작품　ban 금지(령)　the Pope 교황　be kicked out of ~에서 쫓겨나다　overcome 극복하다, 넘어서다　praise 칭찬하다　genius 천재; *천재성　chapel 예배당; *성당, 교회　Easter 부활절　renowned 유명한　skilled 숙련된, 노련한　composer 작곡가　impressed 감동을 받은　correct 정정하다, 바로잡다　transcription 옮겨 적음[베낌]　historian 역사가

MINI TEST 06

01 다음 글의 요지로 가장 적절한 것은?

People like to have options. In fact, it is a common belief in modern society that the more choices we have, the better our lives will be. This, however, is not necessarily true. Choices can actually have an adverse effect on our happiness. We may begin to worry about all the options we didn't select, wondering if we have made a mistake. What's more, being completely responsible for our own decisions means that we have no one else to blame when things go wrong. This is why people often hesitate to make decisions on their own. Instead, they'll seek out the suggestions and opinions of others. Movie reviews are popular for this reason: people who use them to select which movies to see can always blame the reviewer if the film turns out to be a poor choice.

① 개인의 선택과 결정은 존중되어야 한다.
② 종종 한 가지 이상의 올바른 결정이 있다.
③ 집단지성은 해결책을 찾을 때 도움이 된다.
④ 스스로 선택하는 것이 항상 더 좋은 것은 아니다.
⑤ 최고의 결정은 모두가 참여하여 함께 내리는 결정이다.

Words

option 선택(권) belief 신념; *생각, 믿음 necessarily 반드시, 필연적으로 adverse 불리한, 부정적인 select 선택하다 completely 완전히, 전적으로 blame ~을 탓하다, ~의 탓[때문]으로 보다 hesitate 망설이다 seek out ~을 찾아내다 turn out ~인 것으로 드러나다[판명되다]

다음 빈칸에 들어갈 말로 가장 적절한 것은?

One of the defining characteristics of modern technology is that it progresses at impressive speeds. However, this means that more and more consumers are trading in their used electronic devices for newer models. This has led to a new kind of industry that is being referred to as *reCommerce*, or *reverse commerce*. It consists of various services, both online and offline, designed to _____. For example, when the release of the latest version of a popular tablet PC was announced, a *reCommerce* website purchased 2,000 previously owned models in just one hour. It gave consumers cash or gift cards in return for these devices and then sold them to electronics stores. The stores use these "recycled" electronic devices to attract consumers on a low budget who couldn't afford to buy the new version. In this way, *reCommerce* benefits both retailers and consumers, and it also helps the planet by reducing the amount of electronic waste and increasing sustainability.

① simplify the trading process
② recover the unwanted products
③ facilitate safe online trading
④ improve the functions of used items
⑤ advertise newly released electronic devices

Words ───

defining 본질적인 의미를 규정하는 progress 진전을 보이다 used 익숙한; *중고의 electronic device 전자 기기 reverse 반대[역]의, 전도된 commerce 상업 release 석방; *출시; *공개[출시]하다 announce 발표하다 previously 이전에 in return 보답으로 otherwise (만약) 그렇지 않으면 afford ~할 여유가 있다 retailer 소매업자 planet 행성; *지구 sustainability 지속[유지] 가능성 [문제] simplify 단순화하다 recover 되찾다; *재생시키다 facilitate 촉진하다, 조장하다

Tanzania Photo Workshop에 관한 다음 안내문의 내용과 일치하지 <u>않는</u> 것은?

Tanzania Photo Workshop
July 1-14, 2023

Sign up for our Tanzania Photo Workshop and have a professional photographer lead you into Tarangire National Park and teach you the best ways to photograph elephants, zebras, and rhinos!

Cost
- $8,790 (including airfare)
- A round-trip flight between Vancouver and Arusha is arranged.

Accommodations
- Students will stay in dormitory-style rooms in a local village.
- While on safari, students will sleep in tents.

Registration
- Only for high school students
- Must apply online at www.phototanzania.com

Students should bring a digital camera to take part in daily photo shoots. At the end of the program, the students' photographs will be displayed in an exhibition at a gallery in Arusha. Call us for more information at 555-8759.

① 2주 동안 진행된다.
② 비용에 항공료가 포함된다.
③ 사파리에 있는 동안에는 텐트에서 잔다.
④ 고등학생만 참가 가능하다.
⑤ 학생들에게 카메라가 제공된다.

Words ———

rhino 코뿔소 airfare 항공 요금 round-trip 왕복 여행의 arrange 마련하다, 준비하다 accommodation 숙소 dormitory 기숙사
registration 등록 apply 신청하다, 지원하다 shoot (새로 돋아난) 싹; *사진 촬영 display 전시[진열]하다 exhibition 전시회

주어진 글 다음에 이어질 글의 순서로 가장 적절한 것은?

> Hunting is considered by some to be a cruel and useless activity that contributes to the destruction of our environment. In reality, however, hunting is closely regulated by laws and actually supports governmental efforts in wildlife management.

(A) For those who do pass the exams, a hunting permit will only be issued after they have paid a license fee. This money is used by the government to fund a variety of programs that help protect wild animals and their habitats.

(B) People who wish to become hunters must first learn about safety rules in classes run by state governments. They must also pass both the Firearms Safety Course exam and the Hunter Education Course exam. If they do not, they will not get a hunting permit.

(C) But paying fees isn't the only way hunters contribute to the health and well-being of our environment. Through volunteerism and fundraising campaigns, they promote wildlife management and educate people on the importance of protecting nature.

① (A) – (C) – (B) ② (B) – (A) – (C)
③ (B) – (C) – (A) ④ (C) – (A) – (B)
⑤ (C) – (B) – (A)

Words ——————————————————————————————————

cruel 잔인한 contribute to ~의 원인이 되다, ~에 기여하다 destruction 파괴 closely 가까이; *엄밀히, 엄중히 regulate 규제하다
management 관리 permit 면허, 허가(증) issue 발급[발행]하다 fund 자금을 대다 a variety of 여러 가지의 run 달리다; *운영하다 state 상태;
*주(州) firearm 화기 education 교육 (v. educate 교육하다, 가르치다) well-being 안녕, 행복 volunteerism 자원봉사 활동 fundraising
기금 모금 promote 촉진하다, 장려하다

05

다음 글의 내용을 한 문장으로 요약하고자 한다. 빈칸 (A)와 (B)에 들어갈 말로 가장 적절한 것은?

Has this happened to you? You have a list of tasks to do around the house. You complete the first one and leave the room to move on to the next one. Suddenly, you can't remember what it is! Believe it or not, the act of moving from one room to another may be to blame. This is the theory of researchers who are studying how the brain works. According to them, there are many divided "rooms" in our brain in which we store short-term memories. And when we exit a room in the real world, our mind moves on to a new space as well. So, when you leave the room to accomplish your next task, you're also "leaving behind" the short-term memory that contains your to-do list!

⬇

According to researchers, we may experience a small ___(A)___ in our short-term memory when we pass through a doorway in the ___(B)___ world.

	(A)		(B)
①	loss	······	fictional
②	failure	······	physical
③	recovery	······	natural
④	lack	······	digital
⑤	improvement	······	virtual

Words ───────────────────────────────

task 일, 과업 complete 완료하다, 끝마치다 move on (to) (새로운 일·주제로) 이동하다, 넘어가다 theory 이론 store 저장[보관]하다 short-term 단기의 exit 나가다 accomplish 완수하다, 달성하다 leave behind ~을 두고 가다, 뒤에 남기다 contain ~이 들어 있다 [문제] doorway 출입구 fictional 허구의 failure 실패; *(힘 등의) 감퇴, 쇠약 recovery 회복 virtual 사실상의; *가상의

지은이

NE능률 영어교육연구소

NE능률 영어교육연구소는 혁신적이며 효율적인 영어 교재를 개발하고
영어 학습의 질을 한 단계 높이고자 노력하는 NE능률의 연구조직입니다.

수능유형 PICK 〈독해 기본〉

펴 낸 이	주민홍
펴 낸 곳	서울특별시 마포구 월드컵북로 396(상암동) 누리꿈스퀘어 비즈니스타워 10층
	㈜NE능률 (우편번호 03925)
펴 낸 날	2023년 1월 5일 개정판 제1쇄 발행
	2024년 4월 15일 제5쇄
전 화	02 2014 7114
팩 스	02 3142 0356
홈 페 이 지	www.neungyule.com
등 록 번 호	제1-68호
I S B N	979-11-253-4034-8 53740
정 가	15,500원

NE 능률

고객센터

교재 내용 문의 : contact.nebooks.co.kr (별도의 가입 절차 없이 작성 가능)

제품 구매, 교환, 불량, 반품 문의 : 02-2014-7114

☎ 전화문의는 본사 업무시간 중에만 가능합니다.

고등 수능 대표 실전서, 수능만만

기본 영어독해
10+1회

기본 문법·어법·
어휘 150제

기본 영어듣기
20회

기본 영어듣기
35+5회

영어독해 20회

어법·어휘 228제

영어듣기 20회

영어듣기 35회

수능만만 기본 시리즈

· 기본 독해: 최신 수능 출제 유형과 수능 필수 어휘, 구문을 지문에 반영하여 수능 기본기 다지기

· 기본 문법 · 어법 · 어휘 : 수능/평가원 모의고사 빈출 문법·어법과 어휘 유형 총정리

· 기본 듣기 : Dictation 연습과 어휘 학습을 통해 수능 영어 듣기 실력과 실전 감각 향상

수능만만 시리즈

· 독해 : 최신 수능 및 평가원 모의고사를 철저히 분석하여 실제 수능을 100% 재현한 모의고사

· 어법 · 어휘 : 자주 출제되는 핵심 어법 포인트 중심으로 최신 수능 출제 경향을 분석 및 반영한
  실전 문항 228개

· 듣기 : 고2, 3 학생들을 위한 수능듣기 실전 난이도를 반영한 모의고사 훈련서

NE능률 교재 MAP

수능

아래 교재 MAP을 참고하여 본인의 현재 혹은 목표 수준에 따라 교재를 선택하세요.
NE능률 교재들과 함께 영어실력을 쑥쑥~ 올려보세요!
MP3 등 교재 부가 학습 서비스 및 자세한 교재 정보는 www.nebooks.co.kr 에서 확인하세요.

초1-2	초3	초3-4	초4-5	초5-6

초6-예비중	중1	중1-2	중2-3	중3
			첫 번째 수능 영어 기초편	첫 번째 수능 영어 유형편
				첫 번째 수능 영어 실전편

예비고-고1	고1	고1-2	고2-3, 수능 실전	수능, 학평 기출
기강잡고 독해 잡는 필수 문법	빠바 기초세우기	빠바 구문독해	빠바 유형독해	다빈출코드 영어영역 고1독해
기강잡고 기초 잡는 유형 독해	능률기본영어	The 상승 어법어휘+유형편	빠바 종합실전편	다빈출코드 영어영역 고2독해
The 상승 직독직해편	The 상승 문법독해편	The 상승 구문편	The 상승 수능유형편	다빈출코드 영어영역 듣기
올클 수능 어법 start	수능만만 기본 영어듣기 20회	맞수 수능듣기 실전편	수능만만 어법어휘 228제	다빈출코드 영어영역 어법·어휘
얇고 빠른 미니 모의고사	수능만만 기본 영어듣기 35+5회	맞수 수능문법어법 실전편	수능만만 영어듣기 20회	
10+2회 입문	수능만만 기본 문법·어법·어휘 150제	맞수 구문독해 실전편	수능만만 영어듣기 35회	
	수능만만 기본 영어독해 10+1회	맞수 수능유형 실전편	수능만만 영어독해 20회	
	맞수 수능듣기 기본편	맞수 빈칸추론	특급 듣기 실전 모의고사	
	맞수 수능문법어법 기본편	특급 독해 유형별 모의고사	특급 빈칸추론	
	맞수 구문독해 기본편	수능유형 PICK 독해 실력	특급 어법	
	맞수 수능유형 기본편	수능 구문 빅데이터 수능빈출편	특급 수능·EBS 기출 VOCA	
	수능유형 PICK 독해 기본	얇고 빠른 미니 모의고사	올클 수능 어법 완성	
	수능유형 PICK 듣기 기본	10+2회 실전	능률 EBS 수능특강 변형 문제	
	수능 구문 빅데이터 기본편		영어(상), (하)	
	얇고 빠른 미니 모의고사		능률 EBS 수능특강 변형 문제	
	10+2회 기본		영어독해연습(상), (하)	

수능 이상/ 토플 80-89· 텝스 600-699점	수능 이상/ 토플 90-99· 텝스 700-799점	수능 이상/ 토플 100· 텝스 800점 이상		

PICK

수능유형

독해 기본

정답 및 해설

pick

수능유형

독해 기본

PART 01 유형

유형 01 목적

p.8

기출 예제 ②

Dennis Brown 씨께,

저희 G&D 식당은 연례행사인 Fall Dinner에 귀하를 초대하게 되어 영광이고 기쁩니다. 이 연례행사는 2021년 10월 1일에 저희 식당에서 열릴 것입니다. 이 행사에서, 저희는 저희 식당이 곧 제공할 새로운 훌륭한 요리들을 소개할 것입니다. 이 맛있는 요리들은 저희 뛰어난 요리사들의 멋진 재능을 보여 줄 것입니다. 또한, 저희 요리사들은 요리 비법들과 귀하의 주방을 위해 무엇을 사야 할지에 대한 아이디어, 그리고 특별한 요리법을 제공할 것입니다. 저희 G&D 식당은 만약 귀하가 이 특별한 행사에 오셔서 저희 축하에 참여하신다면 매우 감사할 것입니다. 저희는 귀하를 뵙기를 고대합니다. 대단히 고맙습니다.

G&D 식당 주인, Marcus Lee 드림

어휘

honored 명예로운; *영광으로 생각하여 delighted 기쁜 annual 매년의, 연례의 hold 잡고 있다; *(회의·시합 등을) 열다, 개최하다 dish 접시; *요리 showcase 전시하다; *소개하다 gifted 재능이 있는 grateful 감사하는 make it (모임 등에) 가다, 참석하다 occasion 경우, 때; *행사 celebration 기념[축하] (행사)

구문해설

2행 We at G&D Restaurant are honored and delighted **to invite** you to our annual Fall Dinner. ⇨ to invite는 〈감정의 원인〉을 나타내는 부사적 용법의 to부정사이다.

4행 ..., we will be introducing new wonderful dishes [that our restaurant will be offering soon]. ⇨ [ ]는 new wonderful dishes를 수식하는 목적격 관계대명사절이다. 목적격 관계대명사 which나 that은 생략할 수 있다.

8행 ... grateful [if you **can make** it to this special occasion and (can) **be** part of our celebration]. ⇨ [ ]는 '만약 ~라면'의 의미를 나타내는 조건의 부사절이다. can make와 (can) be는 and로 병렬 연결되었고 반복을 피하기 위해 can이 생략되었다.

유형 연습

pp.10~13

01 ④   02 ③   03 ③   04 ⑤

01 ④

담당자님께,

제가 SNS에서 귀사의 디지털시계 조명등 광고를 보았을 때, 저는 감명을 받았습니다. 그래서 저는 Bakersfield에 있는 Elite Electronics에서 제 여동생을 위해 하나를 주문했습니다. 처음에, 그녀는 그걸 매우 좋아했습니다. 그런데 일주일 후, 그것에 문제가 생기기 시작했습니다. 조명등이 저절로 켜졌다 꺼졌다 하기 시작했고, 알람 시계는 작동을 멈췄습니다. 이로 인해 제 여동생은 학교에 늦게 되었습니다. 저희는 그것을 가게에 반품하려고 했지만, 그곳의 직원은 도움이 되지 못했고 몹시 불친절했습니다. 그들은 그것을 수리해 주거나 저희에게 환불해 주기를 거부했습니다. 그래서, 저는 그녀의 디지털시계 조명등을 수리해 주실 것을 요청하기 위해 귀사에 직접 연락을 드립니다. 만약 이것이 불가능하다면, 저는 전액 환불해 주실 것을 강력히 요구합니다. 빠르게 연락 주시기를 고대하겠습니다.

Justin Myers 드림

구문해설

8행 Therefore, I am contacting your company directly [to ask {that you (**should**) **repair** her digital clock lamp}]. ⇨ [ ]는 〈목적〉을 나타내는 부사적 용법의 to부정사구이다. { }는 ask의 목적어로 쓰인 명사절로, '~해야 한다'라는 당위성을 나타내므로 that절의 동사는 「(should)+동사원형」의 형태로 쓴다.

문제해설

디지털시계 조명등 제조사에 연락하여 고장 난 제품에 대해 수리 또는 환불을 요청하는 내용이므로, 글의 목적으로 가장 적절한 것은 ④이다.

02 ③

독자 여러분께,

제 첫 소설이 발간된 지 3년이 흘렀고, 저는 인터뷰와 텔레비전 출연으로 매우 바빴습니다. 바로 어제 저는 제 책을 각색한 영화가 아카데미상의 후보로 지명된 것을 알았습니다. 물론, 이 모든 일은 저를 지지해 주시는 독자 여러분이 없었다면 불가능했을 것입니다. 여러분 중 많은 분들이 제 다음 소설이 언제 발표될지 물어보셨습니다. 10월 1일부터, 제 두 번째 소설인 〈Stay with Me〉를 전자책으로 다운로드하실 수 있음을 알려 드리게 되어 뿌듯합니다. 인쇄본은 10월 5일에 서점에 입고될 예정이기 때문에, 인쇄본을 구매하고 싶으신 분들은 며칠 더 기다리셔야 할 것입니다. 여러분의 모든 지지에 다시 한번 감사드립니다.

Bernadette Waters 드림

구문해설

2행 Three years **have passed since** my first novel was published, and I've *been* extremely busy with interviews and television appearances. ⇨ have passed는 '(~한) 이래로'라는 의미의 since와 함께 쓰여 〈계속〉을 나타내는 현재완료이다. 've been 또한 〈계속〉을 나타내는 현재완료이다.

4행 None of this, of course, **could have been** possible **without** my faithful readers. ⇨ 과거 사실과 반대되는 내용을 가정하는 가정법 과거완료로, 여기서는 if 조건절 대신 without 전치사구를 써서 '~가 없었다면'의 의미를 나타냈다.

5행 Many of you have been asking [when my next novel will be released]. ⇨ [ ]는 asking의 목적어 역할을 하는 의문사절이다.

문제해설
자신의 첫 소설을 각색한 영화의 아카데미상 후보 지명 소식과 함께 두 번째 소설의 출간 일정을 안내하는 내용이므로, 글의 목적으로 가장 적절한 것은 ③이다.

03 ③

Cross 씨께,

Barker's Books에서 주문해 주셔서 감사합니다. 귀하의 주문이 발송되었음을 알려 드리게 되어 기쁩니다. 다만, 귀하의 배송 상태에 관한 최신 정보를 전해 드리고자 합니다. 우체국에 평소보다 더 많은 소포 물량이 발생하여, 모든 배송이 최대 5일까지 지연될 예정이라고 통지를 받았습니다. 이로 인해 고객님께 발생할 수 있는 모든 불편에 대해 진심으로 죄송합니다. 귀하의 주문에 대한 최신 추적 정보를 얻으시려면, 편하실 때 저희 웹사이트에 로그인해 주시기 바랍니다. 로그인하시면, 추후 구매 시 사용 가능한 10% 쿠폰이 귀하의 계정에 제공되었음을 확인하실 수도 있습니다. 추가 질문이 있으시면, 언제든 저희 고객 서비스 데스크로 편히 연락 주시기 바랍니다.

Barker's Books 고객 서비스팀, James Prescott 드림

구문해설

4행 We have been informed [that the post office is experiencing a higher parcel volume than usual, so all deliveries will be delayed **by** *up to* five days]. ⇨ [ ]는 4형식 동사 inform의 직접목적어였던 명사절로, 수동태가 되어도 뒤에 그대로 남아 있다. by는 수량의 정도를 나타내는 전치사이고, up to는 '~까지'라는 의미의 전치사이다.

5행 We are truly sorry for any inconvenience [(that) this may cause you]. ⇨ [ ]는 any inconvenience를 수식하는 목적격 관계대명사절로, 관계대명사 that이 생략되었다.

문제해설
배송 지연에 대한 안내와 사과를 하는 내용이므로, 글의 목적으로 가장 적절한 것은 ③이다.

04 ⑤

관계자분들께,

요즘 기업들은 더욱더 많은 데이터를 수집하고 있습니다. 우리가 고객들의 쇼핑 습관에 대해 이야기하든 서로 다른 투자의 성과에 대해 이야기하든 간에, 대부분의 회사들이 보유하고 있는 데이터의 양은 엄청나게 많습니다. 안타깝게도 당신이 데이터를 분석하고 이해하지 못하면 그것은 쓸모가 없습니다. 그리고 당신이 너무 많은 데이터를 가지고 있으면 그렇게 하는 것이 어려울 수 있습니다. 그러므로 저희가 당신의 막대한 데이터를 처리하게 하십시오! 저희 회사는 이 업계에서 가장 좋은 데이터 분석 프로그램 중 하나를 제공합니다. 이 도구를 사용하여 당신은 정보를 도표나 그래프로 빠르고 간단하게 바꿀 수 있고, 이것은 당신의 시간을 상당히 절약해 줄 것입니다. 저희 연구에 따르면, 저희 프로그램을 사용하는 기업들은 그렇지 않은 기업에 비해 그들이 수집해 온 데이터로부터 이익을 얻을 가능성이 75% 더 높습니다! 당신은 구독을 결정하기 전에 2주간 무료로 저희 프로그램을 사용해 보실 수 있습니다. 관심 있으시면 연락 주세요. 기쁘게 도와드리겠습니다.

T&C Datics, Donna Harris 드림

구문해설

2행 **Whether** we're talking about customers' shopping habits **or** the performance of different investments, the amount of data [(which[that]) most companies keep] is enormous. ⇨ 「whether A or B」는 'A이든 B이든 간에'의 의미이다. [ ]는 data를 수식하는 목적격 관계대명사절로, 관계대명사 which[that]가 생략되었다.

5행 And **doing that** can be difficult when you have so much of it. ⇨ doing that은 문장의 주어 역할을 하는 동명사로, 앞 문장의 analyze and understand it을 가리킨다.

7행 [Using this tool], you can transform your information into charts and graphs quickly and simply, [which will save you a lot of time]. ⇨ 첫 번째 [ ]는 〈조건〉을 나타내는 분사구문이다. 두 번째 [ ]는 앞 절의 내용을 선행사로 하는 계속적 용법의 주격 관계대명사절이다.

문제해설
많은 데이터를 빠르고 간단하게 분석할 수 있는 데이터 분석 프로그램을 광고하는 내용이므로, 글의 목적으로 가장 적절한 것은 ⑤이다.

유형 02 심경·분위기

기출 예제 ③

어느 날, Cindy는 카페에서 우연히 유명한 화가 옆에 앉게 되었고, 그녀는 그를 직접 만나게 되어 감격했다. 그는 커피를 마시면서 사용한 냅킨에 그림을 그리고 있었다. 그녀는 경외심을 가지고 지켜보고 있었다. 잠시 후에, 그 남자는 커피를 다 마시고 나서 자리를 뜨면서 그 냅킨을 버리려고 했다. Cindy는 그를 멈춰 세웠다. "당신이 그림을 그린 그 냅킨을 제가 가져도 될까요?"라고 그녀가 물었다. "물론이죠,"라고 그가 대답했다. "2만 달러입니다." 그녀는 눈을 동그랗게 뜨고 말했다, "뭐라구요? 그걸 그리는 데 2분밖에 안 걸렸잖아요." "아니요,"라고 그가 말했다. "나는 이것을 그리는 데 60년 넘게 걸렸어요." 그녀는 어쩔 줄 몰라 꼼짝 못한 채 그대로 서 있었다.

어휘

happen to 우연히 ~하다   in person 직접   awe 경외심
throw away 버리다   at a loss 어쩔 줄 몰라 하는   rooted 뿌리박은; *움직이지 못하는   [문제] indifferent 무관심한

구문해설

1행 ..., and she was thrilled **to see** him in person.
⇨ to see는 〈감정의 원인〉을 나타내는 부사적 용법의 to부정사이다.

4행 "Can I have that napkin [(which[that]) you drew on]?", ... ⇨ [ ]는 that napkin을 수식하는 목적격 관계대명사절로, 관계대명사 which[that]가 생략되었다.

6행 **It took** you like two minutes **to draw** that.
⇨ 「It takes+사람+시간+to-v」는 '(사람)이 ~하는 데 …의 시간이 걸리다'의 의미이다.

7행 [Being at a loss], she stood still [(being) rooted to the ground]. ⇨ 첫 번째 [ ]는 〈이유〉를 나타내는 분사구문이며, 두 번째 [ ]는 〈동시동작〉을 나타내는 분사구문으로 being이 생략된 형태이다.

유형 연습
pp.16~19

01 ④   02 ⑤   03 ④   04 ④

01 ④

그날은 Karen에게 그저 또 다른 하루였다. 텔레비전이 켜져 있었고, 그녀는 빨래를 개고 있었다. 그녀는 옆방으로부터 딸들이 놀고 있는 소리를 들을 수 있었다. 텔레비전에서는 기상 캐스터가 토네이도 경보에 대해 이야기하고 있었다. 그녀는 걱정이 되었지만 화면에 나온 지역은 Karen의 동네에서 약 50킬로미터 떨어져 있었다. 걱정할 것이 없었다. 하지만 몇 분 후, 그녀는 이상한 소리를 들었다. 처음에 그녀는 그것이 자신의 휴대전화라고 생각했지만 그것은 밖에서 나는 소리였다. 그것은 토네이도 사이렌 소리일 리가 없었다. 사이렌은 토네이도가 다가올 때만 울렸다. 바로 그때 그녀의 두 어린 딸들이 방으로 뛰어들어 왔다. "엄마, 창밖을 보세요!"라고 그들이 소리쳤다. 길 건너 들판에 불과 200미터 떨어진 지점에 토네이도가 있었다. 그것은 거대했고 곧장 Karen의 집 쪽으로 향해 있었다.

구문해설

2행 From the next room, she could **hear** her daughters **playing**. ⇨ 「hear+목적어+v-ing」는 '(목적어)가 ~하고 있는 소리를 듣다'의 의미이다. 지각동사는 목적어와 목적격 보어의 관계가 능동인 경우, 목적격 보어로 동사원형이나 현재분사를 취한다.

9행 In the field across the street, just 200 meters away, **was a tornado**. ⇨ 장소의 부사구가 문장 맨 앞에 와서 주어(a tornado)와 동사(was)가 도치되었다.

문제해설

④ 창밖을 보고 다급히 달려온 아이들의 모습과 가까운 거리에서 집 쪽으로 향하고 있는 토네이도를 보았을 때, Karen은 두려움을 느꼈을 것이다.

02 ⑤

나는 한 작은 대학의 음악 교수이다. 부수입을 얻기 위해서, 나는 지역 아이들에게 피아노 레슨도 한다. 하루는 내가 사무실에 있는 동안 한 여자가 나를 방문했다. 그녀는 자신의 어린 아들이 무한한 잠재력을 가진 타고난 재능이 있는 영재라고 흥분하며 설명했다. 그 여자는 아들이 경험이 풍부한 음악가의 개인 지도를 받으면 음악 천재가 될 수 있을 것이라고 확신했다. 그녀는 내가 관심이 있는지를 물었고, 나는 기꺼이 수락했다. 사실, 재능 있는 아이를 세계적으로 유명한 피아니스트로 성장하도록 돕는 것은 항상 나의 꿈이었다. 하지만 우리의 첫 번째 수업의 중간쯤에 나는 그녀가 과장했었다는 것을 깨달았다. 그녀의 아들의 능력은 기껏해야 보통 수준이었다. 그리고 설상가상으로, 그는 피아노를 싫어했으며 단지 자신의 엄마가 고집했기 때문에 수업을 받는 것이었다.

구문해설

5행 She asked [if I would be interested], ... ⇨ [ ]는 '~인지 아닌지'의 의미인 접속사 if가 이끄는 명사절로, asked의 목적어로 쓰였다.

6행 Actually, **it** has always been my dream [to *help (to) develop* a young talent into a world-famous pianist]. ⇨ it은 가주어이고, [ ]가 진주어로 쓰인 to부정사구이다. help는 to부정사와 동사원형 둘 다를 목적어로 취할 수 있다.

9행 And **to make matters worse**, he hated the piano, *only taking* lessons .... ⇨ to make matters worse는 '설상가상으로'라는 의미이다. only taking 이하는 〈부대상황〉을 나타내는 분사구문이다.

⑤ 자신의 아이가 피아노 영재라고 주장하는 한 학부모의 부탁으로 그 아이를 세계적인 피아니스트로 지도할 수 있을 것이라는 기대에 차 있었으나, 아이가 실제로는 특출나지 않을 뿐더러 피아노를 싫어한다는 것을 깨닫고 실망했을 것이다.

03 ④

발레 수업 전에 몸을 푸는 동안 나는 드디어 내가 선생님에게 깊은 인상을 주리라는 것을 알았다. 나는 몇 가지 기술을 연습해 왔고 분명히 향상되는 조짐을 보이고 있었다. 그런데 그 후 내가 뽀엥뜨 슈즈를 신자 바로 발목이 아프기 시작했고, 이것은 좋은 징조가 아니었다. 그래도 나는 연습을 계속했다. 하지만 발가락 끝으로 서려고 하다가 나는 거의 넘어질 뻔했다. 나는 심지어 봉을 잡고서도 그것을 할 수가 없었다. 눈물이 터지기 일보 직전인 상태로, 단체 레슨이 시작되었을 때 나는 벽에 기대어 앉았다. 다른 여자아이들은 아름답게 동작을 했다. 내가 참여할 수 있었다면 나는 그들 누구보다도 더 잘했을 것이라고 확신한다. 그러나 내가 할 수 있는 거라고는 앉아서 지켜보는 것뿐이었다.

구문해설

1행 [Warming up before ballet class], I knew [(that) I was finally going to impress my teacher]. ⇨ 첫 번째 [ ]는 〈때〉를 나타내는 분사구문이다. 두 번째 [ ]는 knew의 목적어 역할을 하는 명사절로, 접속사 that이 생략되었다.

3행 ..., and my ankle started hurting immediately, [which was not a good sign]. ⇨ [ ]는 앞 절의 내용을 선행사로 하는 계속적 용법의 관계대명사절이다.

7행 If I **could have participated**, *I'm sure* I **would have performed** better than all of them. ⇨ 「if+주어+had p.p., 주어+조동사의 과거형+have p.p.」는 '만약 ~했더라면 …했을 텐데'의 의미를 나타내는 가정법 과거완료 구문이다. I'm sure은 삽입절이다.

8행 But all [(that) I could do] was (to) **sit** and **watch**. ⇨ [ ]는 선행사 all을 수식하는 목적격 관계대명사절로, 목적격 관계대명사 that이 생략되었다. 주어부에 do동사가 있을 때, be동사의 보어로 쓰인 to부정사에서 to를 생략할 수 있다.

문제해설

④ 발레 수업에 앞서 선생님에게 감명을 주리라는 자신감에 차 있다가 발목이 아픈 바람에 수업에 참여할 수 없게 되어 좌절했을 것이다.

04 ④

춥고 비 오는 밤이었고, Susan은 침실에서 마침내 잠이 들어 있었다. 그녀의 사촌들이 주말 동안 그녀와 함께 머무르기 위해 와 있었고, 그들은 그녀 옆에 보조 침대에서 자고 있었다. 바깥의 폭풍이 더 거세짐에 따라, 천둥소리는 점점 더 커지기 시작했다. 그것은 너무 크게 울려서 Susan을 놀라게 해 잠에서 깨웠다. 그녀는 일어나 앉았고 보조 침대가 비어 있는 것을 보았다. 사촌들은 어디에 있을까? 그들에게 무슨 일이 생긴 걸까? 그녀는 부모님을 깨우고 싶지 않아서, 혼자 살펴보러 아래층으로 내려갔다. 그녀는 어두운 거실로 조용히 들어가 전등 스위치를 켰다. 아무 일도 일어나지 않았다. 전기가 나갔다! 갑자기, 그녀는 창문 근처에서 무언가가 움직이는 것을 보았다. 단지 커튼일까? 그때 괴상한 소리가 방구석에서 들려오기 시작했다. Susan은 얼어붙었다. 그녀는 다시 위층으로 뛰어 올라가고 싶었지만, 그럴 수 없었다. 그녀의 발은 바닥에서 꼼짝하지 못했다.

구문해설

4행 It boomed **so** loud **that** it startled Susan from her sleep. ⇨ 「so+형용사/부사+that ~」은 '너무 …해서 ~하다'의 뜻이다.

문제해설

④ 천둥소리에 잠에서 깬 필자가 사라진 사촌들을 찾으려 했으나 어둠 속에서 무언가가 움직이고 괴상한 소리가 나자 겁을 먹고 무서워하는 상황이다.

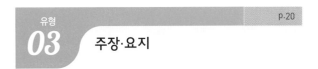

유형 **03** 주장·요지

p.20

기출 예제 ①

2016 Pew Research Center 조사에 따르면, 23퍼센트의 사람들이 우연으로든 의도적으로든 가짜 뉴스의 내용을 인기 있는 사회관계망 사이트에 공유한 적이 있다고 인정한다. 나는 이것을 의도적으로 무지한 사람들의 탓으로 돌리고 싶은 마음이 든다. 그러나 뉴스 생태계가 너무나 붐비고 복잡해져서 나는 그곳을 순항하는 것이 왜 힘든지 이해할 수 있다. 의심이 들 때, 우리는 내용을 스스로 교차 확인할 필요가 있다. 사실 확인이라는 간단한 행위는 잘못된 정보가 우리의 생각을 형성하는 것을 막아 준다. 무엇이 진실인지 혹은 거짓인지, 사실인지 혹은 의견인지를 더 잘 이해하기 위해, 우리는 FactCheck.org와 같은 웹사이트를 참고할 수 있다.

어휘

admit 인정하다   accidentally 우연히   tempting 유혹하는, 마음을 부추기는   attribute A to B A를 B의 탓으로 돌리다   willfully 의도적으로   ignorant 무지한   overcrowded 너무 붐비는   navigate 항해하다; *(인터넷·웹사이트를) 순항하다 cross-check 대조[재차] 확인하다   consult 상담하다; *참고하다[찾아보다]

3행 **It**'s tempting **for me to attribute** it to *people being willfully ignorant*. ⇨ it이 가주어, to attribute 이하가 진주어, for me는 to부정사구의 의미상 주어이다. people은 동명사 being의 의미상 주어이다.

4행 ... **so** overcrowded and complicated **that** I can understand [why navigating it is challenging]. ⇨ 「so+형용사/부사+that ~」 '너무 …해서 ~하다'의 뜻이다. [ ]는 understand의 목적어로 쓰인 의문사절로, 「의문사+주어+동사」의 어순을 따른다.

유형 연습 pp.22~25

01 ④   02 ④   03 ③   04 ④

01 ④

당신은 몸이 아픈데 친구를 만나기로 한 약속이 있고 그 약속을 취소하고 싶지 않다. 당신은 친구에게 가서 그녀에게 당신의 증상들을 설명한다. 그녀는 그것들이 자기가 지난달에 겪었던 증상들과 정확히 똑같다고 말한다. 그녀의 의사는 그녀에게 몇 가지 항생제를 처방해 주었고, 그녀는 약간의 남은 약을 갖고 있다. 그녀는 당신에게 그 나머지를 준다. 당신은 돈과 시간을 절약할 것이라는 이유로 그것들을 복용하고 싶은 유혹이 들 수 있다. 그러나 다른 사람에게 처방된 약을 복용하는 것은 좋지 않은 생각이다. 처방전은 한 명의 특정한 사람을 위해, 그 사람의 키, 체중, 기타 요소들을 근거로 하여 작성된다. 따라서, 친구의 약은 아마도 당신에게는 알맞은 복용량이 아닐 것이다. 게다가, 두 사람이 똑같은 질환을 갖고 있다고 확신할 수도 없다. 잘못된 약을 복용하는 것은 당신의 건강에 해로울 수 있다. 기억하라, 나누는 것이 항상 좋은 것은 아니다.

구문해설

5행 **It** could be tempting **to take them** .... ⇨ It은 가주어이고, to take them이 진주어로 쓰인 to부정사구이다.

6행 But [taking medicine {prescribed for someone else}] is a bad idea. ⇨ [ ]는 문장의 주어로 쓰인 동명사구로 단수 취급한다. { }는 medicine을 수식하는 과거분사구이다.

문제해설

비슷한 증상을 보인다고 해서 다른 이에게 처방된 약을 복용하는 것은 건강에 해로울 수 있다는 내용이므로, 글의 요지로 가장 적절한 것은 ④이다.

02 ④

형제자매 간의 싸움은 흔히 발생하는 일이다. 수반되는 그 모든 비명과 울음 가운데, 부모는 자신의 육아 기술이 아무래도 잘못되었다고 생각하기 쉽다. 그러나, 형제자매 간의 경쟁은 자연스러운 것임을 깨닫는 것이 중요하며, 그것은 심지어 아이들이 자신만의 고유성을 발견하도록 돕는 데 유용할 수 있다. 그렇지만

이는 부모가 아이들이 싸우도록 그저 내버려 두어야 한다는 뜻은 아니다. 그들은 그래도 갈등이 일어나는 것을 방지하도록 조치를 취할 필요가 있다. 이것을 하는 한 가지 효과적인 방법은 아이들이 서로에게 친절할 때 그들을 칭찬함으로써 선행을 강화하는 것이다. 그리고 훨씬 더 중요하게, 부적절한 행동을 비판할 필요가 있을 때, 부모는 다른 형제자매가 듣지 않도록 다른 사람이 없는 곳에서 해야 한다. 그렇지 않으면 그들은 아마 "얘, 엄마가 너 집에서 뛰지 말라고 하셨어!"와 같이 말함으로써 자신의 형제나 자매에게 명령하는 데 그 비판을 사용하게 될 것이다.

구문해설

1행 [With all of the screaming and crying involved], it's easy for parents to think [that their parenting skills are somehow at fault]. ⇨ 첫 번째 [ ]는 '~가 …된 채'의 의미를 나타내는 「with+(대)명사+p.p.」 형태의 분사구문이다. 두 번째 [ ]는 접속사 that이 이끄는 명사절로, think의 목적어 역할을 한다.

7행 And **even** more importantly, ..., parents should do it privately *so that* the other siblings *don't* hear. ⇨ even은 비교급 강조 부사로, 비교급을 강조할 때는 비교급 앞에 even, far, still, much, a lot 등의 부사를 쓴다. 「so that+주어+don't+동사원형」은 '~가 …하지 않도록'의 의미이다.

문제해설

자녀들 사이의 갈등을 방지하기 위해 한 아이의 부적절한 행동을 혼낼 때는 다른 형제자매가 듣지 않도록 해야 한다는 내용의 글이므로, 필자의 주장으로 가장 적절한 것은 ④이다.

03 ③

나는 성공한 예술가들의 인생에 관한 이야기를 많이 읽어 보았는데, 그들은 모두 한 가지 공통점을 가진 것처럼 보인다. 모든 젊은 예술가의 인생에는 누군가가 그 사람을 좌절시키려고 하는 순간이 있는 것 같다. 심지어 가장 재능이 뛰어난 예술가들도 이러한 경험이 있다. 사람들은 예술가에게 예술가로 돈을 버는 것은 불가능하며 예술가가 되는 것은 실패로 이어질 거라고 말한다. 나는 그러한 이야기를 읽을 때마다 그 예술가들이 얼마나 중요한지에 대해 생각한다. 그들이 누군가의 말 때문에 포기했었다면 세상이 어떻게 달라졌을까? 그것은 또한 나로 하여금 예술가가 될 수도 있었지만 포기했던 모든 사람들에 대해 생각하게 한다. 그들 중 다수는 지금 그들이 원하지 않는 일을 하고 있다. 그러니 당신이 예술가가 되고 싶어 하는 누군가를 안다면 조심하라. 당신은 누군가의 꿈을 짓밟을 권리가 없다.

구문해설

2행 ..., **there seems to be** a moment [when someone tries to discourage him or her]. ⇨ 「there seems to be ~」는 '~이 있는 것처럼 보이다'의 의미이다. [ ]는 a moment를 수식하는 관계부사절이다.

7행 It also **makes** me **think** about all the people [who *could have been* artists but gave up]. ⇨ 사역동사 makes의 목적격 보어로 동사원형 think가 쓰였다. [ ]는 all the people을 수식하는 주격 관계대명사절이다. 「could have p.p.」는 '~했을 수도 있다'의 의미이다.

문제해설

성공한 예술가들조차도 젊은 시절에 다른 사람들로부터 실패하게 될 거라는 말을 들은 적이 있다고 언급하면서 그런 말로 예술가가 되고자 하는 사람들의 꿈을 짓밟지 말라고 했으므로, 필자의 주장으로 가장 적절한 것은 ③이다.

04 ④

한 자동차 회사의 경영진은 최근에 흥미로운 경험을 했다. 그들이 직원들에게 '생산성을 증가시킬 방안'에 대해 생각해 보라고 요청했을 때, 그들은 응답을 거의 받지 못했다. 그러나 그 요청이 '당신의 일을 보다 쉽게 만들 수 있는 방안'으로 바꿔 표현되었을 때, 제안들이 쏟아져 들어오기 시작했다. 이것은 상황에 대한 우리의 인식이 말에 따라 어떻게 다른지를 보여 준다. '생산적인'이라는 말은 추가적인 노동을 암시하는 반면에, '보다 쉬운'이라는 말은 좀더 긍정적인 느낌을 전달한다. 그러므로, 당신의 메시지가 효과적이기를 원한다면, 당신의 어휘 선택에 세심한 주의를 기울여라. 예를 들어, '판매를 증진시킬' 필요가 너무 강하게 들린다면, 당신은 그것을 '새로운 고객을 유치할'이라는 말로 부드럽게 할 수 있다. 이런 방식으로, 단순히 더 풍부하고 더 다양한 어휘를 사용함으로써, 당신은 보다 효과적인 메시지 전달자가 될 수 있다.

구문해설

1행 When they **asked** their employees **to think** of "ways *to increase* productivity," they received little response. ⇨ 「ask+목적어+to-v」는 '(목적어)에게 ~해 달라고 요청하다'의 의미이다. to increase는 ways를 수식하는 형용사적 용법의 to부정사이다. little은 '거의 없는'의 의미를 나타내는 부정어이다.

4행 This shows [how our perception of a situation differs depending on words]. ⇨ [ ]는 shows의 목적어로 쓰인 의문사절로, 「의문사+주어+동사」의 어순을 따른다.

문제해설

한 자동차 회사의 사례를 들어 메시지를 전달할 때 선택하는 어휘에 따라 그 효과가 완전히 달라질 수 있다는 것을 설명하는 내용이므로, 글의 요지로 가장 적절한 것은 ④이다.

---

p.26

유형 04 함의 추론

기출 예제 ⑤

나는 이 새로운 세기의 두 번째 십 년은 이미 매우 다르다고 생각한다. 물론 여전히 성공을 돈과 권력과 동일시하는 수백만의 사람들, 즉 자신의 웰빙, 관계, 그리고 행복의 관점에서 대가를 치르고도 그 쳇바퀴에서 결코 내려오려 하지 않는 사람들이 있다. 스스로에 대해 더욱 좋게 느끼고자 하는 바람을 충족시켜 주거나 자신의 불만을 잠재워 줄 것이라고 믿는 다음번 승진, 다음번 고액 월급을 받는 날을 필사적으로 추구하는 수백만의 사람들이 여전히 있다. 하지만 서구와 신흥 경제 국가 모두에서 이러한 것들은 모두 막다른 길이라는 것, 즉 부서진 꿈을 좇는 것임을 인식하는 사람들이 매일 늘어나고 있다. 성공에 대한 현재의 정의만으로는 정답을 찾을 수 없음을, 왜냐하면 언젠가 Gertrude Stein이 오클랜드에 대해 말했듯이 "그곳에는 그곳이 없기" 때문이다.

어휘

decade 십 년   equate A with B A와 B를 동일시하다 treadmill 쳇바퀴   desperately 필사적으로   promotion 승진 payday 급여 지급일   longing 갈망   silence 침묵시키다, 조용하게 만들다   equate 동일시하다   dissatisfaction 불만 emerging 신흥의, 최근 생겨난   recognize 인식하다   dead end 막다른 길   chase 추적하다, *좇다[추구하다]   definition 정의

구문해설

1행 There are, of course, still millions of people [who equate success with money and power] …. ⇨ [ ]는 millions of people을 수식하는 주격 관계대명사절이다.

4행 There are still millions [desperately looking for the next promotion, the next million-dollar payday {that **they believe** will satisfy their longing *to feel* better about themselves, or silence their dissatisfaction}]. ⇨ [ ]는 millions를 수식하는 현재분사구이다. { }는 the next promotion, the next million-dollar payday를 수식하는 주격 관계대명사절이다. they believe는 삽입절이다. to feel은 their longing을 수식하는 형용사적 용법의 to부정사이다.

유형 연습   pp.28~31

01 ④   02 ④   03 ⑤   04 ①

01 ④

당신이 만약 영국의 어느 고속도로를 달린다면, 당신은 흔치 않은 광경을 마주치게 될 것이다. 바로 길 한가운데에 있는 농장이다. 그 고속도로는 두 갈래로 나뉘어 농장의 양쪽을 지난다.

많은 사람들은 그 농장의 주인이 소유지를 팔기를 거부해서 고속도로가 그 농장을 둘러서 만들어졌다고 생각한다. 그러나 그것은 사실이 아니다. 농장 아래의 지대가 그 위에 고속도로를 짓기에는 단지 너무 불안정했다. 인부들은 고속도로를 두 갈래로 나눌 수밖에 없었다. 요즘 그 농장은 차량 문제를 겪는 운전자들이 정차하는 장소가 되었다. 농장의 주인은 사람들이 차를 세우고 수리나 휘발유를 요청한다고 설명한다. 그는 불청객들은 개의치 않지만, 고속도로의 소음은 그를 정말 신경 쓰이게 한다. "소음을 끄고 싶지만 저는 꺼짐 버튼을 찾을 수가 없네요."라고 그는 농담한다.

구문해설

1행 If you **drive** down a certain highway in England, you'll come across an unusual sight—a farm [located in the middle of the road]. ⇨ 〈조건〉을 나타내는 부사절에서는 미래의 일을 현재시제로 나타낸다. [ ]는 a farm을 수식하는 과거분사구이다.

2행 The highway splits in two, [passing on either side of the farm]. ⇨ [ ]는 〈부대상황〉을 나타내는 분사구문이다.

4행 The land beneath the farm was simply **too** unstable **to build** a highway on. ⇨ 「too+형용사/부사+to-v」는 '너무 ~해서 …할 수 없다, …하기에 너무 ~한/하게'의 의미이다.

9행 ..., the noise from the highway **does** bother him. ⇨ does는 동사 bother를 강조하기 위해 쓰인 조동사이다.

문제해설

고속도로의 소음이 농장 주인을 정말 신경 쓰이게 하고 있으나 소음을 끌 수 없는 상황이므로, 밑줄 친 부분이 의미하는 바로는 ④ '저는 끊임없는 소음을 참을 수밖에 없어요'가 가장 적절하다.
① 저는 제 소유지를 전혀 팔고 싶지 않아요
② 저는 제 농장에 더 많은 방문객들이 오기를 원해요
③ 저는 제 농장에 더 이상 살고 싶지 않아요
⑤ 저는 버튼을 눌러 교통 체증을 해소할 수 있어요

02 ④

당신은 보다 빠르고 탁월하게 이해하며 읽게 해 줄 배우기 쉬운 방법을 찾고 있는가? 만약 그렇다면, 당신은 실망할 가능성이 높다. 속도의 증가는 불가피하게 정확도를 희생시키는데, 이는 읽기를 포함해 우리가 하는 모든 일에 해당된다. 그러므로, 당신이 찾는 마법의 해결책은 근거 없는 믿음에 불과하다. 특정 상황에서, 정확도와 속도의 증가를 맞바꾸는 것은 괜찮을지도 모른다. 예를 들어, 아마도 당신은 단순히 특정 정보를 찾기 위해 당신이 잘 아는 주제에 관한 글을 읽을 수 있다. 이런 경우에는, 더 빠르면서 보다 낮은 정확도로 읽는 것이 유용할 수 있다. 하지만 당신이 익숙하지 않고 어려운 것을 읽게 되었을 때, 가장 좋은 접근법은 그 자료를 보통의 속도로 읽는 것인데, 그것은 분당 200단어에서 400단어이다.

구문해설

1행 Are you searching for an easy-to-learn method [that will **allow** you **to read** faster and with excellent comprehension]? ⇨ [ ]는 an easy-to-learn method를 수식하는 주격 관계대명사절이다. 「allow+목적어+to-v」는 '(목적어)가 ~하도록 (허락)하다'의 의미이다.

8행 But when you **find** yourself **reading** something unfamiliar and challenging, the best approach is [to read the material at a normal pace], [which is 200 to 400 words per minute]. ⇨ 「find+목적어+v-ing」는 '(목적어)가 ~하는 것을 발견하다[알게 되다]'의 의미이다. 첫 번째 [ ]는 주격 보어로 쓰인 명사적 용법의 to부정사구이다. 두 번째 [ ]는 a normal pace를 부연 설명하는 계속적 용법의 주격 관계대명사절이다.

문제해설

빠르게 읽으면 정확성이 떨어질 수밖에 없다는 내용의 글이므로, 밑줄 친 부분이 의미하는 바로는 ④ '읽기에서 속도와 정확성을 동시에 향상하는 것은 가능하지 않다'가 가장 적절하다.
① 독해력이 신속함보다 더 중요하다
② 학습 능력은 읽기 속도로 측정될 수 없다
③ 정독은 다독만큼 중요하다
⑤ 읽기 속도와 독해력 간에는 아무 상관이 없다

03 ⑤

Dionysius the Elder 왕은 기원전 4세기에 Syracuse의 통치자였다. 그의 궁정 신하들 중 한 사람은 Damocles라는 이름의 남자였다. 그는 Dionysius가 운이 좋다고 생각하며 왕 노릇을 하는 것이 세상에서 가장 쉬운 일이라고 자주 말했다. Dionysius는 Damocles에게 화가 났고, 그에게 교훈을 가르쳐 주기로 결심했다. 그는 맛있는 음식과 아름다운 음악이 있는 파티에 Damocles를 초대했다. 꼭 왕처럼 Damocles는 호화로운 환경에 둘러싸여 있었다! 그러나, Damocles의 자리가 머리카락 한 올에 매달린 칼 바로 밑에 있었기 때문에 그는 즐거운 시간을 보낼 수 없었다. 언제라도 머리카락이 끊어져 칼이 그의 머리 위로 떨어질 수 있었다. 이것은 Damocles에게 왕좌란 칼 밑에 있다는 것을 보여 주는 왕의 방식이었다.

구문해설

2행 He often remarked [**that** he believed Dionysius was lucky] and [**that** being king was the easiest job in the world]. ⇨ 접속사 that이 이끄는 두 개의 [ ]는 모두 remarked의 목적어로 쓰인 명사절이며 접속사 and로 병렬 연결되었다.

7행 ... because his seat was directly beneath a sword [hanging by a single hair]. ⇨ [ ]는 앞의 명사 a sword를 수식하는 현재분사구이다.

왕이 Damocles를 머리카락 한 올에 매달린 칼 바로 밑에 앉게 한 것은 왕좌를 지키는 것이 절대 쉬운 일이 아니며 항상 위험을 감수해야 하는 일이라는 것을 보여 주기 위해서였다. 따라서 밑줄 친 부분이 의미하는 바로는 ⑤ '왕은 항상 목숨을 위협받기 때문에 절대로 느긋하게 쉴 수가 없다'가 가장 적절하다.

① Dionysius 왕은 그의 칼을 자신의 의자 위에 내려놓았다
② 왕은 파티를 하는 동안에도 항상 전쟁에 대해 생각해야 한다
③ 칼 한 자루가 그 어떤 사람보다 더 강력하다
④ 강력한 군대 없이는 왕좌도 아무 소용이 없다

04 ①

뉴스는 유용한 정보를 제공하고 우리에게 계속해서 시사에 관해 알려줌으로써 우리 삶에서 중요한 역할을 한다. 그러나 당신의 신체가 그것에 어떻게 반응하는가를 이해하는 것은 중요하다. 연구에 따르면, 너무 많은 부정적인 뉴스를 소비하는 것은 기분에 영향을 미치고 불안 수준의 증가로 이어질 수 있다. 안 좋은 뉴스를 너무 많이 받아들이면 흔히 뇌에서 투쟁 도피 반응을 일으키는데, 이는 불안감과 심지어 우울증까지도 일으킬 수 있는 스트레스 호르몬 분비를 유발한다. 그러나, 이것이 뉴스를 완전히 무시해야 한다는 의미는 아니다. 다이어트가 작용하는 방식을 떠올려 보라. 체중을 줄이려면, 덜 자주 먹고, 더 적은 양을 먹고, 특정 음식을 피하라. 뉴스에 대해서도 마찬가지다. 뉴스 다이어트로, 부정적인 부작용을 제한하여 당신의 정신 건강을 증진할 수 있다.

구문해설

1행 The news plays an important role in our lives **by providing** valuable information and *keeping* us *informed* about current events. ⇨ 「by v-ing」는 '~함으로써'의 의미로, providing과 keeping이 병렬 연결되었다. 「keep + 목적어 + p.p.」는 '(목적어)가 ~된 상태를 유지하다'의 의미이다.

2행 But **it**'s important [to understand {how your body reacts to *it*}]. ⇨ 첫 번째 it은 가주어이고, [ ]는 진주어로 쓰인 to부정사구이다. { }는 understand의 목적어로 쓰인 의문사절이다. 두 번째 it은 앞 문장의 The news를 가리키는 대명사이다.

5행 ..., it often prompts a fight or flight response in your brain, [which triggers the release of stress hormones {that can cause anxiety and even depression}]. ⇨ [ ]는 a fight or flight response를 부연 설명하는 계속적 용법의 주격 관계대명사절이다. { }는 stress hormones를 수식하는 주격 관계대명사절이다.

문제해설

부정적인 뉴스를 지나치게 많이 소비하는 것은 좋지 않은 영향을 줄 수 있는데, 체중 감소를 위한 다이어트를 하듯이 뉴스와 관련해서도 그렇게 할 수 있다는 내용이므로, 밑줄 친 부분이 의미하는 바로는 ① '뉴스 소비에 대한 합리적인 시간 제한을 설정하라.'가 가

장 적절하다.
② 뉴스에 근거해 자신의 의견을 형성하는 것을 연습하라.
③ 최신 정보를 잘 알고 있도록 뉴스를 활용하라.
④ 인터넷상의 믿을 수 없는 뉴스 출처를 거르는 것을 배워라.
⑤ 전통적인 매체와 온라인 매체의 뉴스 소비 균형을 유지하라.

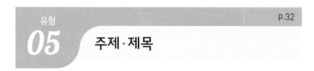

p.32

유형 05 주제·제목

기출 예제 ⑤

여러분을 미소 짓게 만드는 모든 사건들은 여러분이 행복감을 느끼게 하고, 여러분의 뇌에서 기분을 좋게 만들어주는 화학 물질을 생산해내도록 한다. 심지어 스트레스를 받거나 불행하다고 느낄 때조차 당신의 얼굴이 미소 짓게 해 보라. 미소에 의해 만들어지는 안면 근육의 형태는 뇌의 모든 '행복 연결망'과 연결되어 있고, 따라서 자연스럽게 여러분을 안정시키고 기분을 좋게 만들어주는 동일한 화학 물질들을 배출함으로써 뇌의 화학 작용을 변화시킬 것이다. 연구자들은 스트레스가 상당한 상황에서 진정한 미소와 억지 미소가 개개인들에게 미치는 영향을 연구하였다. 연구자들은 참가자들이 미소 짓지 않거나, 미소 짓거나, (얼굴이 억지 미소를 짓게 하기 위해) 입에 젓가락을 옆으로 물고서 스트레스를 수반한 과업을 수행하도록 했다. 연구의 결과는 미소가, 억지이든 진정한 것이든, 스트레스가 상당한 상황에서 인체의 스트레스 반응의 강도를 줄였고, 스트레스로부터 회복한 후의 심박수의 수준도 낮추었다는 것을 보여주었다.

어휘

chemical 《*pl.*》 화학 물질   force ~을 강요하다, ~하게 만들다   muscular 근육의   chemistry 화학 작용   release 방출하다, 배출하다   genuine 진짜의   individual 개인   stressful 스트레스가 많은   crossways 가로로   genuine 참된, 진정한   intensity 강도   recover 회복하다

구문해설

1행 Every event [that **causes** you **to smile**] *makes* you *feel* happy and produces feel-good chemicals in your brain. ⇨ [ ]는 Every event를 수식하는 주격 관계대명사절이다. 「cause + 목적어 + to-v」는 '(목적어)가 ~하게 하다'라는 의미이다. 사역동사 makes의 목적격 보어로 동사원형 feel이 쓰였다.

7행 The researchers **had** participants **perform** stressful tasks [while not smiling, smiling, or holding chopsticks ...]. ⇨ 사역동사 had의 목적격 보어로 동사원형 perform이 쓰였다. [ ]는 〈동시동작〉을 나타내는 분사구문으로 접속사를 생략하지 않은 형태이다.

01 ④   02 ④   03 ①   04 ②

01 ④

당신은 어떤 장치에 전기를 공급하고 싶을 때 무엇을 하는가? 보통, 당신은 그것을 벽의 콘센트에 꽂거나 그 안에 배터리를 넣는다. 하지만 그러는 대신에 그것을 당신의 몸에 꽂을 수 있다면 어떨까? Grenoble의 Joseph Fourier 대학교의 한 과학팀은 이것이 언젠가는 가능할지도 모른다고 믿는다. 그들은 '생물 연료전지'라고 불리는 장치를 시험하고 있는데, 이것은 체내의 당분과 산소를 이용하여 전기를 만들어 낸다. 그들의 기대는 그것이 특정한 의료 수술을 개선하는 데 쓰일 수 있으리라는 것이다. 예를 들어, 인공 심장을 가진 사람들은 배터리를 교체하기 위해 종종 수술을 해야만 한다. 그러나 그 심장이 생물 연료전지를 갖고 있다면, 이러한 수술은 있을 필요가 없을 것이다. 환자들이 직면하는 어려움과 우려가 그로 인해 상당히 줄어들 것이다.

구문해설

1행 Usually, you **either** plug it into a wall socket **or** put batteries in it. ➪ 「either A or B」는 'A나 B 둘 중 하나'의 의미로, A와 B는 문법적으로 대등한 형태여야 한다.

4행 They are testing a device [called a *biofuel cell*], [which uses the body's sugar and oxygen to create electricity]. ➪ 첫 번째 [ ]는 a device를 수식하는 과거분사구이다. 두 번째 [ ]는 a *biofuel cell*을 부연 설명하는 계속적 용법의 주격 관계대명사절이다.

문제해설

인간의 체내 당분과 산소를 이용해 전기를 만들어 내는 생물 연료전지 기술에 대해 소개하며 이를 의학적으로 활용할 수 있는 예시를 언급하고 있으므로, 글의 제목으로는 ④ '전기를 만들어 내기 위해 인간의 몸 사용하기'가 가장 적절하다.
① 세상에 전력을 공급하기 위해 음식을 사용하라
② 생물 연료가 당신의 심장을 대체할 수 있다
③ 전기는 불필요해질 것이다
⑤ 생물 연료전지: 수술을 하는 새로운 방법

02 ④

심리학자들은 어린아이들이 오직 자기 자신의 좋고 싫음만을 고려한다고 생각했었다. 그러나 최근의 한 실험은 18개월 된 아기들이 다른 사람들의 의견을 이해할 수 있다는 것을 보여주었다. 그 실험에는 두 개의 그릇이 포함되었다. 하나는 브로콜리로 가득 차 있었고, 다른 하나는 크래커로 가득 차 있었다. 아기들은 두 그릇에 담긴 음식을 다 맛보았고, 그들 모두 브로콜리보다 크래커를 더 좋아했다. 그다음에, 아기들은 한 어른이 그 그릇들에 있는 음식을 먹는 것을 지켜보았다. 그 어른은 크래커를 맛볼 때는 역겨워하는 표정을 지었고 브로콜리를 맛볼 때는 행복한 표정을 지었다. 그런 다음 그녀는 손을 내밀어 아기에게 더 달라고 청했다. 그 어른이 브로콜리를 좋아하는 것처럼 행동했기 때문에 아기들은 그녀에게 브로콜리를 더 주었다. 이것은 아기들이 타인에게 반응하는 방식을 결정할 때 타인의 관점을 고려한다는 것을 시사한다.

구문해설

1행 Psychologists **used to think** [that young children only considered their own likes and dislikes]. ➪ 「used to+동사원형」은 '(과거에) ~하곤 했다, ~이었다'의 의미로, 과거의 규칙적인 습관이나 지속된 상태를 나타낸다. [ ]는 think의 목적어로 쓰인 명사절이다.

8행 The babies gave the adult more broccoli because she **had acted** *as though* she liked it. ➪ 어른이 브로콜리를 좋아하는 척 행동한(had acted) 것이 브로콜리를 준(gave) 것보다 더 과거의 일이므로 대과거 had p.p.를 사용했다. as though는 '마치 ~인 것처럼'의 의미이다.

9행 This suggests that infants consider others' points of view when they decide **how to respond** to them. ➪ how to respond 이하는 decide의 목적어로 쓰인 의문사구로, 「how to-v」는 '~하는 법[방식]'이라는 의미이다.

문제해설

아기들이 어른의 음식 선호도를 인지하고 반응했다는 실험 결과를 통해 아기가 타인의 선호도를 고려할 수 있다는 사실을 말하고 있으므로, 글의 주제로는 ④ '타인의 선호도를 인지하는 아기의 능력'이 가장 적절하다.
① 어린아이들의 음식 선택
② 이기적으로 행동하는 아기들의 성향
③ 아기들의 호불호 형성 과정
⑤ 아기들과 실험을 하는 것의 어려움

03 ①

시골에서 자란 대부분의 사람들에게 갓 베어 낸 풀 냄새는 평화롭고 행복한 느낌을 기억나게 한다. 풀은 잘렸을 때 녹색 잎 휘발성 물질(GLV)이라고 알려진 물질을 분비하는데, 이것이 사람들이 그리도 만끽하는 그 냄새를 만들어 내는 것이다. 그러나 이것은 그 냄새의 진짜 목적이 아니다. 그것은 사실 식물들이 손상을 입었을 때 도와 달라고 요청하는 것이다. 최근의 한 연구에서, 연구자들은 담배 식물이 애벌레에게 공격당하고 있을 때, 그것들이 GLV를 분비한다는 것을 발견했다. 이 GLV의 냄새에 이끌린 곤충들은 애벌레를 잡아먹는 것들이었다. 그래서 연구자들은 그 식물이 그 곤충들과 아주 기초적인 방식으로 의사소통하여 도움을 요청하고 받는다는 결론을 내렸다.

구문해설

3행 ..., and this is **what** creates the smell [that people enjoy so much]. ➪ what은 '~하는 것'의 의미로 선행사를 포함하는 관계대명사이다. [ ]는 the smell을 수식하는 목적격 관계대명사절이다.

5행 ..., researchers found [that when tobacco plants **were being attacked** by caterpillars, they released GLVs]. ⇨ [ ]는 found의 목적어로 쓰인 명사절이다. were being attacked는 과거진행형 수동태이다.

6행 The insects [that were attracted by the odor of these GLVs] were **ones** [that prey on caterpillars]. ⇨ 첫 번째 [ ]는 The insects를 수식하는 주격 관계대명사절이다. 두 번째 [ ]는 ones를 수식하는 주격 관계대명사절이다. ones는 insects를 대신해서 쓰인 부정대명사이다.

문제해설
식물은 손상을 입었을 때 도움을 요청하기 위해 GLV라는 물질을 분비한다는 것을 담배 식물과 애벌레의 사례를 통해 설명하는 글이므로, 글의 주제로는 ① '식물의 자기방어 기술'이 가장 적절하다.
② 식물이 자라도록 돕는 화학 물질
③ 풀에 의해 만들어지는 천연 비료
④ 평범한 식물들의 위험한 특징
⑤ 곤충들이 먹이를 잡기 위해 사용하는 방법

04 ②
매년, 대부분이 어린아이들인 2백만 명 이상의 사람들이 설사와 관련된 질병으로 사망한다. 그러나 사람들이 단지 비누로 손을 씻기만 한다면, 이러한 사망 중 3분의 1 이상이 예방될 수 있다. 모든 사람들이 비누를 이용할 수 있도록 하기 위해, Clean the World라고 불리는 한 사회적 기업은 호텔들로부터 쓰다 남은 손비누를 수거하기 시작했다. 그것은 Shawn Seipler라는 이름의 남성에 의해 시작되었다. 어느 미니애폴리스 호텔 방에서, 그는 비누가 단 한 번만 사용되었을지라도 직원들이 욕실의 비누를 매일 교체하는 것을 알게 되었다. 그 비누는 그러면 쓰레기로 버려져 결국은 쓰레기 매립지로 가곤 했다. 그러나 이 프로젝트 덕분에, 호텔에서 나온 비누는 꼼꼼히 세척되고 재활용되어 설사 관련 질병이 사망을 유발하고 있는 나라들로 보내진다. 그 프로젝트가 시작된 이래, 수백 개의 호텔들이 생명을 구하는 일을 돕기 위해 사용한 손비누를 기증해 오고 있다.

구문해설
1행 Each year, more than two million people, [most of them children], die from diarrhea-related diseases. ⇨ [ ]는 주어인 more than two million people을 부연 설명하는 삽입구이다.

2행 However, more than **a third** of these deaths *could be prevented if* people simply *washed* their hands with soap. ⇨ a third는 「기수(분자)＋서수(분모)」 형태의 분수 표현이다. 「if＋주어＋동사의 과거형, 주어＋조동사의 과거형＋동사원형」은 가정법 과거로, 현재 사실과 반대되는 내용을 가정한다.

8행 ..., soap from hotels **is** carefully **cleaned**, **recycled**, and **sent off** to countries [where diarrhea-related diseases are causing deaths]. ⇨ 세 개의 수동태 동사 is cleaned, (is) recycled, (is) sent off가 and에 의해

병렬 연결되었다. [ ]는 countries를 수식하는 관계부사절이다.

문제해설
설사 관련 질병으로 인한 사망을 예방하기 위해 호텔에서 사용된 비누를 재활용하는 프로젝트에 관한 내용이므로, 글의 제목으로는 ② '재활용 비누로 생명 구하기'가 가장 적절하다.
① 지저분한 비누는 당신을 병들게 할 수 있다
③ 손을 씻는 올바른 방법
④ 비누: 질병을 예방하는 가장 좋은 방법
⑤ 개발도상국의 소아 질병

유형
06 도표
p.38

기출 예제 ④
위 그래프는 2016년 실내 냉방을 위한 국가/지역별 최종 에너지 소비량을 보여 준다. 2016년 실내 냉방을 위한 전 세계의 최종 에너지 소비량은 1990년보다 3배 넘게 많았다. 최종 에너지 소비량이 가장 많은 곳은 미국이었고, 그 양은 616 TWh에 달했다. 유럽 연합, 중동, 일본의 최종 에너지 소비량의 총합은 중국의 최종 에너지 소비량보다 적었다. (인도와 한국의 최종 에너지 소비량의 차이는 60 TWh 이상이었다.) 인도네시아의 최종 에너지 소비량은 위의 국가들/지역들 중에 가장 적었는데, 총 25 TWh이었다.

어휘
final 최종의 consumption (에너지·식품·물질의) 소비[소모](량) indoor 실내의, 실내용의 region 지방, 지역 amount to (합계가) ~에 이르다 combine 합하다 total 합계[총] ~이 되다

구문해설
3행 **It was** the United States **that** had the largest final energy consumption, [which amounted to 616 TWh]. ⇨ 「it is[was] ~ that ...」 강조구문으로, the United States를 강조한다. [ ]는 the largest final energy consumption을 부연 설명하는 계속적 용법의 주격 관계대명사절이다.

8행 Indonesia's final energy consumption was the smallest among the countries/regions above, [totaling 25 TWh]. ⇨ [ ]는 〈부대상황〉을 나타내는 분사구문이다.

유형 연습   pp.40~43

01 ⑤   **02** ⑤   **03** ④   **04** ③

01 ⑤

위 그래프는 노동통계국에 의거하여, 55세 이상의 미국인들이 매일 여가 시간을 어떻게 보냈는지 보여준다. 세 연령 집단 모두에서 노인들은 다른 모든 활동들을 하는 것을 합한 것보다 TV를 시청하는 데 더 많은 시간을 썼다. 노인들이 휴식과 사색뿐만 아니라 독서에 쓴 시간의 비중은 나이듦에 따라 증가했다. 반면에, 사교와 소통에 쓴 시간의 양은 그 반대였다. 이 감소는 또한 스포츠를 하는 것과 운동에도 적용되는데, 이는 노인들의 여가 시간의 가장 적은 비중을 차지한다. (그러나 세 연령 집단 중 스포츠와 운동에 가장 많이 참여한 이들은 바로 65세에서 74세였다.)

구문해설

3행 ..., seniors **spent** more time **watching** TV than **doing** all the other activities combined.
⇨ 「spend+시간[돈/노력]+v-ing」는 '~하는 데 (시간[돈/노력])을 쓰다'의 의미이다.

8행 However, of the three age groups, **it was** the 65- to 74-year-olds **who** participated in sports and exercise the most. ⇨ 「it is[was] ~ who[that] ...」 강조구문으로, '…한 사람[것]은 바로 ~이[었]다'의 의미이다.

문제해설

⑤ 세 연령 집단 중에 스포츠와 운동에 가장 많이 참여한 연령대는 55~64세이다.

02 ⑤

위 그래프는 2010년에서 2019년까지 연간 스코틀랜드로 입국한 이민율과 스코틀랜드에서 출국한 이민율을 보여준다. 그래프에 제시된 각 연도에 스코틀랜드로 이주한 사람의 숫자는 그 나라를 떠난 사람의 수를 초과했다. 이 두 수치 사이의 가장 적은 차이는 2012년에 발생했는데, 그 해 그 차이는 5,000명 미만이었다. 해외에서 입국한 이민자 수는 그래프에 나타난 첫해인 2010년에 가장 높았으나, 그 후 이어지는 2년 연속 하락했다. 반면 해외로 출국한 이민 수는 그래프에 나타난 마지막 해인 2019년에 정점을 찍으며 최초로 30,000명 수준을 넘어섰다. (해외에서 입국한 이민 수와 해외로 나간 이민 수 사이의 가장 큰 격차는 그래프에 나타난 첫해인 2010년에 있었고, 2016년의 차이가 그 뒤를 이었다.)

구문해설

2행 In each of the years [represented on the graph], the number of people **who** moved to Scotland exceeded the number of people **who** left the country. ⇨ [ ]는 the years를 수식하는 과거분사구이다. 두 개의 who는 각각 바로 앞의 people을 선행사로 하는 주격 관계대명사이다.

7행 Emigration, on the other hand, peaked in 2019, the last year [shown on the graph], [surpassing the 30,000 mark for the first time]. ⇨ 첫 번째 [ ]는 the last year를 수식하는 과거분사구이다. 두 번째 [ ]는 〈부대상황〉을 나타내는 분사구문이다.

문제해설

⑤ 입국한 이민 수와 출국한 이민 수의 차이가 두 번째로 큰 해는 2016년이 아닌 2015년이다.

03 ④

위 그래프는 2021년의 지난 6개월 내 메타버스 게임이나 비디오 게임을 한 사람들의 연령별 분류를 보여준다. 메타버스 게임과 관련하여 가장 어린 연령 그룹의 비율은 21~35세 연령 그룹의 비율을 초과했다. 21~35세 연령 그룹의 메타버스 플레이어 비율은 더 높은 연령의 두 그룹을 합한 비율보다 더 컸다. 36~50세 연령 그룹에 대해서는, 비디오 게임 플레이어의 비율이 가장 어린 연령 그룹의 비율의 두 배만큼 컸다. (네 연령 그룹 중에서, 비디오 게임과 메타버스 게임 플레이어 간에 가장 적은 차이는 21~35세에서 나타났고, 반면 가장 큰 격차는 51세 이상 연령 그룹에 있었다.) 전반적으로, 연령이 보다 어린 두 그룹은 메타버스 게임을 선호했고, 반면 연령이 보다 높은 두 그룹은 비디오 게임에 대한 분명한 선호를 보여 주었다.

구문해설

2행 The percentage of the youngest age group exceeded **that** of the 21-to-35 age group in terms of metaverse games. ⇨ that은 앞에 나온 명사 The percentage를 대신하는 대명사이다.

6행 ..., the percentage of video game players was **twice as** large **as** that of the youngest age group. ⇨ 「배수사+as+형용사[부사]의 원급+as」는 '~보다 몇 배만큼 …한[하게]'의 의미이다.

문제해설

④ 비디오 게임과 메타버스 게임 플레이어 간에 가장 큰 격차를 보인 연령 그룹은 10~20세이다.

04 ③

위 그래프는 OECD 평균과 더불어 선별된 OECD 국가들의 2020년 성별 임금 격차를 비교하며 평균적으로 여성이 남성보다 얼마나 덜 버는지 보여준다. 8.91%의 성별 임금 격차를 보이는 그리스는 제시된 모든 국가 중에 가장 평등한 임금을 자랑했다. 프랑스는 OECD 평균과 가장 가까운 비율과 함께, 두 번째로 적은 격차를 보유했다. (미국과 프랑스의 성별 임금 격차의 차이는 한국과 일본의 격차의 차이보다 더 컸다.) 일본의 성별 격차는 OECD 평균의 거의 두 배였으나, 도표상에서 가장 큰 격차는 아니었다. 한국의 성별 임금 격차가 31.48%의 임금 차이를 보이며 가장 컸다.

구문해설

2행 ..., as well as the OECD average, [showing {how much less women make than men on average}]. ⇨ [ ]는 〈부대상황〉을 나타내는 분사구문이다. { }는

showing의 목적어로 쓰인 의문사절이다.

9행 ..., [with the difference in earnings **standing** at 31.48%]. ⇨ [ ]는 「with+명사+v-ing」 구문으로 '~가 …한 채로'의 의미이며, 명사와 분사가 능동의 관계이므로 현재분사를 쓴다.

문제해설
③ 미국과 프랑스의 성별 임금 격차 차이는 5.83%로 한국과 일본의 차이인 8.96%보다 더 적다.

---

07 내용 일치
p.44

기출 예제 ⑤
James Van Der Zee는 1886년 6월 29일에 매사추세츠주의 Lenox에서 태어났다. 여섯 명의 아이들 중 둘째였던 James는 창의적인 분위기의 집안에서 성장했다. 열네 살에 그는 그의 첫 번째 카메라를 받았고 자신의 가족과 마을의 사진을 수백 장 찍었다. 1906년 즈음에, 그는 결혼한 상태에서 New York으로 이사했고, 늘어나는 가족을 부양하기 위해 여러 가지 일을 했다. 1907년에, 그는 버지니아주의 Phoetus로 이사했고, 그곳에서 Chamberlin 호텔의 식당에서 일했다. 이 시기에 그는 또한 시간제 사진사로 일했다. 그는 1916년에 자신의 스튜디오를 열었다. 제1차 세계대전이 시작되자 많은 젊은 군인들이 사진을 찍기 위해 스튜디오로 왔다. 1969년에, 전시회 Harlem On My Mind는 그에게 국제적인 인정을 받게 해 주었다. 그는 1983년에 사망하였다.

어휘
creative 창의적인, 독창적인   hundreds of 수백의   support 지지하다; *부양하다   part-time 시간제의   basis 근거; *기준 (단위)   exhibition 전시회   international 국제적인   recognition 인정

구문해설
4행 By 1906, he had moved to New York, (being) **married**, and was taking jobs [to support his growing family]. ⇨ married는 〈부대상황〉을 나타내는 분사구문으로, being이 생략된 형태이다. [ ]는 〈목적〉을 나타내는 부사적 용법의 to부정사구이다.

5행 In 1907, he moved to Phoetus, Virginia, [where he worked in the dining room of the Hotel Chamberlin]. ⇨ [ ]는 Phoetus, Virginia를 부연 설명하는 계속적 용법의 관계부사절이다.

8행 World War I had begun and many young soldiers came to the studio to **have** their pictures **taken**. ⇨ 「have+목적어+p.p.」는 '(목적어)가 ~되게 하다'라는

의미이다.

pp.46~49

01 ②   **02** ⑤   **03** ③   **04** ④

01 ②

Herb 섬 불빛 축제
Austin 국립 공원에서 12월 2일부터 23일까지

재미있는 축제를 즐기고 반짝거리는 조명들로 장식된 다채로운 건물들을 보러 오세요! 이 아름다운 축제에 참여하는 것은 친구들 및 가족과 함께 크리스마스 시즌을 기념하는 완벽한 방법입니다!

축제 활동
- 매일: 크리스마스 포토존에서 사진 촬영하기
      액티비티 센터에서 크리스마스 비누 만들기
- 주말 한정: Herb 섬 푸드코트에서 크리스마스 식사 즐기기

운영 시간
- 평일 및 일요일: 09:00 - 22:00
- 토요일 및 공휴일: 09:00 - 23:00
*조명은 일몰 시 점등됩니다.

입장료
- 18세에서 64세의 어른: 6달러
- 18세 미만의 어린이 및 64세 초과의 어른: 4달러
- 36개월 미만의 영유아: 무료

더 많은 정보를 원하시면, 저희 웹사이트 www.herbisland. org를 방문하세요.

구문해설
3행 **Come enjoy** a fun festival and **see** colorful buildings [decorated with twinkling lights]! ⇨ 「come (and)+동사원형」은 '~하러 오다'라는 의미로 enjoy와 see가 and로 병렬 연결되었다. [ ]는 colorful buildings를 수식하는 과거분사구이다.

4행 [Attending this beautiful festival] is the perfect way **to celebrate** the Christmas season with friends and family! ⇨ [ ]는 문장의 주어로 쓰인 동명사구로 단수 취급한다. to celebrate는 the perfect way를 수식하는 형용사적 용법의 to부정사이다.

문제해설
② 크리스마스 포토존은 매일 이용 가능하다고 했다.

02 ⑤

제14회 연례 North State HSPC

- 날짜: 2023년 5월 7일
- 시간: 오전 10시 - 오후 4시
- 장소: N-State 컴퓨터 연구실

여러분의 컴퓨터 프로그래밍 실력을 테스트해 보고 싶나요?
North State 대학의 연례 고등학교 프로그래밍 대회에 오늘
등록하세요.

부문
- 초급: 1년 미만의 프로그래밍 경험이 있는 학생들 대상
- 상급: 1년 이상의 프로그래밍 경험이 있는 학생들 대상

규정
- 각 팀은 최대 네 명의 학생으로 이루어질 수 있습니다.
- 팀당 한 대의 컴퓨터만 사용 가능합니다.

등록
- 각 팀은 온라인으로 등록해야 합니다.
- 각 고등학교는 최대 세 개의 팀까지 등록할 수 있습니다.
- 등록 정보는 2023년 4월 19일까지 변경될 수 있습니다.

더 많은 정보를 원하시면 www.nstateprogramming.edu를
방문하세요.

문제해설
⑤ 등록 정보는 4월 19일까지 변경 가능하다고 했다.
〈오답노트〉
① 연례 프로그래밍 대회이다.
② 1년 미만의 경험자는 초급 부문에 참여할 수 있다.
③ 각 팀은 최대 네 명의 학생으로 구성될 수 있다.
④ 한 학교당 최대 세 개의 팀까지 등록할 수 있다.

03 ③

바다 표면 아래 깊숙이 어두운 곳에는 특이한 생물들이 많이
있다. 흡혈오징어는 이 기묘한 동물들 중 하나로, 해수면 아래
3,300~13,000피트의 물에서 발견된다. 비록 이 생물체가 재미
있는 이름을 갖고 있기는 하지만, 흡혈오징어는 흡혈귀도 아니
고 오징어도 아니다. 사실, 그것들은 오징어와 문어의 특징을
모두 보여 주는 종의 일원이다. 그들이 그 이름을 얻은 이유는
어두운 피부와 박쥐 같은 물갈퀴 때문인데, 이 물갈퀴는 드라큘
라 백작의 망토처럼 보인다. 이 기묘한 특징에 더해, 거의 개의
눈만큼 커다란 그것들의 큰 눈이 그것들을 더욱더 무서워 보이
게 한다. 게다가, 흡혈오징어는 그것의 온몸을 뒤덮고 있는 빛
을 내는 기관들을 갖고 있다. 그래서 그것들은 먹이를 유인하거
나 포식자로부터 숨어야 할 필요가 있을 때 자신의 빛을 켜거나
끈다.

구문해설

4행 ..., vampire squids are **neither** vampires **nor**
squids. ⇨「neither A nor B」는 'A도 아니고 B도 아닌'의
의미이다.

7행 ..., their big eyes, [(which are) almost as large as
a dog's], make them **even** more frightening. ⇨ [ ]
는 their big eyes를 부연 설명하는 계속적 용법의 관계대
명사절로, 「주격 관계대명사＋be동사」가 생략되었다. even
은 비교급을 강조하는 부사이다.

문제해설
③ 흡혈오징어는 생김새 때문에 이름만 그렇게 붙었을 뿐, 흡혈 동
물은 아니다.

04 ④

하얀 바탕에 다섯 가지 색깔의 고리들이 있는 올림픽의 친숙한
깃발은 1913년에 피에르 드 쿠베르탱에 의해 만들어졌다. 그
것은 벨기에의 앤트워프에서 개최된 1920년 하계 올림픽에서
처음 사용되었다. 하지만 그 대회 이후, 그 깃발은 사라졌다. 한
전직 올림픽 선수가 놀라운 발표를 할 때까지 77년 동안 아무
도 그것이 어디에 있는지 몰랐다. 1920년 하계 대회에 출전했
던 Hal Haig Prieste는 기자들에게 자신의 여행 가방에 그 깃
발을 가지고 있다고 말했다. 하이 다이빙에서 동메달을 딴 후
그는 깃대에 올라가 장난삼아 깃발을 훔쳤다. 그렇게 많은 해가
흐르고 나서 깃발을 가져간 것을 왜 고백하는지 질문을 받았을
때, Prieste는 자신이 곧 죽을 것이고 그 깃발이 자신의 여행
가방에 남겨져 있기를 원하지 않는다고 말했다. 그 깃발은 현재
스위스의 로잔에 있는 올림픽 박물관에 전시되어 있다.

구문해설

1행 The Olympics' familiar flag **of** [five colored rings
on a white background] was created by Pierre de
Coubertin in 1913. ⇨ [ ]는 The Olympics' familiar
flag에 관한 설명, 성격, 특징에 해당하는 내용으로, of는 동
격의 내용을 이끈다.

5행 Hal Haig Prieste, [who had competed in the
1920 summer games], told reporters [that he had
the flag in his suitcase]. ⇨ 첫 번째 [ ]는 Hal Haig
Prieste를 부연 설명하는 계속적 용법의 주격 관계대명사절
이다. 두 번째 [ ]는 told의 직접목적어로 쓰인 명사절이다.

7행 [When asked {why he admitted taking the flag
after so many years}], Prieste said .... ⇨ [ ]는 접속
사를 생략하지 않은 형태의 분사구문이다. { }는 asked의
목적어로 쓰인 의문사절로, 「의문사＋주어＋동사」의 어순을
따른다.

문제해설
④ Hal Haig Prieste는 장난으로 깃발을 훔쳤다고 고백했다.

p.50

유형
08 **지칭 추론**

기출 예제 ③
가게를 떠난 후에, 나는 내 차로 돌아와 내가 차 키와 휴대전화
를 차 안에 두고 잠갔다는 것을 알게 되었다. 자전거를 탄 십 대
한 명이 내가 좌절하여 타이어를 차는 것을 보았다. "무슨 일이

세요?"라고 ① <u>그가</u> 물었다. 나는 내 상황을 설명했다. "하지만 내가 남편에게 전화할 수 있다고 해도 이것이 우리의 유일한 차이기 때문에 그는 내게 그의 차 키를 가져다줄 수 없어요."라고 나는 말했다. ② <u>그는</u> 내게 그의 휴대전화를 건네주었다. 그 사려 깊은 소년은 말했다. "남편분께 전화해서 제가 ③ <u>그의</u> 키를 가지러 간다고 말씀하세요." "진심이에요? 왕복 4마일이에요." "그건 걱정하지 마세요." 한 시간 후, 그는 키를 가지고 돌아왔다. 나는 ④ <u>그에게</u> 약간의 돈을 주겠다고 했지만, 그는 거절했다. "그냥 제가 운동이 필요했다고 치죠."라고 그는 말했다. 그런 다음 영화 속 카우보이처럼, ⑤ <u>그는</u> 석양 속으로 자전거를 타고 떠났다.

어휘

vehicle 탈것, 차 frustration 좌절, 낙담 thoughtful 사려 깊은 round trip 왕복 여행 sunset 해질녘, 일몰

구문해설

1행 [Leaving a store], I returned to my car only **to find** that I'd locked my car key and cell phone inside the vehicle. ⇨ [ ]는 〈때〉를 나타내는 분사구문이다. to find는 〈결과〉를 나타내는 부사적 용법의 to부정사구이다.

2행 A teenager [riding his bike] **saw** me **kick** a tire in frustration. ⇨ [ ]는 A teenager를 수식하는 현재분사구이다. 「see+목적어+동사원형」은 '(목적어)가 ~하는 것을 보다'라는 의미로, 지각동사는 목적어와 목적격 보어가 능동의 관계일 때 동사원형 또는 현재분사를 목적격 보어로 취한다.

5행 The thoughtful boy said, "Call your husband and tell him [(that) I'm coming **to get** his key]." ⇨ [ ]는 tell의 직접목적어로 쓰인 명사절로, 접속사 that이 생략되었다. to get은 〈목적〉을 나타내는 부사적 용법의 to부정사구이다.

유형 연습 pp.52~55

01 ⑤   02 ②   03 ③   04 ⑤

01 ⑤

1912년에 나의 작은 할아버지 Albert는 타이타닉호에 탑승한 승객이었다. ① <u>그는</u> 겨우 18세였고 일평생을 영국에서 살아왔었다. 그의 형인 Robert는 나의 할아버지이신데 이미 영국에서 미국으로 갔고 거기에서 ② <u>그를</u> 기다리고 있었다. 그 여정에 앞서, Robert는 Albert에게 ③ <u>그가</u> 배에서 잘 차려입고 있도록 좋은 코트를 보냈다. 슬프게도, Albert는 타이타닉호의 침몰 중에 사망했지만 그 코트는 남았다. 배가 가라앉기 전에, Albert는 Robert에게 쪽지를 썼다. ④ <u>그는</u> 그것을 그의 코트 주머니 안에 넣었고, 구조선 중 하나에 타고 있던 한 여자에게 그 코트를 Robert에게 전해 달라고 부탁했다. 그녀는 그렇게 했고, 그 코트는 가보가 되었다. 나의 할아버지는 그 옷을 자주 입으셨고 옷을 입고 있으면 ⑤ <u>그는</u> 아주 멋있어 보였다.

구문해설

4행 Before the journey, Robert sent Albert a nice coat **so** (that) he would be well dressed on the ship. ⇨ 「so (that) ~」은 '~하도록'의 의미로 〈목적〉을 나타내는 절을 이끈다.

6행 He placed it in his coat pocket and **asked** a woman in one of the lifeboats **to deliver** the coat to Robert. ⇨ 「ask+목적어+to-v」는 '(목적어)에게 ~해 달라고 요청하다'의 의미이다.

문제해설

⑤는 Robert를 가리키며, 나머지는 Albert를 가리킨다.

02 ②

Juzcar는 스페인 남부에 있는 다른 많은 조그마한 전통 마을들과 비슷하다. 하지만 ① <u>그것은</u> 한 가지 중요한 점에서 차이가 있다. 2011년에 한 영화사가 ② <u>그것의</u> 영화 〈스머프〉 3D의 시사회 장소로 그 마을을 선정했다. 그 행사를 주최하기 위해, Juzcar는 스머프 마을처럼 보이도록 마을의 모든 건물들을 파란색으로 칠하는 것에 동의해야 했다. 지역 대표들은 동의했고, ③ <u>그곳의</u> 역사적으로 중요한 교회를 포함하여 마을 전체를 칠하기 위해 12명의 남자들이 고용되었다. 영화 시사회는 대성공을 거두었고, 그때부터 많은 관광객들이 그 파란 마을을 방문하러 왔다. 영화사가 마을을 ④ <u>그곳의</u> 이전 모습으로 되돌려놓겠다고 약속했음에도 불구하고, 주민들은 그곳을 파란색으로 칠해진 상태로 놔두기로 결정했다. 그 결과, ⑤ <u>그곳은</u> 스페인에서 가장 유명한 관광지들 중 하나가 되었다.

구문해설

3행 **In order to host** the event, Juzcar had to agree to paint all of its buildings blue [to look like a Smurf village]. ⇨ 「in order to-v」는 '~하기 위하여'의 의미이다. [ ]는 〈목적〉을 나타내는 부사적 용법의 to부정사구이다.

7행 Though the film company promised **to return** the village to its former state, residents decided **to leave** it *painted* blue. ⇨ to return과 to leave는 각각 promised와 decided의 목적어 역할을 하는 명사적 용법의 to부정사이다. 「leave+목적어+p.p.」는 '(목적어)가 ~된 상태로 (그대로) 두다'의 의미이다.

문제해설

②는 영화사를 가리키며, 나머지는 Juzcar를 가리킨다.

03 ③

Nancy는 차를 천천히 운전하는 사람이었다. 그녀의 친구들이 그것을 두고 그녀를 놀렸지만, 그녀는 신경 쓰지 않았다. 하루는 ① <u>그녀가</u> 쇼핑몰에서 그녀의 친구를 만났다. 함께 쇼핑을 한 후, 그들은 각자의 차를 타고 운전하여 나갔다. 하지만 Nancy는 자신이 지갑을 ② <u>그녀의</u> 자동차 지붕 위에 둔 것을

깨닫지 못했다. 그녀의 친구가 알아차리고는 Nancy의 뒤를 따라 차를 몰았다. ③ 그녀는 Nancy의 주의를 끌어보기 위해 경적을 사용했다. 하지만 Nancy는 시끄러운 음악을 듣고 있었기 때문에 듣지 못했다. 마침내, 그녀의 친구가 Nancy를 앞질러 운전했고 도로 중앙에서 그녀의 차를 멈췄다. Nancy도 놀라서 멈췄다. ④ 그녀는 차에서 나와서 무엇이 잘못되었는지를 물었다. 그녀의 친구는 그녀가 지갑을 어디에 뒀는지 설명했다. Nancy는 뒤돌아봤고, ⑤ 그녀의 지갑은 여전히 지붕 위에 있었다. 그녀가 너무 느리게 운전을 해서 그것이 전혀 움직이지 않았던 것이다!

구문해설

3행 But Nancy didn't realize [that she **had left** her purse on the roof of her car]. ⇨ [ ]는 realize의 목적어로 쓰인 명사절이다. had left는 주절의 과거 시점(didn't realize)보다 더 이전에 일어난 일을 나타내는 과거완료이다.

7행 (Being) **Surprised**, Nancy stopped, too.
⇨ Surprised는 〈이유〉를 나타내는 분사구문으로, 앞에 Being이 생략된 형태이다.

9행 She **had been driving** so slowly *that* it hadn't moved at all! ⇨ 「had been v-ing」는 과거완료 진행형으로 '~해오고 있었다'의 의미이다. 「so+형용사/부사+that ~」은 '너무 …해서 ~하다'의 의미이다.

문제해설

③은 Nancy의 친구를 가리키며, 나머지는 Nancy를 가리킨다.

04 ⑤

Nick이라는 이름의 한 십 대 소년이 수업 시간에 많은 문제를 일으키고 있어서, ① 그는 학교의 새로운 생활 지도 교사인 Goldstein 선생님을 만나 보도록 보내졌다. 다른 상담 선생님들이 Nick의 문제에 대해 그와 이야기해 보려고 시도했었겠지만, Goldstein 선생님은 다른 접근법을 취했다. 그는 Nick에게 ② 그가 아무런 어려움도 없는 수업이 있는지 물었다. 잠시 생각한 후에, Nick은 "Larson 선생님 수업 시간에는 문제가 없어요."라고 대답했다. Goldstein 선생님은 곧 Larson 선생님이 다른 선생님들이 하는 것처럼 Nick을 대하지 않는다는 것을 알았다. 그녀는 그가 교실에 들어올 때 항상 ③ 그에게 인사했고 그가 가기 전에 숙제를 이해했는지 확인했다. 그리고 ④ 그가 힘겨워하면, 그녀는 그에게 더 쉬운 숙제를 내 줬다. 이것이 Goldstein 선생님이 필요로 했던 정보였다. ⑤ 그는 Nick의 다른 선생님들에게 이와 똑같은 기법을 써 보라고 조언했다. 모두가 놀랍게도, Nick의 태도는 즉시 개선되었다.

구문해설

2행 While other counselors **might have** *tried discussing* Nick's problems with him, ...
⇨ 「might have p.p.」는 '~했을지도 모른다'의 의미이다. 「try v-ing」는 '(시험 삼아) 한번 ~해 보다'의 의미이다.

4행 He asked Nick [if there were any classes {**in which** he wasn't having any difficulties}].
⇨ [ ]는 '~인지 아닌지'의 의미인 접속사 if가 이끄는 명사절로, asked의 직접목적어로 쓰였다. { }는 any classes를 수식하는 목적격 관계대명사절이며, 이 관계대명사절 내에서 관계대명사 which는 전치사 in의 목적어 역할을 한다.

문제해설

⑤는 Mr. Goldstein을 가리키며, 나머지는 Nick을 가리킨다.

유형 09 어휘

기출 예제 ④

사냥은 인간이 어떻게 상호 이타주의와 사회적 교류를 발달시켰는지를 설명할 수 있다. 인간은 몇 년, 수십 년, 혹은 평생 지속될 수 있는 광범위한 상호 관계를 보여 준다는 점에서 영장류 중에서 유일무이한 것으로 보인다. 커다란 사냥감 동물에게서 얻는 고기는 사냥꾼 한 명과 그의 직계가족이 먹을 수 있는 것을 초과하는 양으로 나온다. 게다가, 사냥의 성공은 매우 가변적이다. 한 주에는 성공한 사냥꾼이 다음 주에는 실패할 수도 있다. 이러한 조건들은 사냥에서 얻은 식량의 공유를 장려한다. 혼자서 고기를 다 먹을 수 없고 남은 고기는 곧 상하기 때문에 사냥꾼에게 당장 먹을 수 없는 고기를 나눠 주는 데 드는 비용은 높다(→ 낮다). 그러나 그가 나중에 스스로 식량을 얻지 못했을 때, 그 사람의 식량을 받은 다른 사람들이 관대한 호의에 보답하면 그 혜택은 클 수 있다. 본질적으로 사냥꾼들은 그들의 친구와 이웃의 몸에 여분의 고기를 저장할 수 있는 셈이다.

어휘

extensive 광범위한   last 지속되다   game 경기; *사냥감   quantity 양, 분량   exceed 넘다, 초과하다   immediate family 직계 가족   consume 소비하다; *먹다, 마시다   variable 가변적인   condition 조건   encourage 장려하다   give away 나누어 주다   leftover 남은 음식   spoil 상하다   benefit 혜택, 이득   favor 호의   in essence 본질적으로   store 저장하다   extra 추가의, 여분의

구문해설

3행 Meat from a large game animal comes in quantities [that exceed {what a single hunter and his immediate family could possibly consume}].
⇨ [ ]는 앞의 명사 quantities를 수식하는 주격 관계대명사절이다. { }는 exceed의 목적어 역할을 하는 관계대명사절로, what은 선행사를 포함한다.

7행 **The costs** [to a hunter] [of giving away meat {(which/that) he cannot eat immediately}] **are** low because he cannot consume all the meat himself and leftovers will soon spoil. ⇨ 문장의 주어는 두 개의 전치사구 [ ]의 수식을 받는 복수명사 The costs이므로, 복수동사 are를 쓴다. { }는 meat를 수식하는 목적격 관계대명사절로, 목적격 관계대명사 which 또는 that이 생략되었다.

유형 연습

pp.58~61

01 ⑤ 02 ④ 03 ② 04 ⑤

01 ⑤

축음기를 발명하고 나서 토머스 에디슨은 그것을 이용할 새로운 방법을 찾기 시작했다. 그는 그것이 인형 안에 들어갈 수 있도록 그 장치를 소형화하기로 결심했다. 그 축음기가 재생되었을 때, 그 인형이 말하고 있는 것처럼 보일 것이었다. 아주 작은 축음기들이 만들어진 후에 그것들은 인형 속에 딱 맞게 들어갈 수 있는 금속 용기에 넣어졌다. 그러고 나서 에디슨은 어린 여자아이들에게 노래를 부르라고 하고 축음기가 재생하도록 노래를 녹음했다. 하지만 에디슨의 생각은 그것이 성공하는 데 필요한 기술보다 앞서 있었다. 한 가지 문제점은 녹음된 것의 음질이 좋지 않았다는 것인데, 귀여운 인형에서 나오는 이상한 목소리들을 듣는 것은 불쾌했다. 어떤 경우에는, 녹음된 소리가 너무 희미해서 아예 들리지 않았다. 그리고 축음기들이 깨지기 쉬웠기 때문에 아이들이 그 인형들을 가지고 놀면 그것들은 쉽게 손상되었다. 결국, 말하는 인형들은 성공작(→ 실패작)이었고, 이는 천재들조차도 실수를 한다는 것을 증명한 셈이었다.

구문해설

2행 He decided to miniaturize the device **so that** it **could** be placed inside dolls. ⇨ 「so that+주어+can[could]」은 '~가 …할 수 있도록'의 의미이다. 주절의 시제가 과거이므로 can의 과거형 could를 써서 시제를 일치시켰다.

5행 … and recorded them **for the phonographs** to play. ⇨ for the phonographs는 to play의 의미상 주어이다.

8행 In some cases, the recordings were **too** faint **to be heard** at all. ⇨ 「too+형용사/부사+to-v」는 '너무 ~해서 …할 수 없다'의 의미이다. 부정어와 함께 쓰이거나 부정의 의미를 나타내는 문장에 쓰이는 at all은 '전혀[조금도] (~ 아니다)'의 의미이다.

10행 In the end, the talking dolls were a failure, [proving that even geniuses make mistakes]. ⇨ [ ]는 〈결과〉를 나타내는 분사구문이다.

문제해설

에디슨이 만든 말하는 인형은 녹음의 음질도 좋지 않고 축음기가 약해서 쉽게 손상되었기 때문에 결국 '실패작'이었다는 내용이 자연스러우므로, ⑤의 success(성공작)를 failure(실패작) 등으로

바꿔야 한다.

02 ④

Viganella는 이탈리아의 전형적인 마을처럼 보일 수도 있지만, 그곳의 위치가 그곳을 특별하게 만든다. 그 마을은 산으로 둘러싸인 깊은 골짜기의 맨 아래에 자리 잡고 있다. 이는 그 마을 주민들이 겨울 동안 결코 자연적으로 해를 보지 못한다는 뜻이다. 그러나 2006년에 건축가 Giacomo Bonzani의 슬기 덕분에 이 모든 것이 바뀌었다. 그는 Viganella로 햇빛을 반사하는 대형 거울을 고안하였고 마을 위 산비탈에 그것을 설치했다. 그 거울은 항상 햇빛을 피하기(→ 받기)에 적절한 위치에 있도록 컴퓨터로 조종된다. 역사상 처음으로, Viganella의 주민들은 이제 1년 내내 햇빛을 즐기고 있다. 게다가, Viganella의 거울은 매우 특이한 기술이어서 관광 명소가 되었고, 그 마을에 훨씬 더 많은 이득을 가져다주고 있다.

구문해설

2행 The village sits at the bottom of a deep valley [surrounded by mountains]. ⇨ [ ]는 a deep valley를 수식하는 과거분사구이다.

8행 …, the mirror of Viganella is **such** an unusual piece of technology **that** it has become a tourist attraction, [bringing *even* more benefits to the village]. ⇨ 「such(+관사)+형용사+명사+that ~」은 '너무 …한 (명사)라서 ~하다'의 뜻이다. [ ]는 〈결과〉를 나타내는 분사구문이다. even은 비교급을 강조하는 부사이다.

문제해설

자연적으로 해를 보지 못하는 마을로 햇빛을 반사시키는 거울이 햇빛을 '받기'에 적절한 위치에 있도록 조종된다는 것이 문맥상 자연스러우므로, ④ avoid(피하다)를 catch(잡다, 받다) 등으로 고쳐야 한다.

03 ②

한때는 3천 명의 사람들이 펜실베이니아의 Centralia 마을에 살았다. 오늘날에는 주민이 단 열 명뿐이다. 어떻게 된 일일까? Centralia는 예전에 그곳의 쓰레기를 마을 인근의 오래된 탄광 내부에 쌓아 두곤 했다. 1962년 어느 날, 인부들이 공간을 더 만들기 위해 그 쓰레기에 불을 붙였다. 불행히도, 광산에 아직 남아 있던 석탄에도 불이 붙었다. 불길이 번졌고, 얼마 안 가 마을 아래에 있던 광산이 불에 타고 있었다. 그 후 20년에 걸쳐, 불을 끄기 위해 많은 시도들이 이루어졌지만 불은 계속 타올랐다. 설상가상으로, 1981년에는 한 소년의 발아래의 땅이 갑자기 꺼져버렸다. 이 일 이후에, 정부는 Centralia 주민들을 이주시키기 시작했다. 몇몇 사람들은 남아 있기로 결정했지만, 그 마을은 1990년대에 공식적으로 폐쇄되었다. 심지어 그곳의 우편 번호도 삭제되었다. 슬프게도, Centralia는 아직도 불타고 있으며, 전문가들은 석탄을 모두 태우려면 250년이 걸릴 것으로 생각한다.

2행 Centralia **used to store** its garbage inside old coal mines near town. ⇨ 「used to-v」는 '(과거에) ~하곤 했다, ~이었다'의 의미로 과거의 습관이나 상태를 나타낼 때 쓴다.

10행 ..., and experts think [(that) **it** will **take** 250 years **to burn up** all the coal]. ⇨ [ ]는 think의 목적어로 쓰인 명사절로, 접속사 that이 생략되었다. 「it takes+시간+to-v」는 '~하는 데 (시간)이 걸리다'의 의미이다.

문제해설

(A) 불을 끄기 위한 여러 '시도들'이 이루어졌다는 내용이 자연스러우므로 attempts가 적절하다. assumption은 '가정, 추정'이라는 의미이다.
(B) 땅이 꺼지는 사고 이후로 정부가 주민들을 '이주시키기' 시작했다는 내용이 자연스러우므로 relocate가 적절하다. replace는 '대신하다'라는 의미이다.
(C) 앞에서 마을이 공식적으로 폐쇄되었다고 한 것으로 보아 우편 번호가 '삭제되었다'는 내용이 자연스러우므로 canceled가 적절하다. create는 '창조하다'라는 의미이다.

04 ⑤

민주주의는 국민에 의해 국민을 위해 운영되는 체제이다. 그러므로 투표는 민주 국가에서 자격이 되는 모든 시민들의 도덕적 책임이다. 유감스럽게도, 요즘 많은 사람들이 투표를 하지 않을 핑계를 찾는다. 어떤 이들은 단 한 표는 중요하지 않고, 변화를 일으킬 수 없다고 말한다. 다른 이들은 후보자 중 누구도 자신들의 표를 받을 자격이 없다고 불평한다. 미국에서는 유권자들 중 약 55퍼센트만이 각 선거에서 실제로 투표를 한다. 이것은 투표할 수 있는 사람들 중 45퍼센트는 투표하지 않는 것을 선택한다는 뜻이다. 하지만 국민들 중 절반만 투표에 참여한다면 어떻게 한 국가의 민주주의가 유효할 수 있겠는가? 요점은 자신의 한 표의 힘을 절대로 과대평가해서(→ 과소평가해서)는 안 된다는 것이다. 혼자서는 선거의 승자를 결정짓지 못할지도 모른다. 그러나 당신은 혼자가 아니다. 모든 이들이 행동으로 옮겨 투표를 한다면, 그것은 커다란 변화를 일으킬 수 있다.

구문해설

1행 Democracy is a system [run by the people for the people]. ⇨ [ ]는 a system을 수식하는 과거분사구이다.

6행 This means that 45% of the people [who can vote] choose not **to** (vote). ⇨ [ ]는 the people을 수식하는 주격 관계대명사절이다. to 뒤에 중복을 피하기 위해 vote가 생략되었다.

문제해설

글의 후반부에서 혼자서는 선거의 승자를 결정짓지 못할지도 모르지만 모든 이가 투표하면 큰 변화를 만들 수 있다고 했으므로 한 표의 힘을 '과소평가하지' 말라는 내용이 자연스럽다. 따라서

⑤ overestimate(과대평가하다)를 underestimate(과소평가하다) 등으로 바꿔야 한다.

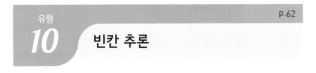

유형 10 빈칸 추론
p.62

기출 예제 ①

기동성은 저널리스트들의 환경에 변화를 제공한다. 신문 기사, 텔레비전 보도, 그리고 심지어 (태블릿과 스마트폰과 같은 통신 기술 이전의) 초기 온라인 보도는 기자가 인쇄, 방송, 또는 게시를 위해 자신의 뉴스 기사를 제출할 하나의 중심적인 장소를 필요로 했다. 그러나 이제 기자는 자신의 스마트폰 또는 태블릿으로 비디오를 촬영하고, 오디오를 녹음하며, 직접 타이핑해서 즉시 뉴스 기사를 게시할 수 있다. 저널리스트들은 그들 모두가 정보의 원천과 접촉하거나, 타이핑하거나, 또는 비디오를 편집하는 중심적인 장소에 보고할 필요가 없다. 기사는 즉각적으로 작성되고, 촬영되며, 전 세계에서 볼 수 있게 만들어질 수 있다. 뉴스의 순환과 이에 따른 저널리스트의 일은, 결코 멈추지 않는다. 그러므로 케이블 TV의 성장으로 나타난 '24시간'의 뉴스 순환은 이제 과거의 것이다. 뉴스 '순환'은 정말로 끊임없이 계속되는 것이다.

어휘

prior to ~이전에   submit 제출하다   shoot 쏘다; *촬영하다   instantly 즉각, 즉시   instantaneously 즉각적으로   cycle 자전거; *순환(기), 주기   emerge 나타나다   constant 한결같은 것   [문제] mobility 이동성, 기동성   sensitivity 민감성, 세심함   accuracy 정확성

구문해설

1행 Newspaper stories, television reports, and even early online reporting (...) required one central place [**to which** a reporter would *submit* his or her news story for printing, broadcast, or posting]. ⇨ [ ]는 one central place를 수식하는 목적격 관계대명사절이며, 관계대명사 which는 전치사 to의 목적어 역할을 한다. 이 전치사 to는 「submit A to B」에서의 to이며 'A를 B에 제출하다'의 의미이다.

6행 Journalists do not need to report to a central location [where they all **contact** sources, **type**, or **edit** video]. ⇨ [ ]는 a central location을 수식하는 관계부사절이다. 세 개의 동사 contract, type, edit가 등위 접속사 or로 병렬 연결되었다.

유형 연습
pp.64~69

01 ⑤   02 ②   03 ②   04 ⑤   05 ③   06 ①

01 ⑤

한 대학교수가 최근에 사람들을 기억하는 까마귀의 능력을 시험하기 위해 실험을 했다. 고무 마스크를 쓴 채, 그와 동료 두 사람은 캠퍼스에 사는 까마귀 몇 마리를 잡았다. 까마귀들을 풀어 주기 전에, 그들은 까마귀의 다리에 식별용 밴드를 달아 놓았다. 까마귀들은 겨우 잠깐 동안만 자유를 잃었지만, 그 경험은 그들에게 대단히 충격적인 일이었다. 몇 달 뒤에, 연구자들은 이전과 같은 마스크를 쓴 채 캠퍼스를 걸어 다녔다. 다리에 밴드를 부착한 까마귀들이 그들을 발견했을 때, 그들은 화난 소리를 내며 그 남성들을 쫓아내려고 그들 주위를 날아다니기 시작했다. 5년의 기간에 걸쳐 연구자들은 그 실험을 다른 장소들로 확장시켰다. 놀랍게도, 다리에 밴드를 부착하지 않은 까마귀들도 그들을 향해 공격적인 행동을 보였다. 이는 까마귀들이 인간의 얼굴을 알아볼 수 있을 뿐만 아니라, 다른 까마귀들과 소통함으로써 학습할 수도 있다는 것을 시사한다.

구문해설

2행 [Wearing rubber masks], he and a pair of colleagues captured some crows [living on campus]. ⇨ 첫 번째 [ ]는 〈부대상황〉을 나타내는 분사구문이다. 두 번째 [ ]는 some crows를 수식하는 현재분사구이다.

10행 This suggests [that **not only** *can crows recognize* human faces, **but** they can **also** learn by …]. ⇨ [ ]는 suggests의 목적어로 쓰인 명사절이다. 「not only A but also B」는 'A뿐만 아니라 B도'의 의미이다. 부정어 not only가 that절 내에서 맨 앞에 와서 주어와 동사가 도치되었다.

문제해설

인간에게 포획되는 충격적인 경험을 겪지 않은 다른 지역의 까마귀들도 인간에게 공격적인 행동을 보였다고 했으므로, 빈칸에는 ⑤ '다른 까마귀들과 소통함'이 가장 적절하다.
① 인간의 행동을 모방함
② 인간의 말을 들음
③ 신체적 활동에 참여함
④ 떼를 지어 적을 공격함

02 ②

대화 중에 사람들은 때때로 일어나지 않기를 바라는 발생 가능한 사건을 언급하곤 한다. 미국인들에게 이런 일이 발생할 때, 그들은 흔히 '나무를 두드리라'는 말을 덧붙인다. 그리고 나서 그들은 실제로 가장 가까이 있는, 벽이나 가구 같은 목재로 된 표면을 손가락 마디로 두드린다. 그렇다면 이 생소한 미신은 어디서 온 것일까? 아무도 정확하게는 모르지만, 어떤 사람들은 그것이 다정한 요정들이 나무에 산다는 아주 오래된 믿음에서 유래한 것으로 추정한다. 나무를 두드림으로써, 사람들은 자신들이 그들의 주의를 끌 수 있다고 생각했다. 그러면 이 요정들이 그들의 힘을 사용하여 그 원치 않는 사건이 발생하는 것을 막아 주리라는 것이 그들의 소망이었다. 그러니 다음에 당신이 시험에서 떨어질까 봐 걱정될 때, 당신은 당신의 책상에게 그 운명을 피하게 도와달라고 부탁해 볼 수 있다.

구문해설

1행 …, people **will** sometimes mention a possible event [that {they hope} will not occur]. ⇨ 여기서 will은 '~하곤 한다'의 의미로 일반적인 습관이나 경향을 나타내는 조동사이다. [ ]는 a possible event를 수식하는 주격 관계대명사절이고, { }는 삽입절이다.

5행 …, but some speculate that it comes from **an ancient belief** [that friendly spirits live in trees]. ⇨ [ ]는 an ancient belief와 동격이다.

7행 **It** was their hope [**that** these spirits would then use their powers to *prevent* the undesired event *from happening*]. ⇨ It은 가주어이고, 접속사 that이 이끄는 명사절인 [ ]가 진주어이다. 「prevent＋목적어＋from v-ing」는 '(목적어)가 ~하는 것을 막다'의 의미이다.

9행 So the next time you worry about failing a test, you can **ask** your desk **to** *help* you *avoid* that fate. ⇨ 「ask＋목적어＋to-v」는 '~에게 …해 달라고 요청하다'의 의미이다. 준사역동사 help는 목적격 보어로 동사원형이나 to부정사를 취한다.

문제해설

빈칸 뒤에 사람들이 나무를 두드리면 원치 않는 일이 발생하는 것을 요정들이 막아 준다고 믿었다는 내용이 나오므로, 빈칸에는 ② '다정한 요정들이 나무에 산다'가 가장 적절하다.
① 공상에 잠기는 것은 위험하다
③ 악령은 시끄러운 소리를 싫어한다
④ 불운은 문 뒤에 숨는다
⑤ 목재 가구는 매우 값비싸다

03 ②

비행기 한 대가 공항에서 이륙한다. 그것이 목적지에 도달하기 전에 추락할 확률은 얼마나 될까? 실제로는, 천만 대의 항공기 중 단 한 대만 참사로 끝난다. 그러나 (추락할 확률을) 짐작해 보라는 요청을 받았을 때, 사람들은 사고의 가능성을 심하게 과대평가하는 경향이 있다. 그리고 만일 실제로 비행기 참사가 있은 지 얼마 안 되어서 당신이 그들에게 물어본다면, 평균 추정치는 훨씬 더 높이 올라간다. 이것은 우리가 뇌에 저장해 온 정보를 토대로 추정하고, 극적인 사건들은 우리의 기억 속에 더 오랜 시간 남아 있는 경향이 있기 때문이다. 사실, 사건이 더 중대할수록 그것이 우리를 오해하게 만들 가능성이 더 크다. 끔찍한 추락 사고에 관한 텔레비전 영상들은 우리의 머릿속에 남아 있을 수 있지만, 사고 없이 이륙하고 착륙한 9,999,999대의 다른 항공기들은 아무도 기억하지 않는다.

1행 What are **the chances** [that it will crash before it reaches its destination]? ⇨ [ ]는 the chances와 동격이다.

5행 **This is because** [we make estimates based on the information {(that[which]) we have stored in our brain}], and [events {that are dramatic} tend to remain in our memory for a longer time]. ⇨ 「This is because ~」는 '이것은 ~이기 때문이다'의 의미로 뒤에 원인이 나온다. 두 개의 [ ]는 because가 이끄는 절이며, and로 병렬 연결되었다. 첫 번째 { }는 the information을 수식하는 목적격 관계대명사절이고, 두 번째 { }는 events 를 수식하는 주격 관계대명사절이다.

7행 In fact, **the more significant** an event is, **the more likely** it is to mislead us. ⇨ 「the+비교급 ~, the+비교급 ...」은 '~하면 할수록 더욱 …하다'의 의미이다.

극적인 사건은 사람들의 기억에 더 오래 남아 판단에 영향을 미치기 때문에 비행기 추락 사고가 발생한 지 얼마 안 된 상황에서 사람들은 사고의 발생 가능성을 실제보다 훨씬 더 높게 생각한다고 했으므로, 빈칸에는 ② '우리를 오해하게 만들다'가 가장 적절하다.

① 사실이 아니다
③ 잊혀지다
④ 사람들에게 해를 입히다
⑤ 다시 발생하다

04 ⑤

'흰 코끼리'라는 어구는 소유 비용이 그것의 실제 가치보다 더 큰 물건을 묘사하는 데 사용된다. 이 어구의 역사는 희귀한 흰 코끼리가 신성하게 여겨졌던 태국과 다른 아시아 국가들에서 유래한다. 사람들은 그 동물이 행운을 가져다준다고 믿었다. 그것들이 죽으면 사람들은 이를 재앙의 징조로 여겼다. 그래서 흰 코끼리를 소유한 사람은 누구든지 그것이 반드시 최상의 먹이와 거처와 보살핌을 받도록 해야만 했다. 대개는 왕들만이 그것들을 가질 여유가 있을 정도로 부유한 유일한 사람들이었다. 그런데 고대의 왕들은 자신들이 불쾌하게 생각하는 사람들에게 흰 코끼리를 선물로 주기 시작했다. 이는 (겉으로는) 큰 영광처럼 보였다. 실제로는 흰 코끼리를 보살피는 것은 시간이 지나면서 그 선물을 받은 사람에게 재정적 파탄을 가져왔다.

2행 The history of the phrase comes from Thailand and other Asian countries [where rare white elephants **were considered holy**]. ⇨ [ ]는 Thailand and other Asian countries를 수식하는 관계부사절이다. 「be considered+형용사」는 '~하게 여겨지다'의 뜻이다.

5행 Therefore, [**whoever** owned a white elephant] had to make sure [(that) it had the finest food, housing, and care]. ⇨ 첫 번째 [ ]는 '~하는 사람은 누구든지'의 의미인 복합관계대명사 whoever가 이끄는 명사절

로 문장의 주어 역할을 한다. 두 번째 [ ]는 make sure의 목적어로 쓰인 명사절로, 접속사 that이 생략되었다.

흰 코끼리는 키우는 데 비용이 너무 많이 들기 때문에 왕이 불쾌하게 생각하는 사람에게 선물하여 그 사람을 재정적으로 파탄시켰다는 내용이므로, 빈칸에는 ⑤ '소유 비용이 실제 가치보다 더 큰'이 가장 적절하다.

① 행운을 가져다주지만 얻기 어려운
② 고대 이래로 쓸모가 없어진
③ 다른 많은 것들 중에서 두드러지는
④ 모든 사람이 죽을 때까지 지키고 싶어 하는

05 ③

분노는 많은 사람들이 억제하려고 애를 쓰는 것이기 때문에, 일반적으로 부정적인 감정으로 여겨진다. 그러나, 분노를 다른 관점에서 바라봄으로써, 그것을 유용하게 만들 방법을 찾는 것이 가능하다. 당신이 스쿨존의 횡단보도에서 과속하는 차들을 목격한다고 상상해 보라. 당신의 첫 번째 본능은 그 운전자들을 쫓아가 소리치는 것일지도 모르지만, 이것은 당신의 분노를 이용하는 가장 효과적인 방법은 아니다. 대신에, 당신은 가장 가까운 경찰서로 가서 그들에게 점멸 신호등이나 정지 표지판을 설치해야 한다고 요청할 수 있을 것이다. 이런 종류의 반응은 어떻게 분노가 사회를 이롭게 하는 데 이용될 수 있는가에 대한 완벽한 예시이다. 당신은 사람들이 화가 났을 때 이성적으로 행동하기를 기대하는 것이 비현실적이라고 생각할지도 모르지만, 실제로 과학적 연구는 정반대를 시사한다. 분노를 경험하는 사람들은 중요한 것에 집중하고 적절한 판단을 내리는 것을 더 잘할 수 있다.

2행 However, **by looking** at anger from a different perspective, *it* is possible [to find ways {to make it useful}]. ⇨ 「by v-ing」는 '~함으로써'의 의미이다. it은 가주어이고, [ ]가 진주어 역할을 하는 명사적 용법의 to부정사구이다. { }는 ways를 수식하는 형용사적 용법의 to부정사구이다.

6행 Instead, you could go to the nearest police station and **request** [that they (**should**) **install** flashing lights or a stop sign]. ⇨ [ ]는 request의 목적어로 쓰인 명사절로, 〈요구·제안·주장·명령〉 등을 나타내는 동사의 목적어인 that절이 '~해야 한다'의 의미일 때 that절의 동사는 「(should+)동사원형」을 쓴다.

10행 People [experiencing anger] are better able **to focus** on [what is important] and **(to) make** appropriate decisions. ⇨ 첫 번째 [ ]는 People을 수식하는 현재분사구이다. to focus와 (to) make가 and로 병렬 연결되어 있다. 두 번째 [ ]는 전치사 on의 목적어로 쓰인 관계대명사절이다.

문제해설

분노를 효과적으로 이용하는 방법을 소개하면서 과속한 운전자에게 분노하는 대신 경찰에게 점멸 신호등과 정지 표지판을 설치해 달라고 요청할 수 있다는 예시가 제시되었으므로, 빈칸에는 ③ '어떻게 분노가 사회를 이롭게 하는 데 이용될 수 있는가'가 가장 적절하다.

① 성난 운전자들에 의해 초래되는 위험
② 도움이 되지 못하는 타당한 행동
④ 우리가 바꿀 수 없는 것을 받아들여야만 하는 이유
⑤ 분노가 우리로 하여금 명료하게 생각하지 못하게 하는 방식

06 ①

원을 그리며 움직이는 물체들은 원심력에 의해 바깥쪽으로 당겨진다고 흔히 생각된다. 그러나 이것은 사실일 리가 없는데, 왜냐하면 원심력은 실제로 존재하지 않기 때문이다. 당신이 모퉁이를 돌고 있는 차의 뒷좌석에 앉아 있다고 상상해 보라. 그 좌석은 미끄럽고 당신은 안전벨트를 착용하지 않고 있다. 차가 회전할 때 당신은 안쪽에서 바깥쪽으로 미끄러질 것이다. 그것은 어떤 힘이 당신을 바깥쪽으로 밀어내는 것처럼 보일 수 있다. 그러나 실제로 벌어지고 있는 일은 차가 회전하는 동안 당신이 계속해서 직선으로 움직이고 있는 것이다. 결국 당신은 문에 부딪힐 것이고, 이는 구심력을 일으킬 것이다. 이 힘은 당신이 직선으로 움직이는 것을 멈추게 한다. 하지만 만약 그 문이 열려 있다면, 당신은 (차) 밖으로 떨어질 때까지 계속해서 직선으로 움직일 것이다!

구문해설

6행 However, [**what**'s really happening] is [that you are continuing to move in a straight line while the car turns]. ⇨ 첫 번째 [ ]는 선행사를 포함하는 관계대명사 what이 이끄는 명사절로, 문장의 주어 역할을 한다. 두 번째 [ ]는 접속사 that이 이끄는 명사절로, 주격 보어 역할을 한다.

7행 Eventually, you will hit the door, [creating a centripetal force]. ⇨ [ ]는 〈결과〉를 나타내는 분사구문이다.

9행 **If** the door **was** open, however, you **would continue** moving in a straight line until you fell out! ⇨ 「If+주어+동사의 과거형, 주어+조동사의 과거형+동사원형」 형태의 가정법 과거 구문으로, 현재 사실과 반대되는 일을 가정할 때 쓴다.

문제해설

차가 회전할 때 어떤 힘이 당신을 바깥으로 밀어내는 것 같은 이유는 원심력 때문이 아니라 계속해서 직선으로 움직이려는 관성 때문이며, 문에 부딪힘으로써 구심력이 작용하여 직선으로 움직이려는 것을 멈추게 한다고 했으므로, 빈칸에는 원심력은 ① '실제로 존재하지 않는다'가 가장 적절하다.

② 당신이 제자리에 있게 한다
③ 다른 종류의 힘을 만들어 낸다
④ 구심력보다 강하다
⑤ 직선 운동에 의해 영향을 받는다

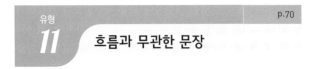

유형
11 흐름과 무관한 문장   p.70

기출 예제 ④

단 한 주 만에, 태양은 '모든 인류 역사' 내내 인간이 석탄, 석유, 그리고 천연가스의 연소를 통해 사용해 온 것보다 더 많은 에너지를 지구에 전달한다. 그리고 태양은 수십억 년 동안 계속하여 지구를 비출 것이다. 우리의 당면 과제는 우리의 에너지가 고갈되고 있다는 것이 아니다. 그것은 우리가 잘못된 원천, 즉 우리가 고갈시키고 있는 적고 한정적인 것에 집중해 왔다는 것이다. 사실, 우리가 오늘날 사용하는 모든 석탄, 천연가스, 그리고 석유는 수백만 년 전에 온 태양 에너지일 뿐이며, 그 태양 에너지의 극히 일부분만이 지하 깊은 곳에 보존된 것이다. (화석 연료를 사용하는 기술을 개발하기 위한 우리의 노력은 의미 있는 결과를 보여 주었다.) 우리의 당면 과제이자 기회는 태양으로부터 매일 지구에 도달하는 새로운 에너지인 '훨씬 더 풍부한' 원천을 효율적이고 저비용으로 사용하는 법을 배우는 것이다.

어휘

deliver 전달하다   humanity 인류, 인간   coal 석탄   natural gas 천연가스   shine 비추다   billions of 수십억의   challenge 도전; *(해볼 만한) 과제, 난제   run out of ~이 고갈되다   source 원천   finite 한정적인   use up 다 써버리다   indeed 사실   solar energy 태양 에너지   millions of 수백만의   preserve 보존하다   underground 지하에   fossil fuel 화석 연료   meaningful 의미 있는   efficiently 효율적으로   abundant 풍부한   strike 치다; *(광선 등이) ~에 미치다, 비추다

구문해설

1행 In a single week, the sun delivers more energy to our planet **than** humanity has used .... ⇨ 비교급 문장에서 than은 접속사와 목적격 관계대명사의 역할을 하는 유사 관계대명사이다.

5행 Indeed, all the coal, natural gas, and oil [(that) we use today] is just solar energy from millions of years ago, [a very tiny part of which was preserved deep underground]. ⇨ 첫 번째 [ ]는 앞의 all the coal, natural gas, and oil을 수식하는 목적격 관계대명사절로, that이 생략되었다. 두 번째 [ ]는 solar energy를 선행사로 하는 계속적 용법의 소유격 관계대명사절이다.

01 ④　　02 ④　　03 ①　　04 ④

01 ④

당신은 일반적으로 병원 직원들이 보통 사람들보다 건강상의 문제를 덜 겪을 것이라고 생각할지도 모른다. 하지만, 최근의 한 연구는 미국의 병원에서 일하는 사람들이 다른 유형의 근로자들보다 실제로는 덜 건강하다는 것을 보여 준다. 그 연구는 병원 근로자들이 천식, 비만, 우울증 같은 질환을 겪기 더 쉽다는 것을 발견했다. 게다가, 이 근로자들은 질병을 피하는 가장 효과적인 방법 중 하나인 예방 검진을 받을 가능성이 더 적었다. (미국의 의료비가 여러 해 동안 놀라운 속도로 증가해 오고 있다는 것 또한 분명하다.) 연구자들에 따르면, 이것은 많은 병원 근로자들이 자신은 건강 문제들에 스스로 대처할 수 있는 충분한 지식을 갖고 있다고 생각하기 때문이다.

구문해설

5행 What's more, these workers **were less likely to get** *preventive screening*, [one of the most effective methods of avoiding illness]. ⇨ 「be less likely to-v」는 '덜 ~할 것 같다, ~할 가능성이 더 적다'의 의미이다. [ ]는 preventive screening과 동격이다.

8행 ..., this is because many hospital workers feel [(that) they have enough knowledge {to deal with health issues on their own}]. ⇨ [ ]는 feel의 목적어 역할을 하는 명사절로, 접속사 that이 생략되었다. { }는 enough knowledge를 수식하는 형용사적 용법의 to부정사구이다.

문제해설

일반적인 예상과는 달리, 병원 직원들이 일반 사람들보다 덜 건강하며 예방 검진도 잘 받지 않는데, 이는 자신들이 의료 지식이 충분하여 건강 문제를 스스로 해결할 수 있다고 여기기 때문이라는 내용의 글이므로, 미국의 의료비에 대해 언급한 ④는 글의 흐름과 관계가 없다.

02 ④

터키(칠면조)는 북아메리카가 원산지인 커다란 새이다. 그러므로, 당신은 그것들이 어떻게 지구 반대편에 있는 나라와 같은 이름을 갖게 된 것인지 궁금할 수도 있다. 이 종은 16세기에 처음 유럽에 소개되었는데, 이때 탐험가들은 칠면조를 멕시코에서 영국으로 가지고 돌아왔다. 그러나 그 새들은 영국으로 곧장 운송되지 않았다. 그 대신, 그것들은 지중해의 동부 지역에서 출항한 상선에 실려왔다. 이 지역이 그 당시에 대부분 터키 제국의 지배하에 있었다는 사실 때문에, 그 상인들은 흔히 '터키 상인'이라고 불렸다. (터키 제국은 아라비아에서 부다페스트까지 펼쳐져 있었으며, 오스만 제국으로도 알려져 있었다.) 그 새들 역시 그 지역에서 왔다고 생각하여, 그 새들을 구입한 사람들은 그것들을 '터키 새'라고 불렀는데, 이것은 결국 '터키(칠면조)'로 축약되었다.

구문해설

2행 The species was first introduced to Europe in the 16th century, [when explorers brought them back to England from Mexico]. ⇨ [ ]는 the 16th century를 부연 설명하는 계속적 용법의 관계부사절이다.

6행 Due to **the fact** [that this area was largely under the control of the Turkish Empire at that time], ... ⇨ 접속사 that이 이끄는 [ ]는 the fact와 동격인 명사절이다.

9행 [Thinking {(that) the birds also came from that region}], the people [who purchased them] referred to them as "Turkey birds," .... ⇨ 첫 번째 [ ]는 〈이유〉를 나타내는 분사구문이다. { }는 Thinking의 목적어로 쓰인 명사절로, 접속사 that이 생략되었다. 두 번째 [ ]는 the people을 수식하는 주격 관계대명사절이다.

문제해설

터키(칠면조)라는 명칭의 유래에 대해 설명하는 글이므로, 터키 제국의 영토와 또 다른 명칭을 언급한 ④는 글의 흐름과 관계가 없다.

03 ①

1966년에 어느 과학자가 코스타리카에서 한 희귀종을 발견했는데, 그것은 황금두꺼비였다. 그 두꺼비들은 얕은 진흙탕 웅덩이에 알을 낳았다. 알은 빨리 부화되었지만, 올챙이들은 성체로 자라기까지 몇 주가 필요했다. 이 시기 동안에는, 어떠한 종류의 극단적인 날씨도 한 세대 전체를 몰살시킬 수 있었다. (많은 사람들이 최근의 혹독한 날씨의 증가를 지구 온난화 탓으로 돌린다.) 너무 많은 비는 올챙이들을 휩쓸어 버릴 것이고, 반면에 너무 적은 비는 그들의 서식지인 진흙탕 웅덩이를 바짝 말라 버리게 할 것이었다. 1987년 여름에, 엘니뇨 현상이 코스타리카에서 대단히 건조한 날씨를 유발했다. 그 결과로 수천 마리의 황금두꺼비 올챙이들이 죽었고, 1989년쯤에는 전 세계에 남은 황금두꺼비는 단 한 마리였다. 발견된 지 25년도 안 되어 그 종은 거의 멸종되었다.

구문해설

8행 ..., and by 1989 there was only one golden toad [left in the world]. ⇨ [ ]는 only one golden toad를 수식하는 과거분사구이다.

문제해설

희귀종인 황금두꺼비의 서식 환경과 이상 기후에 의한 멸종 위기에 대해 서술한 글이므로, 사람들이 혹독한 날씨가 많아지는 것을 지구 온난화 탓으로 돌린다는 ①은 글의 흐름과 관계가 없다.

04 ④

대부분의 호수들은 자연 요인에 의해 주기적인 변화를 거친다. 그러나 한때 산업 재해가 루이지애나주의 Peigneur 호수를 완전히 바꿔 버렸다. 1980년 11월 20일, 한 회사가 소금 광산 가까이에 있는 그 호수에서 (오일) 시추 작업을 하고 있었다. 드릴이 실수로 소금 광산의 천장을 뚫었고 호수의 물이 삽시간에 그 안으로 새어 들어가기 시작했다. 호수의 물 대부분이 그 광산으로 흘러 들어갔다. 이것은 또한 그 호수와 바다를 연결하는 운하의 흐름을 뒤바꾸어 바다의 소금물이 호수로 끌려 들어가게 했다. (운하에서 발견되는 몇몇 해양 생물은 민물이나 바닷물에서 살 수 있다.) 그 재해에 아무도 다치지는 않았지만, 이것은 그 호수를 담수에서 바닷물로 바꿔 버렸고 그곳의 생태계를 영원히 변화시켰다.

구문해설

5행 This also reversed the flow of the canal [that connected the lake to the ocean], [**causing** salt water from the ocean **to be pulled** into the lake]. ⇨ 첫 번째 [ ]는 the canal을 수식하는 주격 관계대명사절이다. 두 번째 [ ]는 〈결과〉를 나타내는 분사구문이며, 「cause+목적어+to-v」는 '(목적어)가 ~하게 만들다'의 의미이다.

8행 ..., this changed the lake **from** fresh water **to** salt water, [altering its ecosystem forever]. ⇨ 「from A to B」는 'A에서 B로'의 의미이다. [ ]는 〈결과〉를 나타내는 분사구문이다.

문제해설

실수로 발생한 산업 사고로 인해 호수에 발생한 생태계 변화를 서술한 글이므로, 운하에서 발견된 해양 생물이 민물이나 바닷물에서 살 수 있다고 언급한 ④는 글의 흐름과 관계가 없다.

유형 12 이어질 글의 순서

p.76

기출 예제 ⑤

다른 문화에 대한 존중과 지식을 발달시키는 방법을 이해하는 것은 다음과 같은 황금률을 재점검해 보는 일에서 시작된다. "나는 타인을 내가 대접받고 싶은 방식으로 대접합니다." (C) 이 법칙은 어느 수준에서는 말이 된다. 만약 우리가 다른 사람들을 대접받고 싶은 대로 대접한다면 우리는 보답으로 잘 대접받게 될 것이다. 이 법칙은 단일 문화 환경에서는 잘 통하는데, 그곳에서는 모든 사람이 같은 문화적 틀 안에서 작용한다. (B) 그러나 말, 몸짓, 신념과 관점이 서로 다른 의미를 지닐지도 모르는 다문화 환경에서는 이 법칙이 의도치 않은 결과를 낳는다. 그것은 나의 문화가 당신의 것보다 낫다라는 메시지를 줄 수 있다. (A) 그것은 또한 우리가 옳은 일을 하고 있다고 생각하지만, 우리가 하고 있는 일이 의도된 방식으로 해석되지 않는 답답한 상황을 낳을 수도 있다. 이러한 의사소통 오류는 문제를 야기할 수 있다.

어휘

reexamine 재점검하다 golden rule 황금률 treat 대하다, 대접하다 frustrating 불만스러운, 답답한 interpret 해석하다 miscommunication 의사소통 오류 multicultural 다문화의 unintended 의도하지 않은 make sense 말이 되다 in return 보답으로 monocultural 단일 문화의 framework 틀, 체제

구문해설

2행 "I treat others in the way [(that) I want to be treated]." ⇨ [ ]는 the way를 수식하는 관계부사절로, the way와 관계부사 how는 함께 쓸 수 없다. time, place, reason, way 등 일반적인 선행사 뒤에 오는 관계부사는 that으로 대체할 수 있으며, 일반적으로 생략할 수 있다.

4행 It can also create a frustrating situation **where** we believe [(that) we are doing {what is right}], but [what we are doing] is not being interpreted in the way [*in which* it was meant]. ⇨ where 이하는 a frustrating situation을 수식하는 관계부사절이다. 첫 번째 [ ]는 believe의 목적어로 쓰인 명사절로, 접속사 that이 생략되었다. { }는 doing의 목적어로 쓰인 관계대명사절이다. 두 번째 [ ]는 주어 역할을 하는 관계대명사절이다. 세 번째 [ ]는 the way를 수식하는 목적격 관계대명사절로, in which를 관계부사 역할을 하는 that으로 바꿔 쓸 수 있다.

11행 This rule works well in a monocultural setting, [where everyone is working within the same cultural framework]. ⇨ [ ]는 a monocultural setting을 부연 설명하는 계속적 용법의 관계부사절이다.

유형 연습

pp.78~81

01 ③   02 ③   03 ⑤   04 ②

01 ③

미국 오하이오주의 신시내티 동물원은 입장료와 개인 기부금에서 얻는 수익이 모두 급격히 감소하면서 재정적 위기에 처했다. (B) 동물원 경영진은 비용을 줄이고 수익을 늘릴 방법을 찾아야만 한다는 것을 알았다. 그들은 이렇게 하기 위해서는 고객의 요구와 취향에 대해 더 알 필요가 있다는 것을 깨달았다. 그래서 그들은 한 지능적인 도구를 이용하기로 결정했다. (C) 그래서 그들은 동물원의 과거와 현재로부터의 자료를 모으고 분석하는 데 사용된 '비즈니스 지능'이라고 불리는 일종의 컴퓨터 기반의 기법을 시행했다. 이것을 이용하여, 그들은 고객 동향을 추적했고 몇 가지 흥미로운 사실을 발견했다. 예를 들어, 그들은 여름에는 아이스크림의 판매량이 하루가 끝날 무렵에 가장 높다는 것을 발견했다. (A) 이 정보를 이용하여, 그 동물원은 아이스크림 판매대의 영업시간을 변경했고, 매출은 하루에 2천 달러 이상 증가했다. '비즈니스 지능' 시스템 덕분에, 신시내티 동물원은 단 1년 만에 4백 퍼센트의 수익 증대를 보

앗다.

1행 ..., **with** revenue from both admission fees and private donations **diminishing** rapidly. ⇨ 「with + 목적어+v-ing」는 '(목적어)가 ~한 채로'의 의미로, 목적어 와 분사가 능동의 관계이므로 현재분사를 쓴다.

8행 They realized [that, **in order to do** this, they needed to learn more about the needs and tastes of their customers]. ⇨ [ ]는 realized의 목적어로 쓰인 명사절이다. 「in order to-v」는 '~하기 위하여'의 의미이다.

문제해설

신시내티 동물원이 재정 위기에 처했다는 주어진 글에 이어, 수익 증대를 위해 지능적인 도구를 이용하기로 했다는 (B)가 오고, 컴퓨 터 기반의 기법을 도입하여 고객의 동향을 추적하여 정보를 알아 냈다는 (C)가 온 후, 그 정보를 이용하여 매출이 향상되었다고 언 급한 (A)가 와야 한다.

02 ③

'지방 (흡수) 차단 탄산음료'라고 광고되며 한 고섬유질 탄산음 료가 최근에 일본 시장에 소개되었다. 그것은 섬유질 일일 권 장량도 채우면서 탄산음료에 대한 갈망을 충족시키기를 원했 던 사람들의 관심을 끌었다. (B) 그것의 특별한 성분은 장의 수 분을 흡수하는 섬유질의 한 종류인 밀 덱스트린이다. 이것은 콜 레스테롤을 낮추고 영양분의 흡수를 도와주며 혈당을 안정화 시키고 체지방을 감소시키는 것과 같은 여러 가지 이로운 효과 가 있을 수 있다. (C) 하지만, 너무 많은 덱스트린을 섭취하는 것은 심각한 부작용을 초래할 수 있다. 덱스트린의 영향에 대한 최근의 연구들은 보통, 가스, 설사, 부종을 포함하여 다수의 위 험 요소들이 있음을 보여주었다. (A) 게다가, 이런 종류의 음료 가 체중 감소에 효과가 있을 것이라고 믿는 전문가들은 거의 없 다. 한 과학자는 "만약 사람들이 이 음료가 그들이 체중을 줄이 는 데 도움이 될 것이라고 생각한다면, 그들은 그것을 더 많이 마실 것이다. 그리하여, 그들은 결국 훨씬 더 많은 칼로리를 섭 취하게 될 것이다."라고 말했다.

구문해설

1행 [(Being) Advertised as a "fat-blocking soda]," a high-fiber soft drink was recently introduced .... ⇨ [ ]는 〈부대상황〉을 나타내는 분사구문으로 Being이 생 략된 형태이다.

6행 "If people think this beverage will **help** them **lose** weight, ... ⇨ 준사역동사 help는 목적격 보어로 to부정 사와 동사원형 둘 다 취할 수 있다.

9행 Its special ingredient is **wheat dextrin**, [a kind of fiber {that absorbs water in the intestines}]. ⇨ [ ]는 wheat dextrin과 동격이다. { }는 a kind of fiber를 수식하는 주격 관계대명사절이다.

문제해설

지방 흡수를 차단해 주는 것으로 광고된 음료가 일본 시장에 소개 되었다는 주어진 글에 이어, 그 음료의 특수 성분인 밀 덱스트린의 긍정적 효과를 설명하는 (B)가 오고, However로 시작하며 덱스 트린 과다 섭취의 부작용에 대해 다루는 (C)가 이어진 후, 이런 종 류의 음료에 대한 전문가들의 부정적인 의견을 추가로 제시한 (A) 가 나오는 것이 자연스럽다.

03 ⑤

뉴질랜드에는 자기만의 온천 탕을 만들고 자연에 의해 데워진 물을 즐길 수 있는 해변이 있다. (C) 이곳은 Hot Water Beach 라고 불리며, Coromandel 반도에 위치해 있다. 이 해변의 아 래에는 온천이 있는데, 이 물이 모래를 뚫고 올라온다. 이러한 독특한 특징이 해마다 수천 명의 관광객을 이 장소로 끌어들인 다. (B) Hot Water Beach에서의 주요 활동은 당신만의 '온천' 을 만드는 것이다. 당신은 모래에 커다란 구덩이를 팔 수 있는 데, 그러면 지하의 온천에서 나오는 뜨거운 물이 표면으로 흘 러나와 구덩이를 채운다. 물은 섭씨 64도만큼 뜨거울 수도 있 어서 구덩이가 자연적 온수 욕조 역할을 한다. (A) Hot Water Beach의 방문객들은 자신들의 온수 욕조를 즐기는 동안에 반 드시 안전을 염두에 둬야 한다. 썰물 때조차도, 손수 만든 온천 에 아주 가깝게 파도가 부서진다. 만일 방문객들이 주의를 기 울이지 않으면, 그들은 파도로 인해 다칠 수 있다. 그러나, 사람 들이 그들의 주변 환경을 의식하고 있기만 한다면 Hot Water Beach는 재미있는 장소이다.

구문해설

1행 ..., there is a beach [where you can build your own spa pool ...]. ⇨ [ ]는 a beach를 수식하는 관계부 사절이다.

5행 However, **as long as** people are aware of their surroundings, Hot Water Beach is a fun place *to be*. ⇨ 「as long as ~」는 '~하는 한, ~하기만 하면'의 의미 이다. to be는 a fun place를 수식하는 형용사적 용법의 to부정사이다.

13행 Beneath the beach **are hot springs**, [whose water rises through the sand]. ⇨ 장소를 나타내는 부사구인 Beneath the beach가 문두에 와서 주어(hot springs)와 동사(are)가 도치되었다. [ ]는 hot springs 를 부연 설명하는 계속적 용법의 소유격 관계대명사절이다.

문제해설

뉴질랜드에는 따뜻한 물을 즐길 수 있는 해변이 있다는 내용의 주 어진 글에 이어, 그 해변의 이름과 위치 및 특징을 소개하는 내용의 (C)가 오고, 그곳에서 할 수 있는 주요 활동으로 구덩이를 파서 자 연 온수 욕조를 만들 수 있다는 내용의 (B)가 온 후에, 온수 욕조를 즐길 때 안전에 주의를 기울여야 한다는 내용의 (A)가 오는 것이 자연스럽다.

04 ②

체크 카드는 쇼핑객이 구매를 할 때 자신의 은행 계좌에 전산망으로 접근하도록 해 준다. 그러면 그 돈이 자동으로 상점의 계좌로 이체된다. (A) 반면에, 신용 카드를 쓰는 것은 실제 지불이 신용 카드 회사에 의해 이루어진다는 뜻이다. 쇼핑객은 나중에 갚겠다는 약속과 함께 이 돈을 빌리는 것이다. (C) 이러한 차이들 때문에, 체크 카드는 자신이 실제로 가진 돈보다 더 많은 돈을 쓰는 것을 염려하는 쇼핑객에게 더 나은 선택이다. 그러나 신용 카드 이용자는 두 가지 큰 혜택을 받는다. 바로 보상 프로그램과 무이자 기간이다. (B) 이 혜택들 중 첫 번째 것은 그들이 그저 자신들의 카드를 쓰는 것만으로 할인이나 무료 항공권 같은 선물을 받을 수 있게 해 준다. 두 번째 것은 그들로 하여금 이자가 전혀 쌓이지 않은 채로 자신들이 빚진 돈을 갚을 수 있게 해 준다. 요즘에는, 대부분의 소비자들이 두 가지 종류의 카드를 모두 갖고 있으며, 어느 것이든 자신들의 현재 상황에 더 잘 맞는 것을 사용한다.

구문해설

8행 The second **enables** them **to pay** back the money [(which/that) they owe] *without* any interest *building* up. ⇨ 「enable+목적어+to-v」는 '(목적어)가 ~할 수 있게 하다'의 의미이다. [ ]는 the money를 수식하는 목적격 관계대명사절로, 목적격 관계대명사 which 또는 that이 생략되었다. 「without(+목적어)+v-ing」는 '(~가) …하지 않은 채'의 의미이다.

9행 These days, most consumers own both types of cards, [using **whichever one** fits their current situation better]. ⇨ [ ]는 〈부대상황〉을 나타내는 분사구문이다. whichever는 '어느 (쪽의) ~이든'의 의미로 one을 수식하는 복합 관계형용사이며, 여기서 one은 type of card를 대신한다.

문제해설

체크 카드의 결제 방식에 대해 설명하는 주어진 글에 이어, 이와는 다른 신용 카드의 결제 방식을 언급한 (A)가 오고, 두 결제 방식의 차이에 따른 각각의 장점 및 혜택을 언급한 (C)가 온 다음, (C)에 제시된 신용 카드 혜택을 구체적으로 설명하는 (B)로 이어지는 것이 자연스럽다.

p.82

유형 13 주어진 문장의 위치

기출 예제 ③

성별에 관한 연구는 성별과 갈등 방식 사이의 복잡한 관계를 보여준다. 어떤 연구는 서양 문화권에서 여성이 남성보다 더 주변을 돌보는 경향이 있다는 것을 시사한다. 이런 경향은 여성

은 가족을 돌보도록 권장받고, 남성은 경쟁적인 작업 환경에서 성공하도록 권장받는 사회화 과정의 결과물일지 모른다. 그러나, 우리는 성 역할과 경계가 이전 세대만큼 엄격하지 않은 사회에 살고 있다. 남성들 사이에서뿐만 아니라 여성들 사이에서도 단호함과 협조성에 상당한 정도의 가변성이 있다. 갈등 해결 전문가는 문화적 차이와 성별의 차이를 인지할 수 있어야 하지만, 그들은 집단 내의 편차와 고정 관념을 갖는 것의 위험성 또한 알고 있어야 한다. 문화와 성별은 사람들이 갈등을 인식하고, 해석하며, 반응하는 방식에 영향을 미칠 수도 있지만, 우리는 과잉 일반화를 피하고 개인적인 차이를 고려하도록 주의해야 한다.

어휘

boundary 경계   prior 이전의   complex 복잡한   conflict 갈등   tendency 성향; *경향   socialization 사회화   variability 가변성   assertiveness 단호함   resolution 결의, 결심; *해결   stereotype 고정 관념을 가지다   perceive 인지하다, 인식하다   interpret 해석하다   overgeneralization 과잉 일반화

구문해설

1행 However, we live in a society [where gender roles and boundaries are not **as strict as** in prior generations]. ⇨ [ ]는 a society를 수식하는 관계부사절이다. 「as+형용사/부사의 원급+as」는 원급 비교 구문으로, '~만큼 …한[하게]'의 의미이다.

5행 This tendency may result from socialization processes [**in which** women *are encouraged to care* for their families and men *are encouraged to be* successful in competitive work environments]. ⇨ [ ]는 socialization processes를 수식하는 목적격 관계대명사절이며, 이 관계대명사절 내에서 관계대명사 which는 전치사 in의 목적어 역할을 한다. 「be encouraged to-v」는 '~하도록 권장 받다'의 의미이다.

11행 Culture and gender may affect the way [people perceive, interpret, and respond to conflict]; however, we must be careful **to avoid** overgeneralizations and **to consider** individual differences. ⇨ [ ]는 the way를 수식하는 관계부사절로, the way와 관계부사 how는 함께 쓸 수 없다. to avoid와 to consider은 〈목적〉을 나타내는 부사적 용법의 to부정사구로, 접속사 and로 병렬 연결되었다.

유형 연습

pp.84~87

01 ④   02 ②   03 ④   04 ③

01 ④

"그들이 케이크를 먹게 해." 이 문구는 종종 빈부 격차를 상징하는 데 쓰인다. 마리 앙투아네트가 이 말을 처음 했다고 흔히 전해지지만, 이는 실제로는 근거 없는 이야기이다. 그 말은 장

자크 루소의 자서전에 처음 등장했는데, 이 책은 마리 앙투아네트가 겨우 9세였고 오스트리아에 살았을 때 집필되었다. 그녀가 왜 그 문구와 관련지어졌는지 아무도 모르지만, 결과적으로 오늘날 사람들은 그녀가 잔인하고 몰지각한 여자였다고 믿는다. 그러나 역사 문헌은 마리 앙투아네트의 매우 다른 측면을 보여준다. 예를 들어, 그녀가 프랑스에서 계속되는 식량 부족을 묘사하기 위해 오스트리아에 있는 자신의 가족에게 썼던 편지가 있다. 그 편지에서 그녀는 "자신들의 불행에도 불구하고 우리를 그토록 잘 대우해 주는 사람들을 보면, 우리는 그들의 행복을 위해 열심히 일해야 할 의무가 그 어느 때보다도 더 많이 있다는 것이 지극히 분명합니다."라고 썼다.

구문해설

3행 Though **it is** often **reported that** Marie Antoinette originally said it, ... ⇨ 「it is reported that ~」은 '~라고 알려지다[전해지다]'의 뜻이다.

8행 ..., there is a letter [(which/that) she wrote to her family in Austria {to describe an ongoing food shortage in France}]. ⇨ [ ]는 a letter를 수식하는 목적격 관계대명사절로, 목적격 관계대명사 which 또는 that이 생략되었다. { }는 〈목적〉을 나타내는 부사적 용법의 to부정사구이다.

9행 ..., "**It is** quite certain [**that** in seeing the people {who treat us so well despite their own misfortune}, we are more obliged than ever to work hard for their happiness]." ⇨ It은 가주어이고, 접속사 that이 이끄는 명사절인 [ ]가 진주어이다. { }는 the people을 수식하는 주격 관계대명사절이다.

문제해설

주어진 문장은 역사 문헌이 마리 앙투아네트의 다른 측면을 보여준다는 내용으로, 그녀에 대한 부정적인 통념을 서술하는 부분과 역사 문헌의 예시로 그녀를 긍정적으로 평가할 만한 편지를 제시하는 내용 사이인 ④에 들어가는 것이 적절하다.

02 ②

제사해 운동은 1958년에 중국의 지도자 마오쩌둥에 의해 시작되었다. 이 프로그램의 목적은 사람들에게 해롭다고 여겨지는 네 가지 생물을 제거하는 것이었고, 이들 중 세 가지는 (누가 봐도) 분명한 선택이었는데, 모기, 파리, 그리고 쥐가 그것이었다. 그러나 당신은 마오쩌둥이 네 번째로 지정한 유해 동물인 참새는 (다른 세 가지 동물만큼) 해로워 보이지 않는다고 느낄지도 모른다. 하지만 마오쩌둥은 참새가 중국 농부들이 심은 씨앗을 먹는다고 생각했다. 이런 이유로, 그 새들이 그 목록에 포함되었고, 그것들은 정부에 의해 표적이 되었다. 사람들은 그것들을 쫓아내거나 보이는 즉시 죽이라는 지시를 받았다. 그 캠페인은 성공적으로 완수되었고, 중국에서 참새들이 거의 멸종되게 하였다. 불행히도, 이것은 심각한 생태계 불균형으로 이어졌다. 씨앗을 먹는 것 외에, 참새들은 메뚜기도 먹었다. 이 새들이 사라져 버리자, 중국 내 메뚜기 개체 수가 폭발적으로 증가했다.

이것은 농부들로 하여금 많은 양의 곡물을 잃게 만들었고, 이는 중국의 심각한 식량 기근을 초래했다.

구문해설

6행 However, you may feel [that Mao's fourthly designated pest, the sparrow, does not seem as harmful]. ⇨ [ ]는 feel의 목적어 역할을 하는 명사절이다.

9행 The campaign was completed successfully, [**making** sparrows nearly **extinct** in China]. ⇨ [ ]는 〈결과〉를 나타내는 분사구문이다. 「make+목적어+형용사」는 '(목적어)가 ~하게 만들다'의 의미이다.

11행 [**With** the birds **gone**], the locust population in China exploded. ⇨ [ ]는 「with+명사+p.p.」 구문으로 '~가 …된 채로'의 의미이다.

문제해설

주어진 문장의 this reason은 참새가 네 가지 유해 동물 목록에 포함된 이유를 가리키는데, ② 앞에서 마오쩌둥이 참새를 유해 동물로 생각한 이유가 제시되고 있으므로 주어진 문장은 ②에 들어가는 것이 적절하다.

03 ④

당신은 거대한 독성 폐기물 웅덩이를 보기 위해 돈을 내겠는가? 만일 그렇다면, 당신은 몬태나주의 Butte에 있는 Berkeley Pit로 가야 한다. 지금은 인기 있는 관광 명소인 그곳은 원래 구리 광산이었다. 그 구덩이는 길이가 1마일이고 깊이가 1,780피트이며 유독성 물로 가득 차 있다. 그곳이 제대로 기능하는 광산이었던 시절, 노동자들은 간단히 그 물에서 바로 구리를 채취했다. 당신이 이 물을 조금이라도 마실 정도로 어리석다면, 그것은 당신의 위에 구멍을 낼 것이다. 1995년에 3백 마리 이상의 철새 거위들이 Berkeley Pit에 착륙하는 실수를 저질렀다. 오래지 않아, 그것들은 모두 죽었다. 그러나, 놀랍게 들리지만, 그 독이 있는 물을 연구하던 과학자들은 그 구덩이가 사실 유용한 목적에 기여할 수도 있음을 알게 됐다. 그들은 이 혹독한 환경에 사는 새로운 종류의 박테리아를 발견했다. 이 박테리아는 언젠가는 암을 퇴치하는 데 쓰일지도 모르는 화학 물질을 만들어 낸다.

구문해설

1행 But, [as surprising as it sounds], scientists [studying the poisoned water] learned [that the pit may actually serve a useful purpose.] ⇨ 첫 번째 [ ]는 though it sounds surprising으로 바꿔 쓸 수 있다. 두 번째 [ ]는 scientists를 수식하는 현재분사구이다. 세 번째 [ ]는 learned의 목적어로 쓰인 명사절이다.

4행 [(Being) Now a popular tourist attraction], it was originally a copper mine. ⇨ [ ]는 앞에 Being이 생략된 형태의 분사구문이다.

7행 **If** you **were** *foolish enough to drink* some of this water, it **would make** a hole in your stomach.

⇨「If＋주어＋동사의 과거형, 주어＋조동사의 과거형＋동사원형」 형태의 가정법 과거 구문으로, 현재 사실과 반대되는 일을 가정할 때 쓴다.「형용사[부사]＋enough to-v」는 '~하기에 충분히 …한[하게], ~할 정도로 …한[하게]'의 의미이다.

문제해설
주어진 문장에서 언급된 그 구덩이(the pit)가 유용한 목적에 기여할 수 있는 가능성은 ④ 뒤에서 자세히 설명되고 있으므로, 주어진 문장은 ④에 들어가는 것이 가장 적절하다.

04 ③

Famadihana는 조상들을 기리기 위해 마다가스카르 사람들에 의해 행해지는 독특한 의식이다. 그것은 칠 년에 한 번씩 열리는 축제이다. 이 기념행사 동안, 마다가스카르인 가족들은 자기 조상들의 무덤에 들어가서 그들의 유골을 꺼내 와서는 새 천으로 싼다. 이것에 이어서, 음악이 연주되고 사람들은 죽은 친족들의 유해와 함께 춤을 춘다. 마다가스카르 사람들은 인간이 흙에서 만들어지는 게 아니라 조상들의 몸으로부터 만들어진다고 믿는다. 그들은 인간의 신체가 조상의 선물이라고 여기기 때문에 그것들에 대단한 경의를 표한다. 그들은 또한 시체가 완전히 분해될 때까지 고인이 이 세상에 남아 있다고 믿는다. 이 일이 일어날 때까지, 고인은 Famadihana 기간 동안 자신에게 보여지는 사랑을 받고 만끽할 수 있다.

구문해설
3행 Famadihana is a unique ritual [practiced by the people of Madagascar {to celebrate their ancestors}]. ⇨ [ ]는 a unique ritual을 수식하는 과거분사구이다. { }는 〈목적〉을 나타내는 부사적 용법의 to부정사구이다.

7행 The people of Madagascar believe that humans are **not** made from dust, **but** (made) from the bodies of their ancestors. ⇨「not A but B」는 'A 가 아니라 B'의 의미이며, A와 B는 문법적으로 대등한 형태여야 한다.

10행 **Until** *this* happens, the dead are able to receive and enjoy the love [shown them during Famadihana]. ⇨ until은 '~할 때까지'의 의미의 접속사이다. this는 앞 문장의 '고인의 시체가 완전히 분해되는 것'을 가리킨다. the dead는「the＋형용사」의 형태로 사용된 복수 보통명사로 '~한 사람들'이라는 뜻이다. [ ]는 the love를 수식하는 과거분사구이다.

문제해설
인간의 신체가 조상의 선물이라고 여겨 아주 중히 여긴다는 내용의 주어진 문장은 마다가스카르 사람들은 인간이 흙이 아니라 조상의 몸에서 만들어진다고 믿는다는 내용 다음인 ③에 오는 것이 가장 적절하다.

p.88

유형 14 요약문 완성

기출 예제 ①
음악이 감정을 표현할 수 있는 한 가지 방법은 단순히 학습된 연상을 통해서이다. 단조나 낮은음으로 느리게 연주된 악곡에 본질적으로 슬픈 무언가가 있는 것은 아마 아닐 것이다. 우리는 특정 종류의 음악을 슬프다고 듣게 되는데 이는 우리가 우리의 문화 속에서 그 곡들을 장례식과 같은 슬픈 일과 연관시키는 것을 학습해 왔기 때문일 것이다. 만약 이 관점이 옳다면, 우리는 문화적으로 친숙하지 않은 음악에 표현된 감정을 이해하는 데 분명 어려움이 있을 것이다. 이 관점과 완전히 반대되는 입장은 음악과 감정 사이의 연결 고리는 유사성이라는 것이다. 예컨대, 슬프다고 느낄 때 우리는 느리게 움직이고 낮은음의 목소리로 느리게 말한다. 따라서 우리가 느리고 낮은음의 음악을 들을 때, 우리는 그것을 슬프게 듣는 것이다. 만약 이 관점이 옳다면, 우리는 문화적으로 친숙하지 않은 음악에 표현된 감정을 이해하는 데 분명 어려움이 거의 없을 것이다.

➡ 음악에 표현된 감정은 (A) 문화적으로 학습된 연상을 통해서 이해될 수 있거나, 혹은 음악과 감정 사이의 (B) 유사성 때문에 이해될 수 있다고 여겨진다.

어휘
association 협회; *연관, 연상 (*v.* associate 연관시키다) perhaps 아마 piece 조각; *(예술) 작품 minor key 단조(短調) note 메모; *음 funeral 장례식 view 견해; *관점 interpret 설명[해석]하다; *이해하다 unfamiliar 익숙지 않은, 낯선 opposed to ~에 반대하는 resemblance 유사함 low-pitched 낮은 [문제] similarity 유사성 balance 균형 contrast 대조

구문해설
2행 Perhaps there is **nothing** naturally **sad** about a piece of music .... ⇨ -thing, -body, -one 등이 붙은 부정대명사는 형용사가 뒤에서 수식한다.

7행 Totally opposed to this view **is *the position*** [that the link between music and emotion is one of resemblance]. ⇨ 주격 보어 Totally opposed to this view가 문두에 나와 주어(the position)와 동사(is)가 도치되었다. [ ]는 the position과 동격이다.

12행 **It** is believed [**that** emotion {expressed in music} can be understood through a culturally learned association or *it* can be understood due to the similarity between music and emotion]. ⇨ 첫 번째 It은 가주어이고, 접속사 that이 이끄는 명사절인 [ ]가 진주어이다. { }는 emotion을 수식하는 과거분사구이다. 두 번째 it은 대명사로 앞에 나온 emotion expressed in music을 가리킨다.

01 ④   **02** ①   **03** ④   **04** ③

01 ④

최근에, 운동선수와 비운동선수 간의 통증 내성의 차이에 대한 연구가 수행되었다. 그 결과는 운동선수들이 더 높은 수준의 통증을 견딜 수 있다는 것을 보여주었다. 연구자들에 따르면, 이 것은 그들이 통증에 대처하기 위해 특정한 인지 전략들을 이용하기 때문이다. 예를 들어, 몇몇 운동선수들은 자신이 수행하고 있는 신체 활동에 너무나 깊이 몰두하여 통증을 무시할 수 있다. 또 다른 전략은 운동선수들이 통증의 부정적인 느낌으로부터 주의를 돌리기 위해 긍정적인 생각에 집중하는 것이다. 연구자들은 통증에 대한 이러한 종류의 저항력은 시간이 지남에 따라 학습될 수 있는 것이라고 생각한다. 운동선수들은 흔히 경기에서 이기거나 자신의 종목에서 기록을 세우려는 동기부여를 엄청나게 받기 때문에, 그들이 이러한 기법을 사용할 가능성이 더 큰 것으로 보인다.

➡ 운동선수들은 다른 사람들보다 통증을 더 잘 (A) 견딜 수 있는데, 그들이 다른 것에 집중하게 해 주는 (B) 정신적인 기법을 사용하는 것을 배우기 때문이다.

구문해설

4행 For example, some athletes are immersed **so** deeply in the physical act [(which/that) they are performing] **that** they are able to ignore the pain. ⇨ 「so + 형용사/부사 that ~」은 '너무 …해서 ~하다'는 뜻이다. [ ]는 the physical act를 수식하는 목적격 관계대명사절로, 목적격 관계대명사 which 또는 that이 생략되었다.

6행 Another strategy is one [**in which** athletes focus on a positive thought to distract …]. ⇨ [ ]는 one을 수식하는 목적격 관계대명사절이며, 여기서 관계대명사 which는 전치사 in의 목적어 역할을 한다.

문제해설

이 글은 운동선수들이 다른 사람들보다 고통을 더 잘 견딜 수 있는 이유가 그들이 다른 것에 집중하게 해 주는 인지적인 기술을 활용하기 때문이라는 내용이므로, (A)에는 endure(견디다), (B)에는 mental(정신적인)이 들어가는 것이 가장 적절하다.

02 ①

대학 시절, 자신의 동기생들 중 한 명에게 홀딱 반한 남자가 있었다고 하자. 그녀는 축구부였고, 그녀의 유니폼 번호는 36이었다. 그녀에 대한 그의 감정이 커져가면서 그는 뭔가 이상한 점을 인지하기 시작했다. 그가 어디를 쳐다보든지 간에, 그는 36이라는 숫자를 보았다. 그것은 책 속에도, 표지판에도, 그리고 가격표에도 있었다. 그러나 이것은 놀라운 우연의 일치가 아니었다. 이것은 단순히 Baader-Meinhof 현상이라고 불리는 착각 때문이었다. 당신이 처음으로 무언가를 의식하고 나면, 그

것이 갑자기 높은 빈도로 나타나는 것 같다. 이것은 당신이 가는 모든 곳에서 그것을 본다는 느낌을 준다. 하지만 이는 당신이 자각하지 못한 채 그것을 적극적으로 찾고 있기 때문에 발생한다. 그 남자의 경우, 숫자 36은 항상 그의 주변에 있어 왔다. 단지 그가 그것에 주의를 기울이지 않고 있었을 뿐이다. 그런데 그것이 갑자기 그에게 유의미해졌을 때, 그는 그것을 어디에서든지 인지하기 시작했다.

➡ Baader-Meinhof 현상은 사람들이 최근에 어떤 것에 대해 무의식적으로 (B) 생각해 오고 있었기 때문에 갑자기 그것의 (A) 존재를 더 의식하게 되는 상태이다.

구문해설

3행 **Wherever** he looked, he saw the number 36. ⇨ wherever는 '어디로[어디에] ~하든지'라는 의미의 복합 관계부사이다.

5행 It was simply due to an illusion [called the Baader-Meinhof phenomenon]. ⇨ [ ]는 an illusion 을 수식하는 과거분사구이다.

문제해설

주의를 기울이지 않았던 것이 갑자기 유의미해져서 자각하지 못한 채 계속 생각하다 보면, 가는 곳마다 그것의 존재가 눈에 띄게 된다는 Baader-Meinhof 현상을 설명하는 내용이므로, (A)에는 presence(존재), (B)에는 thinking(생각하고 있는)이 들어가는 것이 가장 적절하다.

03 ④

놀랍게도, 동물의 진화와 적응에 대해 더 많이 알게 되는 것에 관심이 있는 몇몇 과학자들은 그들의 연구 과제를 대도시로 옮기고 있다. 이것은 이런 지역에 있는 동물들이 특이한 환경에서 삶을 살아갈 방법을 찾아야만 하기 때문이다. 예를 들어, 뉴욕시의 어느 강에 사는 일부 어종은 특정 종류의 독성 오염 물질에 대한 저항력을 발달시켰다. 진화와 함께, 도시의 동물들은 또한 대도시에서 생존하기 위해 행동의 변화를 겪는다. 까마귀 같은 일부 동물들은 심지어 인간의 기술을 자신들에게 이롭게 이용하는 방법을 찾아냈다. 단단한 견과류의 껍데기를 깔 수 없을 때, 새들은 보통 아주 높은 곳에서 그것을 떨어뜨리곤 한다. 그러나 도쿄의 까마귀들은 더 쉬운 방법을 쓴다. 그들은 도로에 견과류를 놓아두고 지나가는 차가 그것을 치기를 기다린다.

➡ 동물들은 진화하는 것뿐만 아니라 자신의 행동 양식을 (B) 바꿈으로써 (A) 도시의 지역에서 사는 것에 적응할 수 있다.

구문해설

1행 Surprisingly, **some scientists** [interested in learning more about animal evolution and adaptation] **are moving** their studies …. ⇨ 문장의 주어는 과거분사구 [ ]의 수식을 받는 복수명사 some scientists이고, 문장의 동사는 are moving이다.

7행 When (**they are**) unable to open a hard nut, birds *will* usually drop them from great heights.

⇨ 〈시간〉을 나타내는 부사절의 주어가 주절의 주어와 같고 동사가 be동사일 때, 부사절의 「주어＋be동사」는 생략할 수 있다. will은 '~하곤 한다'는 의미로 일반적인 습관이나 경향을 나타내는 조동사로 쓰였다.

9행 ... and wait **for passing cars** to *run them over.*
⇨ for passing cars는 to부정사의 의미상 주어이다. run over는 「동사＋부사」 형태의 동사구로, 목적어가 대명사일 경우 「동사＋대명사＋부사」의 어순으로 쓴다.

문제해설
동물들은 도시 환경에서 생존하기 위해 그에 맞게 진화하고 그들의 행동을 바꾼다는 내용이므로, (A)에는 urban(도시의), (B)에는 altering(바꾸기)가 들어가는 것이 가장 적절하다.

04 ③

오랫동안, 마케팅 담당자들은 광고의 한 형태로 소비자에게 이메일을 보내왔지만, 실제로 이 이메일을 열어 보는 사람은 거의 없다. 그러나 한 마케팅 전문가에 따르면, 이것은 사실 문제가 되지 않는다. 열어 보지 않은 이메일조차 광고주의 브랜드에 대한 인지도를 만들어 냄으로써 효과적인 마케팅 수단이 될 수 있다. 한 연구는 열어 보지 않은 마케팅 이메일이 그래도 판매 증대를 돕는다는 것을 보여준다. 평균적으로, 그것들을 받은 사람들은 그러한 이메일을 받지 않은 사람들보다 그 회사의 제품에 더 많은 돈을 쓴다. 확실히, 광고주가 이메일의 제목란에 자신들의 브랜드명을 포함시키는 것은 중요하다. 이렇게 하면, 소비자가 메시지를 열어보지 않더라도 그것은 그 사람의 눈에 띌 것이다.
➡ 제목에 브랜드명이 있는 광고 이메일은 수신자가 그 이메일을 (B) 읽지 않는다고 해도 (A) 구매를 유발할 수 있다.

구문해설

1행 For many years, marketers have sent emails to consumers **as** a form of advertising, but *very few* people actually open these emails. ⇨ as는 '~로(서)'의 의미로 쓰인 전치사이다. very few는 '정말 거의 없는'이라는 부정의 의미를 나타낸다.

7행 ..., **it** is important **for the advertiser** [to include their brand name in the subject line of the email].
⇨ it은 가주어이고, for the advertiser는 to부정사의 의미상 주어이며, [ ]가 진주어 역할을 하는 명사적 용법의 to부정사구이다.

8행 ..., it will be visible to the consumer **even if** he or she *fails to open* the message. ⇨ 「even if ~」는 '(비록) ~이라고 하더라도'의 뜻이다. 「fail to-v」는 '~하지 않다[못하다]'의 뜻이다.

문제해설
제목에 브랜드명이 포함된 광고 이메일은 수신자가 그것을 읽어 보지 않더라도 브랜드 인지도를 높여주어 효과적인 마케팅 수단이 될 수 있다는 내용이므로, (A)에는 purchase(구매), (B)에는 read(읽다)가 들어가는 것이 가장 적절하다.

기출 예제 01 ② 02 ④

보통의 침구와 의복을 가정할 때, 대략 화씨 65도(섭씨 18.3도)의 침실 온도가 대부분의 사람들의 수면에 이상적이다. 이것은 안락함을 위해서는 다소 너무 추운 것처럼 들리기 때문에 많은 사람을 놀라게 한다. 물론, 그 특정 온도는 당사자와 그들의 성별 및 나이에 따라 다를 것이다. 하지만, 권장 칼로리처럼, 그것은 보통 사람에게 좋은 목표이다. 우리 대부분은 좋은 수면을 위해 침실 온도를 이상적인 것보다 높게 설정하는데, 이는 그렇게 하지 않는다면 당신이 얻을 수 있는 수면의 양과 질을 낮추는 데 기여할 것이다. 따뜻한 침구와 잠옷이 사용되지 않는다면 화씨 55도보다 더 낮은 온도는 잠을 자는 데 도움이 되기보다 오히려 해로울 수 있다. 하지만, 우리 대부분은 70도 또는 72도의 너무 높은 침실 온도를 설정하는 정반대의 범주에 속한다. 밤에 잠을 못 자는 환자를 치료하는 수면 임상의는 종종 침실 온도를 묻고, 환자들에게 온도 조절 장치의 현재 설정값을 그들이 지금 사용하는 설정값보다 3도에서 5도가량 올리라고(→ 낮추라고) 조언할 것이다.

온도가 수면에 미치는 영향에 대해 불신하는 사람이라면 이 주제에 관한 몇몇 관련 실험들을 살펴볼 수 있다. 예를 들어, 과학자들은 혈액을 피부의 표면으로 올라가게 하고 열을 방출시키기 위해 쥐의 발이나 몸을 서서히 따뜻하게 했고, 그럼으로써 심부체온을 낮추었다. 그 쥐들은 그렇지 않았던 평상시보다 훨씬 더 빨리 잠들었다.

어휘

temperature 온도 degree 정도; *(각도·경위도·온도계 등의)도 ideal 이상적인 assume 가정하다 standard 표준의; *보통의 bedding 침구 comfort 안락, 편안 specific 구체적인; *특정한 vary 다르다 in question 문제의[논의가 되고 있는] contribute 기부하다; *기여하다 otherwise (만약) 그렇지 않으면 capable ~을 할 수 있는 clinician 임상의(직접 환자를 상대하는 의사) disbelieve 불신하다 explore 탐험하다; *탐구[조사]하다 gently 완만하게 rise 오르다 thereby 그렇게 함으로써 core body temperature 심부체온 [문제] posture 자세

구문해설

6행 Most of us set bedroom temperatures higher **than** *are* ideal for good sleep and this likely contributes to lower quantity and quality of sleep **than** you are otherwise capable of *getting.*
⇨ 비교급 문장에서 than은 유사 관계대명사의 역할을 할 수 있는데, 첫 번째 than은 동사 are의 주어 역할, 두 번째 than은 getting의 목적어 역할을 한다.

11행 Sleep clinicians [treating patients {who can't sleep at night}] will often ask about room temperature, and will advise patients to lower their current thermostat set-point by 3 to 5 degrees from **that** [which they currently use]. ⇨ 첫 번째 [ ]는 Sleep clinicians를 수식하는 현재분사구이다. { }는 patients를 수식하는 주격 관계대명사절이다. that은 앞에 나온 명사 thermostat set-point를 대신하는 지시대명사이고, 두 번째 [ ]는 이 지시대명사 that을 수식하는 목적격 관계대명사절이다.

16행 Scientists have, for example, gently warmed the feet or the body of rats [**to** *encourage* blood *to rise* to the surface of the skin and (**to**) **release** heat], [thereby decreasing ...].
⇨ 첫 번째 [ ]는 〈목적〉을 나타내는 부사적 용법의 to부정사구로, to encourage와 (to) release가 접속사 and로 병렬 연결되었다. 「encourage+목적어+to-v」는 '(목적어)가 ~하도록 촉진하다'의 의미이다. 두 번째 [ ]는 〈결과〉를 나타내는 분사구문이다.

유형 연습   pp.96~99

01 ②   **02** ①   **03** ①   **04** ⑤

01 ② 02 ①

George P. Burdell은 1931년에 조지아 공대를 졸업했고 세라믹 공학 학사 학위를 받았다. 나중에, 그는 같은 대학에서 석사 학위를 받았다. 제2차 세계대전 중에, 그는 공군에서 복무하며 유럽 곳곳에서 열두 차례 임무에 참가했다. 전쟁이 끝나고 나서, 그는 조지아 공대에 돌아가 수많은 다른 강의에 등록했다. 그는 심지어 농구팀의 일원으로도 이름을 올렸다. 사실, 그는 매우 유명해서 캠퍼스의 한 상점은 심지어 그의 이름을 따서 이름 지어졌다. 그러니, 그가 결코 존재하지 않았다는 것을 안다면 당신은 놀랄지도 모른다.

그는 사실 1927년에 William Edgar Smith라는 이름의 청년이 친 장난의 결과이다. 대학에 입학 허가를 받은 뒤, Smith는 자신에게 착오로 두 장의 입학 서류가 보내졌다는 것을 알게 됐다. 장난을 치기로 마음먹고, 그는 George P. Burdell이라는 이름을 사용하여 가상의 학생 정보로 두 번째 서류를 작성했다. 학기가 시작된 뒤에, Smith는 장난을 계속하여 Burdell을 강의에 등록시키고 그를 대신해 과제를 제출했다. 진실이 밝혀진 후에, 조지아 공대의 다른 학생들은 Burdell을 계속 '살아 있게' 두기로 결정했다. 그가 농구팀에 가입하고 공군에 입대했던 것은 그들의 노력 덕분이다. 그는 또한 오늘날까지도 새로운 강의에 계속해서 등록된다. Smith가 이 장난을 시작한 지 80년도 넘었지만 그것은 여전히 꿋꿋이 계속되고 있다!

구문해설

6행 ..., he is **so** famous **that** a store on campus has even been named after him. ⇨ 「so+형용사/부사+that ~」은 '너무 …해서 ~하다'라는 뜻이다.

9행 [After being admitted to the university], Smith found [that he **had** accidentally **been sent** two enrollment forms]. ⇨ 첫 번째 [ ]는 접속사를 생략하지 않은 분사구문으로 〈때〉를 나타낸다. 두 번째 [ ]는 found의 목적어로 쓰인 명사절이다. had been sent는 주절의 과거 시점(found)보다 더 이전에 일어난 일을 나타내는 과거완료 수동태이다.

14행 **It is** through their efforts **that** he joined the basketball team and the Air Force. ⇨ 「It is ~ that ...」 강조구문으로, '…한 것은 바로 ~이다'의 의미이며, 부사구인 through their efforts가 강조되었다.

문제해설

01 1927년에 조지아 공대에서 한 학생의 장난으로 만들어진 가상의 학생 George P. Burdell이 지금까지도 그 학교의 유명인으로 존재한다는 내용이므로, 글의 제목으로는 ② '조지아 공대의 가장 인기 많은 가짜 학생'이 가장 적절하다.
① 최초의 신원 도용 사건
③ 조지아 공대 학생들 사이의 선의의 경쟁
④ 급우를 돕기 위해 함께 일하는 학생들
⑤ George P. Burdell: 역사상 가장 뛰어난 학생

02 착오로 받은 여분의 입학 서류로 만들어진 가상의 학생이라고 했으므로, 빈칸에는 ① '결코 존재하지 않았다'가 가장 적절하다.
② 범죄자였다
③ 사망했다
④ 인간이 아니었다
⑤ 사실 어린아이였다

03 ① 04 ⑤

우리가 집단으로 아이디어를 떠올리려고 노력할 때, 우리는 보통 브레인스토밍 기법을 사용한다. 당신은 아마 이것이 어떻게 진행되는지에 익숙할 것이다. 사람들이 자신의 생각을 소리 내어 이야기하고, 다른 사람들은 이에 답하여 논평하고 자신의 생각을 공유한다. 안타깝게도, 연구들은 이 흔히 사용되는 방법에 몇 가지 중요한 문제들이 있음을 보여준다. 가장 큰 문제는 '차단하기'라고 불리는데, 이것은 집단 상황에서 한 번에 오직 한 사람만이 말할 수 있다는 사실을 일컫는다. 이것은 만들어지는 아이디어의 수를 제한한다. 모든 사람이 앉아서 한 사람이 자신의 아이디어를 설명하는 것을 기다리는 동안, 그들은 자기 자신의 아이디어를 평가하고 바꾸고 심지어는 잊어버린다. 게다가, 어느 누구도 브레인스토밍 시간 동안에 자신이 생각하는 모든 것을 말할 기회를 얻지 못한다. 그들은 다른 모든 사람들에게도 말할 기회를 주어야 하기 때문에 그들이 좋은 아이디어를 공유할 기회를 잃을지도 모른다. 해결책은 무엇일까? 브레인스토밍 대신에 '브레인라이팅'을 고려해 봐라. 방법은 비슷하지만 참가자들은 그들의 아이디어를 말하는 대신에 적는다. 모든 사람이 동시에 아이디어를 내기 때문에 이것은 차단하기의 문제를 악화시킬(→ 없앨) 수 있다. 그래서 결국 아이디어의 총개수는 훨씬 더 많아질 것이다. 또한, 사람들이 자신이 말할 차례를 기다리는 동안에 어떤 아이디어도 잊혀지거나 변경되지 않는다.

2행 You're probably familiar with [how this works].
⇨ [ ]는 전치사 with의 목적어로 쓰인 의문사절로, 「의문사+주어+동사」의 어순이다.

5행 The biggest one is called "blocking," **which** refers to *the fact* [that, in a group setting, only one person can speak at a time]. ⇨ which는 "blocking"을 선행사로 하는 계속적 용법의 관계대명사이다. [ ]는 the fact와 동격이다.

9행 Moreover, no one gets the chance [to say everything {(that) they're thinking}] during a brainstorming session. ⇨ [ ]는 the chance를 수식하는 형용사적 용법의 to부정사구이다. { }는 everything을 수식하는 목적격 관계대명사절로, 관계대명사 that이 생략되었다.

문제해설

03 한 번에 한 사람만 말하는 브레인스토밍은 타인의 의견을 듣는 동안 자신의 의견을 잊어버리거나, 모든 의견을 말할 기회를 가지지 못한다는 단점이 있어서 대안으로 브레인라이팅을 활용할 것을 제안하는 내용이므로, 글의 제목으로는 ① '브레인스토밍에 대한 효과적인 대안'이 가장 적절하다.
② 집단 피드백을 받는 것의 중요성
③ 글로 써진 형태의 브레인스토밍의 문제점
④ 말하기와 쓰기를 집단으로 연습하는 방법
⑤ 브레인스토밍: 아이디어를 만들어 내는 유용한 방법

04 자신의 아이디어를 말하는 대신 글로 쓰는 브레인라이팅은 모두가 동시에 아이디어를 낼 수 있게 하므로 차단하기의 문제점을 '없앨' 수 있다는 것이 적절하다. 따라서 (e)의 worsen(악화시키다)을 eliminate(없애다) 등으로 바꿔야 한다.

<table>
<tr><td>유형
16</td><td>순서 장문</td><td align="right">p.100</td></tr>
</table>

기출 예제 01 ④ 02 ② 03 ④

(A) 한 부유한 상인이 그의 집에 혼자 살고 있었다. 그 집에 사는 사람이 자기밖에 없다는 것을 알았기 때문에, 그는 자기 집에 도둑이 드는 상황에 항상 대비하고 있었다. 그래서 어느 날, 도둑이 집에 들어왔을 때, 그는 차분하고 침착함을 유지했다. 비록 상인은 깨어 있었지만, 깊이 잠든 척했다. 그는 침대에 누워서 도둑이 움직이는 것을 지켜보았다. 도둑은 훔친 물건들을 가져가기 위해 흰 새 보자기를 ((a) 그와 함께) 가지고 왔다.

(D) 그는 훔친 귀중품들을 모두 그 안에 넣어 묶은 뒤 가져간다는 생각으로 그것을 바닥에 펼쳐놓았다. (e) 그가 상인의 호화로운 집에서 비싸 보이는 물건을 모으느라 분주한 사이, 상인은 재빨리 침대에서 일어났다. 그러고 나서 그는 도둑의 흰 새 보

자기를 비슷하게 생긴 (자신의) 흰 보자기로 교체했는데, 이것은 도둑의 것보다 훨씬 약하고 값싼 것이었다.

(B) (b) 그는 그러고 나서 누워서 자는 척했다. 도둑이 가능한 한 많은 귀중품들을 훔치는 것을 마쳤을 때, 그는 자신의 것이라고 생각했던 흰 보자기의 매듭을 서둘러 묶었다. 그동안에 상인은 정원으로 뛰어나가 크게 소리쳤다. "도둑이야! 도둑!" 그는 있는 힘껏 소리쳤다. 도둑은 초조해져서 서둘러 보자기를 들어 올렸다. ((c) 그가) 놀랍게도 훔친 물건들로 가득 찬 얇은 흰 보자기가 찢어졌다.

(C) 훔친 모든 물건들이 바닥에 떨어져 아주 크고 불쾌한 소리를 냈다. 많은 사람들이 그에게 달려드는 것을 보고 도둑은 훔친 모든 물건들을 포기해야만 했다. 그 물건들을 집에 남겨 두고 떠나면서, 그는 서둘러 도망치며 작은 목소리로 말했다. "이 사람은 정말 교묘한 상인이다. 그는 뼛속까지 장사꾼이다. 그는 그의 귀중품들을 지켜냈을 뿐만 아니라, (d) 나의 새 보자기도 빼앗았다. 그는 도둑한테서 훔쳤다!" 그는 혼잣말로 이렇게 말하면서 그 집에서 멀리 도망쳤다.

어휘

merchant 상인   remain 계속[여전히] ~이다   awake 깨어 있는   pretend ~인 척하다   goods 상품, 제품   valuable 귀중품   knot 매듭   meanwhile 그동안에   lung 폐, 허파   lift 들어 올리다   tear 찢다(tear-tore-torn)   skillful 숙련된, 교묘한   businessman 상인   core (과일 등의) 속[심]; *(사물의) 중심부   luxurious 호화로운   replace 대신하다; *바꾸다

구문해설

1행 [Knowing {that he was the only person living in the house}], he was always .... ⇨ [ ]는 〈이유〉를 나타내는 분사구문이고, { }는 knowing의 목적어로 쓰인 명사절이다.

11행 To his surprise, the thin white sheet, [filled with **stolen** goods], was torn apart. ⇨ [ ]는 the thin white sheet를 수식하는 과거분사구이다. stolen은 뒤에 오는 명사 goods를 수식하는 분사로, 명사와의 관계가 수동이므로 과거분사가 쓰였다.

17행 He has **not only** managed to save his valuables **but** has **also** taken away my new sheet. ⇨ 「not only A but also B」는 'A뿐만 아니라 B도'의 의미이다.

20행 He spread it out on the floor with the idea of **putting** all the stolen valuables into it, **tying** it, and **carrying** it away. ⇨ 전치사 of의 목적어로 쓰인 동명사 putting, tying, carrying이 접속사 and에 의해 병렬 연결되었다.

<table>
<tr><td>**유형 연습**</td><td align="right">pp.102~105</td></tr>
</table>

01 ⑤   02 ④   03 ②   04 ④   05 ②   06 ③

01 ⑤ 02 ④ 03 ②

(A) 1988년에, 아홉 살 난 Craig Shergold는 귀의 통증을 호소하기 시작했다. 항생제가 그의 증상을 치료하는 데 실패했다. 불행히도, 그의 문제는 단순한 귀통증보다 훨씬 더 안 좋은 것으로 드러났다. 의사들은 곧 그 통증이 뇌종양으로 인해 발생했다는 것을 알아냈고 (a) 그가 겨우 몇 달밖에 못 살 것이라고 예상했다.

(D) Craig는 (e) 그가 죽기 전에 연하장을 가장 많이 받은 사람으로 〈기네스북〉에 오를 수 있었으면 하는 소망을 표현했다. 그의 친구들과 친척들은 사람들에게 이 어린 소년에게 연하장을 보내 달라고 부탁하기 위해 행운의 편지를 발송했다. 얼마 지나지 않아, Children's Wish Foundation International이 참여했고, 수백만 통의 카드가 도착하기 시작했다.

(C) 1년 뒤에, Craig의 소원이 이루어졌다. 그는 1990년 5월까지 1천 6백만 통 이상의 연하장을 받았고 그의 이름은 〈1991 기네스북〉에 추가되었다. 그로부터 1년 뒤에 Craig는 여전히 살아 있었고 그가 받은 카드의 수는 3천 3백만 통에 달했다. 이 무렵, John Kluge라는 미국의 억만장자가 Craig의 상황에 대해 들었다. (d) 그는 Craig가 영국에 있는 그의 집에서 미국으로 비행기를 타고 올 수 있게 준비해 주었고, 그곳에서 그는 특수 수술을 받았다.

(B) Craig의 종양은 성공적으로 제거되었고, (b) 그는 곧 건강을 회복했다. 그럼에도 불구하고, 연하장은 계속 왔다. Craig는 1989년에 소원을 빈 이후로 현재 3억 5천만 통 이상의 연하장을 받아온 것으로 추정된다. 요즘, (c) 그는 아주 다른 부탁이 있다. "제발 제게 카드를 그만 보내세요!"

구문해설

3행 ..., his problem **turned out to be** *far* worse than a simple earache. ⇨ 「turn out to-v」는 '~인 것으로 드러나다'의 뜻이다. 비교급을 강조할 때는 비교급 앞에 even, still, far, much, a lot 등의 부사를 쓴다.

7행 **It** is now estimated [**that** Craig *has received* more than 350 million greeting cards *since* he made his wish in 1989]. ⇨ It은 가주어이고, 접속사 that이 이끄는 명사절인 [ ]가 진주어이다. has received는 '~한 이래로'라는 의미의 since와 함께 쓰여 〈계속〉을 나타내는 현재완료이다.

15행 He arranged **for him** to be flown from his home in the UK to the US, [where he received a special operation]. ⇨ for him은 to부정사의 의미상 주어이다. [ ]는 the US를 부연 설명하는 계속적 용법의 관계부사절이다.

17행 Craig expressed **a wish** [that ... he could be listed in *the Guinness Book of World Records as* the person {who had received the most greeting cards}]. ⇨ [ ]는 a wish와 동격이다. as는 '~로(서)'의 의미로 쓰인 전치사이다. { }는 the person을 수식하는 주격 관계대명사절이다.

01 Craig Shergold가 뇌종양으로 시한부 선고를 받았다는 내용인 (A) 다음에, Craig가 죽기 전 소원으로 연하장을 가장 많이 받은 사람으로 〈기네스북〉에 오르고 싶다고 말해 친구들과 친척들의 노력으로 수많은 카드들이 오기 시작했다는 내용인 (D)가 오고, 1년 후 Craig는 소원을 이뤘고, 그에 대해 알게 된 미국의 한 억만장자 덕분에 미국에서 수술을 받았다는 내용의 (C)로 이어진 후, 수술로 건강을 되찾은 후에도 카드가 계속 와 새로운 고민이 생겼다는 내용의 (B)가 마지막에 오는 것이 알맞다.

02 (d)는 미국의 억만장자 John Kluge를 가리키고, 나머지는 Craig Shergold를 가리킨다.

03 ② Craig는 수술을 받고 건강을 회복한 뒤에도 연하장을 계속 받았다.

04 ④ 05 ② 06 ③

(A) 20세기 초 폭력이 난무했던 러시아 혁명 시기에 볼셰비키가 황제 니콜라이 2세로부터 국가의 통치권을 장악했다. 왕가의 어느 누구도 이후에 권력을 되찾지 못하게 하기 위해 황제와 그의 아내와 그의 아들과 네 딸 모두 1918년에 살해되었다.

(D) 그러나, 얼마 안 가 그 가족 중 한 명이 살아남아 탈출했다는 소문이 돌았다. 그 후 몇 년에 걸쳐 여러 사람들이 왕가의 일원이라고 주장했다. 그들 중에 Anna Anderson이라는 이름의 여성이 있었다. 1920년에 (d) 그녀는 자기가 황제의 막내딸인 Anastasia 공주라고 선언했다. (e) 그녀가 왕가의 생활방식에 대해 무척 많이 알고 있었기 때문에 많은 사람들이 그녀가 Anastasia라고 확신했다.

(B) 그러나 왕가를 실제로 알고 있었던 사람들 대부분은 Anderson이 가짜라고 확신했다. 1927년, Anderson의 예전 룸메이트가 (a) 그녀의 실제 이름은 Franziska Schanzkowska라고 알렸다. (b) 그녀는 자기가 Anderson을 잘 알며, 그녀는 분명히 왕가의 공주가 아니라고 주장했다. 실제로 한 사설 조사에서 Anderson이 폴란드인 공장 노동자임이 확인되었다. 그래도 Anderson은 계속 자신이 Anastasia라고 주장하며 유명 인사의 삶을 살았다.

(C) 많은 사람들이 의심했던 진실이 결국 밝혀졌다. Anderson은 1984년에 죽었고, (c) 그녀의 DNA 검사는 그것이 왕족의 DNA와 일치하지 않는다는 것을 보여주었고, 이는 그녀가 Anastasia 공주가 아니라는 것을 명확히 보여주었다. 대부분의 과학자들은 Anderson과 Schanzkowska가 동일 인물이라는 결론을 내렸다. 2009년에, 러시아 왕가 모든 가족들의 유해가 발견되었다고 공식적으로 발표되었다. 그 소문들에도 불구하고, 그들 중 누구도 생존하지 못했던 것이다.

구문해설

7행 She insisted [that she knew Anderson well] and [that she clearly was not a royal princess]. ⇨ 두 개의 [ ]는 모두 insisted의 목적어로 쓰인 명사절이며, 접속사 and로 병렬 연결되었다.

14행 In 2009, **it** was officially announced [**that** remains of all the members of the Russian royal family *had been found*]. ⇨ it은 가주어이고, 접속사 that이 이끄는 명사절인 [ ]가 진주어이다. had been found는 주절의 과거 시점(was announced)보다 더 이전에 일어난 일을 나타내고 유해가 '발견된' 것이므로 과거완료 수동태를 썼다.

17행 However, there were soon **rumors** [that one of the family members had survived and escaped]. ⇨ [ ]는 rumors와 동격이다.

문제해설

04 20세기 초에 황제 니콜라이 2세를 비롯한 왕가 모두가 몰살당했다는 내용인 (A)에 이어서, 왕가 중 한 명이 생존했다는 소문이 도는 와중에 Anna Anderson이라는 여성이 자신이 황제의 막내딸이라고 주장했다는 내용의 (D)가 온 다음, 1927년 Anderson의 예전 룸메이트가 Anderson이 공주가 아니라고 알렸지만 Anderson은 계속 자신이 공주라고 주장하며 유명 인사의 삶을 살았다는 내용의 (B)가 이어지고, Anderson이 죽은 뒤 DNA 검사 결과 그녀가 공주가 아니었음이 드러났다는 내용의 (C)가 마지막에 오는 것이 자연스럽다.

05 (b)는 Anderson의 예전 룸메이트를 가리키고, 나머지는 Anna Anderson을 가리킨다.

06 ③ Anderson이 죽은 뒤 DNA 검사를 통해 그녀가 공주가 아니었다는 것이 밝혀졌다.

PART 02 어법

p.108

어법
01 주어와 동사·수의 일치

예문 해석

1 그 남자에 의해 기부된 돈은 고아원 아이들에게 보내졌다.
2 그가 사용하는 모든 것은 고장이 난다.
3 젊은 두 음악가의 결혼식이 작은 교회에서 열렸다.
4 그녀는 새로운 일에 익숙하지 않은 직원들을 훈련시켰다.
5 환경에 대해 배우는 것은 우리가 그것을 보호하는 데 도움이 된다.
6 그 회사는 사내 엔지니어들을 위한 새로운 컴퓨터 프로그램을 만들었다.
그는 많은 놀라운 발견을 했고, 그것들을 뒷받침할 증거를 가지고 있었다.
7 그 군인들 중 일부는 휴가로 집에 갈 것이다.
토론 주제 중 하나는 학교에서의 휴대전화 사용이다.
8 한 명 또는 두 명의 참가자가 링 안으로 공을 던진다.
여러 명의 학생들뿐만 아니라 그들의 선생님도 그 영화를 보았다.

확인 문제
p.108

1 left   2 say   3 their   4 loves   5 is

1 태클로 부상을 당한 그 축구 선수는 경기를 떠났다.
▶ 과거분사구 injured by the tackle의 수식을 받는 The soccer player가 문장의 주어이고, 동사가 와야하므로 left가 알맞다.
2 Emily를 질투하는 사람들은 뒤에서 그녀에 대한 험담을 한다.
▶ 형용사구 jealous of Emily의 수식을 받는 The people이 문장의 주어이므로, 복수동사를 써야 한다.
3 석유 파동 동안 유류 가격이 최고치에 다다랐다.
▶ 네모 안의 대명사는 앞에서 언급한 복수명사 Oil prices를 가리키므로 복수형 their가 알맞다.
4 그 영화는 주인을 진정으로 사랑하는 개에 관한 것이다.
▶ 선행사 a dog가 단수명사이므로 주격 관계대명사절의 동사는 단수형을 써야 한다.
5 해안 지역에 있는 땅의 대부분은 불모지이다.
▶ 「most+of+명사」 형태의 주어일 때 of 뒤에 오는 명사에 동사의 수를 일치시킨다. the land가 단수명사이므로 단수동사를 써야 한다.

02 시제

예문 해석

1 나는 몇 달 동안 스트레스를 많이 받아 왔다.
2 경찰은 동네의 몇몇 빈집을 털었던 남자를 체포했다.
3 만약 그녀가 내일 온다면, 우리는 그녀에게 관리자 직책을 공식적으로 제안할 것이다.
4 세 달 전에 태풍으로 인해 백 명이 넘는 사람이 목숨을 잃었다.
5 Amy는 내 전화를 받지 않았다. 그녀는 사무실에 없었을지도 모른다.
  그 공연은 굉장했다. 너는 그것을 봤어야 했다.

확인 문제 p.109

1 has sent   2 had happened   3 finishes
4 wrote   5 have visited

1 나의 이모는 내가 태어난 이후로 매년 나에게 생일 카드를 보내 왔다.
  ▶ since가 쓰여 태어난 과거부터 지금까지 계속되는 일을 나타내므로 현재완료 시제를 쓴다.
2 나는 그녀의 표정에서 무슨 일이 일어났었다는 것을 알았다.
  ▶ 내가 알아챈(knew) 과거 시점보다 더 이전에 무슨 일이 일어난 것이므로 과거완료 시제를 쓴다.
3 Sandra는 자신의 프로젝트를 마치면 관광을 할 것이다.
  ▶ if가 이끄는 조건의 부사절에서는 미래의 일을 현재시제로 나타낸다.
4 그는 어젯밤에 근대 한국 문학에 대한 보고서를 썼다.
  ▶ last night와 같이 명백히 과거를 나타내는 부사구가 쓰인 경우 과거 시제를 쓴다.
5 우리는 Ferraro 씨가 고국으로 돌아가기 전에 그를 방문했어야 했다.
  ▶ 과거의 일에 대한 후회를 나타내므로 should have p.p.의 형태로 써야 한다.

03 능동태와 수동태

예문 해석

1 이 잡지는 매주 화요일 아침에 배달된다.
2 어제 그 어린 소년이 사라졌다.
3 그 도둑이 뒤쪽 창문을 통해 그 집으로 들어가는 것이 목격되었다.
  그 떠든 학생은 10분간 구석에 혼자 서 있게 되었다.
4 외국어를 가르치기 위해 다양한 방법들이 사용되어 왔다.

그 프로젝트가 실패하고 나서 Alvin이 가장 먼저 해고되었다.
  그의 원고는 출판될 가능성이 거의 없다.
5 이 국가는 언어의 다양성으로 알려져 있다.

확인 문제 p.110

1 was stolen   2 occurred
3 been prepared   4 to learn   5 with

1 그 유명한 그림은 제2차 세계대전 중에 도난당했다.
  ▶ The famous picture가 도난당한 대상이므로 수동태로 쓴다.
2 그 사건은 지난 화요일에 이 공원에서 발생했다.
  ▶ occur(발생하다)는 자동사이므로 수동태로 쓸 수 없다.
3 이 문서는 특별히 이 회의를 위해 준비되었다.
  ▶ This document가 준비되는 대상이므로 수동태로 쓰며, 현재완료 시제의 수동태는 「have[has] been p.p.」로 나타낸다.
4 그는 4살 때 그의 아버지에 의해 피아노를 배우게 되었다.
  ▶ 사역동사 make의 목적격 보어로 쓰인 동사원형은 수동태에서는 to부정사로 바뀐다.
5 그 영화는 액션과 특수 효과로 가득 차 있다.
  ▶ be filled with: ~로 가득 차다

04 보어의 형태

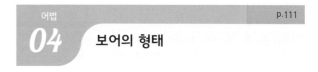

예문 해석

1 Jason은 그 소식을 들었을 때 침묵을 지켰다.
  향수는 서로 다른 사람들의 피부에서 향기가 다르게 난다.
2 그 어머니는 자녀들을 위해 집을 따뜻하게 유지했다.
3 그 위원회는 그를 차기 의장으로 선출했다.
4 이 특수 장비는 선수들이 그들의 기량을 향상하게 해 준다.
5 누군가가 어떤 감정을 느끼는[느끼고 있는] 것을 보면 우리는 그에 반응하여 같은 감정을 느낀다.
  나는 시청 광장에서 그의 이름이 불리는 것을 들었다.
6 심한 눈보라가 그 도시의 많은 나무들을 쓰러지게 했다.
  나는 키보드를 수리받으려고 서비스 센터에 내 컴퓨터를 가지고 갔다.

확인 문제 p.111

1 confident   2 sleepy   3 pull   4 cleaned
5 to read

1 Ted가 꽤 자신 있어 보여서, 나는 그가 잘할 것이라고 믿었다.

▸ 감각동사 looked의 주격 보어 자리이므로 형용사가 알맞다.

2 그 책의 첫 장은 나를 졸리게 했다.

　▸ 목적격 보어 자리이므로 형용사가 알맞다.

3 Susan은 소방차가 그 건물 앞에 서는 것을 보았다.

　▸ 지각동사 saw의 목적어인 a fire truck과 목적격 보어의 관계가 능동일 때 목적격 보어로 동사원형을 쓴다.

4 호텔 매니저는 내가 아침 식사를 하는 동안 내 방이 청소되도록 했다.

　▸ 사역동사 had의 목적어인 my room과 목적격 보어의 관계가 수동이므로 목적격 보어로 과거분사를 쓴다.

5 당신이 더 읽도록 고무하는 책이나 글을 선택하라.

　▸ 동사 encourage는 목적격 보어로 to부정사를 취한다.

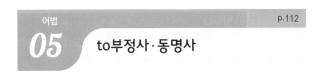

05 to부정사·동명사 p.112

예문 해석

1 John은 자녀들의 어휘력을 향상시키기 위해 그들에게 책을 많이 읽게 한다.

　관광업을 축소하는 것은 지역 경제에 영향을 미칠 수 있다.

2 그는 몇몇 전문가들과 새로운 프로젝트를 진행하기로 결심했다.

　나는 다른 방에서 누군가 큰 소리로 노래 부르고 있는 것을 계속 들었다.

3 그녀는 면접에 자신의 포트폴리오를 가져가는 것을 잊었다.

　내가 더 젊었을 때 한 무리의 십 대들을 위해 워크숍을 진행했던 것을 기억한다.

4 그녀는 다음 달에 유럽을 방문하는 것을 고대한다.

확인 문제 p.112

1 to sit　2 to receive　3 paying　4 to eat
5 riding

1 나는 방을 둘러보았지만, 앉을 만한 것을 찾을 수 없었다.

　▸ anything을 뒤에서 수식하는 형용사적 용법의 to부정사가 알맞다.

2 Sam은 고객으로부터 중요한 전화를 받기를 기다리고 있다.

　▸ expect는 목적어로 to부정사를 취한다.

3 Wendy는 품질이 뛰어난 옷에 돈을 더 지불하는 것을 마다하지 않는다.

　▸ mind는 목적어로 동명사를 취한다.

4 우리는 배가 고파서 점심을 먹기 위해 멈췄다.

　▸ stop to-v: ~하기 위해 멈추다

5 나는 아침에 자전거를 타고 직장에 가는 것에 익숙하다.

　▸ be used to v-ing: ~하는 데 익숙하다

06 분사와 분사구문 p.113

예문 해석

1 운동장을 뛰어다니고 있는 아이들이 많다.

　사람들은 그 섬에서 숨겨진 보물을 찾는다.

2 그 핼러윈 행사는 너무 무서워서 파티에 있던 아이들이 울었다.

　Susie는 밖에서 나는 이상한 소리에 겁을 먹었다.

3 스마트폰은 정보를 공유하는 예전 방식을 대체하면서 의사소통을 더 효율적으로 만들었다.

　숲에 버려져서 그들은 며칠 동안 아무것도 먹을 수 없었다.

　매우 조심스럽게 다뤄졌기 때문에, 그의 차는 새것처럼 상태가 좋았다.

4 TV 앞에 앉아 있는 동안 Angela는 빨래를 갰다.

5 마지막 버스가 떠났기 때문에, 그들은 집에 걸어가야 했다.

6 여름 기온이 올라가면서, 많은 사람들이 에어컨을 사고 있다.

　그들은 TV를 켜둔 채 잠이 들었다.

확인 문제 p.113

1 describing　2 exciting　3 Picking
4 causing　5 turned

1 그 학생은 자신의 남아메리카 여행을 묘사하는 에세이를 썼다.

　▸ an essay가 여행을 묘사하는 주체이므로 현재분사를 쓴다.

2 그 경기가 매우 흥미진진해서 모든 팬들이 소리를 지르고 있었다.

　▸ 경기가 '흥분한 감정을 유발하는' 것이므로 현재분사를 쓴다.

3 여행 가방을 들어 올렸을 때, 나는 내가 옷을 너무 많이 쌌다는 것을 깨달았다.

　▸ 분사구문의 의미상 주어 I가 여행 가방을 들어 올린 주체이므로 현재분사를 쓴다.

4 최근에 심한 가뭄이 그 나라에 타격을 주어 수백 명의 사망자를 냈다.

　▸ 분사구문의 의미상 주어 a severe drought가 사망자를 초래한 주체이므로 현재분사를 쓴다.

5 물을 틀어 놓은 채 이를 닦지 마라.

　▸ 「with + 명사 + 분사」 구문이다. the water가 틀어지는 대상이므로 과거분사를 쓴다.

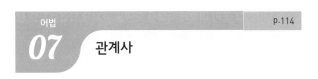

07 관계사 p.114

예문 해석

1 네가 남몰래 사랑하고 있는 그 여자아이의 이름을 제발 내게 말해 줘.

Laura는 Jennifer가 말하고 있는 것을 믿기 시작했다.

2 우리가 배드민턴을 쳤던 그 공원이 오늘은 사람들로 가득 차 있다.

3 이곳은 많은 유명 인사들이 사는 동네이다.

4 Victoria는 여행에 관한 이야기를 썼는데, 그것은 그녀 자신의 경험들을 바탕으로 한 것이었다.

5 그 행사는 참석하고 싶은 사람 누구에게나 열려 있다.

그들이 어디를 가더라도, 그들은 새로운 친구들을 사귄다.

확인 문제　　　　　　　p.114

1 what　　2 where　　3 with whom　　4 which
5 Whenever

1 관중들은 자신들이 보고 있는 것을 믿을 수 없었다.
　▶ 선행사가 없으므로 '~하는 것'이라는 의미의 관계대명사 what이 알맞다.

2 그는 몇몇 소년들이 야구를 하고 있는 공원을 지나 걸어갔다.
　▶ 장소를 나타내는 선행사 a park가 있고 뒤에 완전한 절이 오므로 관계부사 where가 알맞다.

3 나는 나의 남동생과 함께 일하는 여자에게 인사를 했다.
　▶ '~와 함께 일하다'라는 의미이므로 전치사 with가 필요하다. 선행사가 the woman이고 관계사절 내에서 전치사 with의 목적어 역할을 하므로, with whom이 알맞다.

4 내 성적은 그다지 좋지 않았고, 이는 우리 부모님을 실망시켰다.
　▶ 앞에 콤마(,)가 있고 앞 절 전체에 대한 부연 설명을 하고 있으므로 계속적 용법의 관계대명사 which가 알맞다.

5 Jim은 올 때마다 우리에게 작은 선물을 가져다준다.
　▶ 뒤에 완전한 절이 이어지고 있으며 문맥상 '~할 때마다'라는 의미가 적절하므로 복합 관계부사 Whenever가 알맞다.

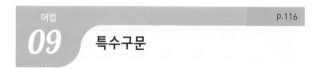
어법
08　전치사·접속사　　　　　　　p.115

예문 해석

1 당신이 1960년대 동안 야구팬이었다면 아마 Maury Wills를 알 것이다.

우리는 이곳에 머무르는 동안 반드시 조용히 해야 한다.

2 청중의 피드백은 보통 청중들이 이해하는지를 보여준다.

그 전설은 그 꽃이 어떻게 독특한 모양을 가지게 되었는지를 설명해 준다.

당신은 자신의 행동에 책임이 있다는 사실을 깨달아야 한다.

3 사람들은 우울할 때 단것을 먹는 경향이 있다.

법은 사람들이 운전하는 동안 문자 메시지를 보내는 것을 금지하고 있지만, 일부 사람들은 여전히 그렇게 한다.

그는 너무 화가 나서 내 말을 듣지 않았다.

4 비록 아팠지만 그녀는 평소처럼 출근했다.

확인 문제　　　　　　　p.115

1 Although　　2 whether　　3 that　　4 that
5 As

1 비록 우리는 이 경기에서 졌지만, 우리는 우리 팀이 자랑스럽다.
　▶ 뒤에 절이 왔으므로 접속사 Although가 알맞다.

2 나는 누구라도 이 노래의 제목을 아는지 궁금했다.
　▶ wondering과 함께 '~인지 아닌지 궁금했다'라는 의미가 되는 것이 자연스러우므로 whether가 알맞다.

3 방과 후에 수업 내용을 복습하는 것은 필수적이다.
　▶ 뒤에 완전한 절이 왔으므로 접속사 that이 알맞다.

4 물은 너무 중요해서 물 없이 사는 것은 불가능하다.
　▶ 문맥상 '너무 ~해서 …하다'라는 뜻의 「so + 형용사/부사 + that ...」이 알맞다.

5 Emma는 키가 크기 때문에 굽이 높은 구두를 신는 것을 좋아하지 않는다.
　▶ 문맥상 '~ 때문에'라는 〈이유〉를 나타내는 접속사 As가 알맞다.

어법
09　특수구문　　　　　　　p.116

예문 해석

1 신문을 사라지게 하는 것은 바로 인터넷이다.

2 그가 주장했던 것에도 불구하고, 나무들이 정말 고속도로의 시야를 가렸다.

3 내 딸은 그녀의 친구들이 그러하듯이 산타클로스를 믿는다.

Tom은 독일어를 Fred가 하는 것만큼 유창하게 하지는 않는다.

4 네 친구들이 손가락질하고 웃는다 해도, 꼭 보호 장비를 착용하도록 해라.

그가 지금 필요한 것은 돈이 아니라 시간이다.

5 그녀는 거짓말쟁이였을 뿐만 아니라 거만하고 이기적이기도 했다.

그는 자신의 업무에 그다지 능숙하지 않았고 발전하고 있는 것처럼 보이지도 않았다.

6 그녀는 모자를 집어 들어서 그것을 썼다.

확인 문제　　　　　　　p.116

1 that　　2 do　　3 baking　　4 did he
5 it down

1 내가 그 책을 주문한 것은 바로 2주일 전이었다.

▶ '…하는 것은 바로 ~이다[였다]'라는 의미의 「It is[was] ~ that …」 구문이 알맞다.

2 많은 사람들이 책보다 스마트폰과 더 많은 시간을 보낸다.
  ▶ 앞에 나온 일반동사구 spend time을 대신하므로 대동사 do 가 알맞다.

3 Bob은 쿠키를 먹는 것뿐만 아니라 굽는 것도 좋아한다.
  ▶ 「not only A but also B」 구문에서 A 자리에 동명사구 eating cookies가 왔으므로, B에도 동명사(구)가 와야 한다.

4 그는 자신이 유명한 배우가 될 거라고 전혀 꿈도 꾸지 않았다.
  ▶ 부정어 Never가 문장의 앞에 왔으므로 주어와 동사를 도치시킨다. 동사가 일반동사의 과거형이므로 「did + 주어 + 동사원형」의 어순으로 쓴다.

5 아이디어 하나가 갑자기 떠올라 나는 메모지에 그것을 적었다.
  ▶ 「타동사 + 부사」로 이루어진 동사구의 목적어가 대명사 it이므로, it을 동사와 부사 사이에 써야 한다.

어법 10 주의할 품사
p.117

예문 해석

1 그녀의 아이는 그들의 집에서 가까운 슈퍼마켓에서 쇼핑하는 것을 좋아한다.
  이 지역에서는 열한 개의 언어가 공식적으로 인정된다.

2 화산재가 대기 중으로 높이 폭발했다.
  그 회사의 신제품은 매우 성공적이다.

3 이 프로젝트를 위해서는 창의성이 훨씬 더 강조된다.

4 한꺼번에 그렇게 많은 선물과 돈을 받은 것이 그녀를 놀라게 했다.
  모든 강의가 우리 웹사이트에서 무료로 제공된다.

5 제대로 된 노력을 하는 사람들은 대개 성공한다.
  노인들이 홍수 구역에서 먼저 구조되었다.

6 인간의 뇌는 침팬지의 뇌보다 훨씬 크다.

7 자신이 노래를 잘 부른다고 생각하는 사람들은 그 대회에 참가해야 한다.

확인 문제
p.117

1 completely   2 late   3 few   4 were
5 him

1 그 토네이도는 내가 살던 마을을 완전히 파괴했다.
  ▶ 동사 destroyed를 수식하므로 부사를 써야 한다.

2 Harold는 늦게 일어나서 버스를 타기 위해 뛰어야 했다.
  ▶ 문맥상 '늦게'라는 뜻의 부사 late가 와야 한다.

3 해가 지고 나면 마을의 이 지역에는 택시가 거의 없다.

▶ taxis는 셀 수 있는 명사의 복수형이므로 few가 와야 한다.

4 다친 사람들은 구급차로 근처 병원에 실려 갔다.
  ▶ 「the + 형용사」는 '~한 사람들'이라는 의미로 복수 취급하므로 동사의 복수형을 써야 한다.

5 그의 의사는 그에게 수술의 위험성에 대해 경고했다.
  ▶ 목적어가 주어와 다른 대상이므로 재귀대명사가 올 수 없다.

유형 연습
pp.118~121

01 ③   02 ③   03 ③   04 ②

01 ③

당신이 관찰한 흥미로운 동물의 사진이나 영상을 가지고 있는가? 만약 그렇다면, 그것들은 과학자에게 유용할지도 모른다. 과거에는 그런 이미지에 담긴 정보가 대부분 쓰이지 않았다. 하지만 현재는 인공 지능을 활용하는 새로운 과학 분야인 이미지오믹스가 그것들로부터 귀중한 데이터를 추출하고 있다. 현재, 정보 부족으로 인해 많은 멸종 위기종의 정확한 상태가 불확실하다. 공공 기관과 시민 개인의 디지털 (콘텐츠) 모음을 이용함으로써, 과학자들은 지식을 확장하고 지구상의 많은 동물종의 현재의 다양성과 개체 수를 더 잘 이해할 수 있기를 바란다. 만약 당신이 이미지오믹스 관련 웹사이트에 당신의 동물 사진이나 영상을 올리지 않았다면, 그렇게 하는 것을 고려해 봐야 한다. 이것은 오래 걸리지 않고, 멸종에 직면한 희귀종에게 도움이 될 수 있다.

구문해설

1행 Do you have photos or videos of interesting animals [that you've observed]? ⇨ [ ]는 interesting animals를 수식하는 목적격 관계대명사절이다.

2행 …, the information [contained in such images] went largely unused. ⇨ [ ]는 앞의 명사 the information을 수식하는 과거분사구이다.

문제해설

③ 주어가 전치사구 of many threatened species의 수식을 받는 the exact status로 단수이므로, are를 단수형인 is로 고쳐야 한다.

〈오답노트〉
① largely는 과거분사 unused를 수식하는 부사이다.
② that은 a new scientific field를 선행사로 하는 주격 관계대명사이다.
④ (to) understand는 to expand와 and로 병렬 연결되어 있다.
⑤ consider는 목적어로 동명사를 취한다.

02 ③

파키스탄에서, 트럭은 운송 수단 이상이다. 다양한 장식물 덕분에, 파키스탄의 트럭은 움직이는 예술품이다. 이 트럭 위의 예술에 있어 아름다운 점은 그것이 독특한 디자인과 선명한 색상을 특징으로 한다는 것이다. 그뿐 아니라, 트럭 전체가 꾸며지기도 한다. 내부와 외부, 그리고 심지어 제조사의 로고까지 아름답게 보이도록 만들어진다. 그림들이 흔히 사용되며 (트럭) 주인의 요청에 따라 어떤 스타일이든 될 수 있다. 어떤 이들은 자기 아이들의 이미지들을 포함하는 것을 선택하는 반면에 다른 이들은 유명인들의 그것(이미지)들을 선호하기도 한다. 그림 외에도, 트럭 위에 예술을 창조하기 위해 체인과 목재 조각에서부터 구조 변형까지 모든 종류의 장식이 사용된다. 대부분의 트럭 주인들은 이런 식으로 그들의 차량을 장식하는 데 그들의 연간 수입보다 많은 돈을 쓴다. 운전자들이 그들의 트럭을 자랑스러워하고 과시하기를 좋아하는 것은 당연하다.

구문해설

10행 *It's no wonder* [***that*** drivers are proud of their trucks ...]. ⇨ It은 가주어이고, 접속사 that이 이끄는 명사절인 [ ]가 진주어이다. 「it's no wonder (that) ~」는 '~은 당연하다, 놀랄 일이 아니다'의 의미이다.

문제해설

③ 앞에 언급된 복수명사 images를 대신하는 대명사이므로 복수형인 those로 고쳐야 한다.
〈오답노트〉
① What은 선행사를 포함하는 관계대명사로, 문장의 주어로 쓰인 명사절을 이끈다.
② 감각을 나타내는 동사 look은 형용사를 보어로 취한다.
④ 「spend + 시간[돈/노력] + v-ing」로 decorating은 적절하다.
⑤ 가주어 it에 대한 진주어절을 이끄는 접속사 that이다.

03 ③

더 행복한 삶을 사는 것이 당신의 목표라면, 당신이 매일 해야만 하는 다섯 가지 필수적인 것들이 있다. 이 중 첫 번째는 다른 사람들과 친해지는 것이다. 돈독한 사회적 관계는 만족스러운 삶의 토대이다. 두 번째는 활동적으로 지내는 것이다. 당신스스로가 기분이 처진다고 느껴질 때는 친구들과 걷거나 자전거를 타는 것과 같은 육체적 운동이 확실히 기분을 나아지게 해줄 것이다. 세 번째는 주변에 관심을 기울이는 것이다. 반 친구의 새로운 헤어스타일이나 계절의 변화같이 겉보기에 사소해 보이는 세부 사항들을 알아차림으로써 당신은 좀 더 살아 있음을 느낄 것이다. 네 번째는 계속 배우는 것이다. 호기심은 뇌에 유익하므로, 새로운 요리법을 시험 삼아 해 보거나 당신을 행복하게 하는 새로운 기술을 독학하라. 그리고 마지막은 다른 사람들에게 베푸는 것이다. 관대함은 인간의 가장 기본적인 특징 중 하나로, 다른 사람들에게 즐거움을 주는 동시에 당신의 기분을 좋아지게 해 줄 수 있다.

구문해설

1행 ..., there are five essential things [(which/that) you should do every day]. ⇨ [ ]는 five essential things를 수식하는 목적격 관계대명사절로, 목적격 관계대

명사 which 또는 that이 생략되었다.

3행 When you **find** yourself **feeling** down, physical exercise, such as walking or cycling with friends, *is certain to improve* your mood. ⇨ 「find + 목적어 + v-ing」는 '~가 …하는 것을 발견하다[알게 되다]'의 의미이다. 「be certain to-v」는 '~할 것이 확실하다'의 뜻이다.

문제해설

(A) 주어인 physical exercise가 단수이므로, 단수형 동사 is가 적절하다.
(B) make의 목적격 보어 자리로 형용사인 happy가 적절하다. 「make + 목적어 + 형용사」는 '(목적어)가 ~하게 만들다'라는 의미이다.
(C) Generosity를 부연 설명하는 계속적 용법의 관계대명사가 필요하므로 which가 적절하다. 관계대명사 that은 계속적 용법으로 쓰일 수 없다.

04 ②

대서양의 La Gomera에 있는 Canary 섬에 사는 사람들은 독특한 의사소통 방법을 갖고 있다. Silbo Gomero라고 불리는 그들의 전통 언어는 입으로 하는 말 대신 휘파람을 이용한다. Silbo Gomero는 전 세계에서 유일하게 완전히 발달되고 널리 사용되는 휘파람 언어이다. 그것은 모음을 위한 두 개의 휘파람 소리와 자음을 위한 네 개의 휘파람 소리를 특징으로 한다. 각각은 음의 높이와 오래 유지되느냐 짧게 유지되느냐 하는 점에서 서로 다르다. 그 언어를 구사하는 그 섬의 사람들은 그것으로 어떠한 메시지도 전달할 수 있다. Silbo Gomero는 흥미로운 언어일 뿐만 아니라, 그것은 또한 2마일 이상 떨어진 거리에서도 의사소통하기 위해 사용될 수 있다. 그것의 많은 특별한 특징들 때문에, 그 언어는 이제 유네스코 인류 무형 문화유산으로 공인되고 있다.

구문해설

5행 Each differs from the others **in** pitch and [*whether* it is held for a long *or* short time]. ⇨ [ ]는 pitch 와 함께 전치사 in의 목적어 역할을 하는 명사절이다. 「whether A or B」는 'A인지 (아니면) B인지'를 의미한다.

문제해설

② Their traditional language가 불리는 대상이므로 과거분사인 called가 오는 것이 적절하다.
〈오답노트〉
① 전치사구 on the Canary Island ... Ocean의 수식을 받는 복수명사 People이 주어이므로 동사의 복수형 have가 쓰였다.
③ 선행사 People을 수식하는 주격 관계대명사 who는 적절하다.
④ 부정어구인 Not only가 문장의 맨 앞에 쓰여 주어와 동사가 도치된 형태로, 주어가 Silbo Gomero이므로 동사 is는 적절하다.
⑤ 문장의 주어인 the language를 가리키므로 단수형 소유대명사 its는 알맞다.

01 ②   02 ③   03 ⑤   04 ④   05 ③

01 ②

대부분의 사람들은 정전기 충격이라는 불쾌한 놀람을 경험한 적이 있다. 그것은 상당히 고통스러울 수 있고 심지어 전자 부품에 손상을 입힐 수도 있다. 다행히도, 당신 주변의 잠재적 마찰의 양을 줄여 이 충격이 일어나는 것을 예방할 수 있는 방법들이 있다. 한 가지 방법은 특히 춥고 건조한 겨울철에 간단히 피부에 보습제를 바르는 것이다. 보습제는 정전기가 축적되는 것을 예방하는 피부 위의 장벽 역할을 한다. 당신이 입는 옷 또한 당신 주변에 얼마나 많은 정전기가 생기는지에 영향을 미칠 수 있다. 만약 당신이 폴리에스테르나 나일론으로 만들어진 옷을 입는다면, 이 직물들은 아주 쉽게 정전기 전하를 띠기 때문에 당신이 충격을 받을 가능성이 훨씬 더 크다. 하지만, 면이나 모로 만들어진 옷은 정전기를 축적시킬 가능성이 더 적어서 그것들은 건조한 날씨에 최적의 선택지이다.

구문해설

3행 Thankfully, there are ways [**to lower** the amount of potential friction around you and (**to**) *prevent* these shocks *from happening*]. ⇨ [ ]는 ways를 수식하는 형용사적 용법의 to부정사구이다. to lower와 (to) prevent가 and로 병렬 연결되어 있다. 「prevent+목적어+from v-ing」는 '(목적어)가 ~하는 것을 막다'의 의미이다.

6행 The clothes [(which/that) you wear] can also affect [how much static electricity is created around you]. ⇨ 첫 번째 [ ]는 The clothes를 수식하는 목적격 관계대명사절로, 목적격 관계대명사 which 또는 that이 생략되었다. 두 번째 [ ]는 affect의 목적어 역할을 하는 의문사절이다.

문제해설

정전기를 예방할 수 있는 방법을 소개하는 글이므로, 글의 주제로는 ② '정전기 축적을 피하는 전략'이 가장 적절하다.
① 정전기 충격은 어떻게 발생하는가
③ 정전기가 겨울에 흔한 이유
④ 옷을 만드는 데 사용하기 가장 좋은 소재
⑤ 보습제는 피부를 보호하기 위해 어떻게 작용하는가

02 ③

2023 시드니 팔씨름 대회
2023년 10월 14일 일요일 오후 1시, Logan 경기장

당신은 학교에서 가장 힘이 센 학생인가요? 한 손으로 무거운 물건들을 들 수 있나요? 그렇다면, 2023 시드니 팔씨름 대회에 참가하세요.

유의 사항:
- 대회에는 17세에서 19세의 소년과 소녀들이 참가할 수 있습니다.
- 참가자들은 등록 시 체중 검사를 받아야 합니다.
- 각 체급 및 성별 부문의 우승자는 트로피를 받을 것입니다.

대회 규칙:
- 경기는 양쪽 참가자들이 다 자신의 잡는 방식에 만족한 후에 시작됩니다.
- 경기 중에 적어도 한 발은 지면에 닿아 있어야 합니다.
- 경기 중에 한 손은 테이블 옆면의 손잡이에 두어야 합니다.

등록:
- 등록은 Logan 경기장에서 대회 한 시간 전에 시작합니다.
- 참가비 없음

구문해설

4행 **If so**, sign up for the 2023 Sydney Arm-Wrestling Competition. ⇨ If so는 '만약 그렇다면'의 의미로, 여기서는 문맥상 If you are the strongest student in your school and can lift heavy objects with one hand를 나타낸다.

문제해설

③ 경기 중에 적어도 한 발은 지면에 닿아 있어야 한다.

03 ⑤

1930년대에 Han van Meegeren이라는 이름의 화가는 미술 평론가들에게 인정받지 못하고 있다고 느꼈다. 그는 네덜란드의 화가인 페르메이르의 위작을 만들어 내서 자신의 재능을 보여주기로 결심했다. 그는 페르메이르의 화풍을 그대로 모사했고 자신의 그림이 수백 년 된 것처럼 보이게 만들었다. 그의 계획은 효과가 있었고 전문가들은 그 그림이 진품이라고 믿었다. Van Meegeren은 그것을 고가에 팔았고 더 많은 페르메이르 위작들을 만들기 시작했다. 분명히, 돈에 대한 그의 탐욕이 명성에 대한 그의 욕구를 압도했고, 그는 은밀히 작업을 계속했다. 그는 심지어 자신의 그림들 중 하나를 나치당의 지도자에게 팔기도 했다. 그러나 제2차 세계대전 이후, 네덜란드 정부는 '국보'를 적에게 준 죄로 그를 고발했다. 자신의 처벌을 증가시키기(→ 줄이기) 위해 Van Meegeren은 그 그림들이 모조품이라고 자백했다.

구문해설

3행 He **copied** the style of Vermeer exactly and *made* his painting *appear* hundreds of years old. ⇨ 문장의 동사 copied와 made가 and로 병렬 연결되었다. 사역동사 made의 목적격 보어로 동사원형 appear가 쓰였다.

9행 In order to reduce his punishment, Van Meegeren admitted [that the paintings were fakes]. ⇨ 「in order to-v」는 '~하기 위하여'의 뜻이다. [ ]는 admitted의 목적어 역할을 하는 명사절이다.

문제해설

Van Meegeren이 자신의 처벌을 증가시키기 위해서가 아니라 '줄이기' 위해 그림들이 모조품이라고 자백했다는 내용이 적절하므로, ⑤ increase(증가시키다)를 reduce(줄이다) 등으로 바꿔야 한다.

04 ④

단기 기억 상실의 원인으로 가능한 것은 여러 가지가 있다. 그 것은 질병이나 부상, 또는 스트레스 때문에 발생할 수도 있고 또한 약물 사용의 부작용이나 자연스러운 노화 과정일 수도 있다. 하지만 원인과 상관없이, 단기 기억 상실은 극복될 수 있는 문제라는 것을 기억하는 것이 중요하다. 시간과 인내심을 가지면, 당신의 기억력을 향상시키는 것은 가능하다. 이렇게 하는 한 가지 효과적인 방법은 다른 사람들과 교류하는 것이다. 이것은 당신의 뇌를 자극하는 이상적인 방법인데, 왜냐하면 인간관계는 예측하기가 어렵고 끊임없는 참여와 정신의 각성을 요구하기 때문이다. 실제로, 연구는 활발한 사회생활을 하는 노인들이 대부분의 시간을 혼자 보내는 노인들에 비해 더 느린 기억력 감퇴를 보이는 경향이 있다는 것을 보여줬다. 더구나, 이런 사회적으로 활발한 노인들이 더 오래 살기도 한다.

구문해설

3행 ..., **it** is important [to remember that short-term memory loss is a problem {that can be overcome}]. ⇨ it은 가주어이고, [ ]는 진주어 역할을 하는 명사적 용법의 to부정사구이다. { }는 a problem을 수식하는 주격 관계대명사절이다.

6행 This is an ideal way [to stimulate your brain] because relationships are hard **to predict** .... ⇨ [ ]는 an ideal way를 수식하는 형용사적 용법의 to 부정사구이다. to predict는 바로 앞의 형용사 hard를 수식하는 부사적 용법의 to부정사이다.

8행 ..., research has shown [that older people with active social lives tend to exhibit a slower decline in memory than those {who spend most of their time alone}]. ⇨ [ ]는 has shown의 목적어 역할을 하는 명사절이다. { }는 those를 수식하는 주격 관계대명사절이다.

문제해설

빈칸 뒤에서 인간관계가 정신적 각성을 요하며 활발한 사회생활을 하는 노인들의 기억력 감퇴가 더 느린 경향이 있다고 했으므로, 빈칸에는 ④ '다른 사람들과 교류하는 것'이 가장 적절하다.
① 사회적 스트레스를 피하는 것
② 규칙적인 일상을 유지하는 것
③ 두뇌 훈련 게임을 하는 것
⑤ 신체적 활동에 참여하는 것

05 ③

겨울에 두 마리의 고슴도치를 상상해 보라. 그들이 서로 가까이 붙어 있다면 따뜻할 것이다. 하지만 각각은 또한 상대방의 날카로운 가시에 다칠 수도 있다. (B) 이것은 고슴도치의 딜레마로 알려져 있으며, 인간관계도 같은 방식으로 보는 것이 가능하다. 누군가와 친밀한 관계를 맺는 것은 기분 좋을 수 있다. 안타깝게도, 이것은 또한 그 사람을 다치게 하고 당신 자신의 감정도 상처를 입게 하는 위험에 당신을 빠뜨리기도 한다. (C) 예를 들어, 당신은 자주 당신의 엄마나 가장 친한 친구에게 화를 낼 수도 있다. 당신은 심지어 자신이 그저 속상할 뿐이라는 것을 그들이 알아주기를 기대하면서 그들에게 모진 말을 할 수도 있다. 반면에, 당신은 자신과 가깝지 않은 사람들에게는 아마도 더 너그러울 것이다. (A) 그렇다면 해결책은 무엇인가? 계속 친밀한 관계를 유지하면서 서로에게 상처를 주는 위험을 감수해야 하는가? 아니면 모든 사람들에게서 멀리 떨어져 외롭게 살아야만 하는가? 당신의 대인 관계에서 적절한 균형을 찾는 것이 중요하다. 사랑하는 이들에게 존중을 보여주는 것이 아마 좋은 출발점이 될 것이다.

구문해설

7행 This **is known as** the hedgehog's dilemma, and *it*'s possible [to view human relationships the same way]. ⇨ 「be known as ~」는 '~로 알려져 있다'의 뜻이다. it은 가주어이고, [ ]는 진주어 역할을 하는 명사적 용법의 to부정사구이다.

9행 Unfortunately, this also puts you in danger of **hurting** that person and *having* your own feelings *wounded*. ⇨ 전치사 of의 목적어로 쓰인 동명사 hurting과 having이 and로 병렬 연결되었다. 사역동사 having의 목적어와 목적격 보어의 관계가 수동이므로 목적격 보어로 과거분사 wounded가 쓰였다.

12행 You may even say mean things to them, [**expecting** them **to understand** {that you are just upset}]. ⇨ [ ]는 〈부대상황〉을 나타내는 분사구문이다. 「expect + 목적어 + to-v」는 '(목적어)가 ~하기를 기대하다'의 의미이다. { }는 understand의 목적어로 쓰인 명사절이다.

문제해설

겨울에 고슴도치들이 서로 붙어 있으면 따뜻해질 수는 있지만 가시로 서로를 찌를 수도 있다는 주어진 글에 이어, 이것은 고슴도치의 딜레마로 알려져 있으며, 인간관계에도 적용된다는 내용의 (B)가 오고, 그 예시로 가까운 사이이기 때문에 서로 더 상처를 줄 수도 있는 반면 친하지 않은 사람들에게는 더 너그럽게 대한다는 내용의 (C)가 온 다음에, 그 해결책으로 대인관계의 적절한 균형을 찾을 것을 제시한 (A)로 이어지는 것이 자연스럽다.

01 ③

온라인으로 세 개의 노트북 중 어느 것을 구매할지 결정하려고 한다고 상상해 보라. 첫 번째 것은 리뷰가 많고 평점이 높고, 두 번째 것은 리뷰가 더 적고 평점이 낮다. 그리고 세 번째 것은 리뷰가 전혀 없다. 당신은 만족한 고객이 가장 많은 것을 고를 가능성이 크다. 이는 사람들이 사회 규범에 따르려고 노력한다는 생각에 근거를 둔 심리 현상인 사회적 증거라고 불리는 것 때문이다. 판매자들은 신규 고객을 끌어들일 목적으로 어느 정도 제3자의 영향력을 빌리기 위해 이를 이용한다. 어떤 제품을 살지 결정하지 못한 쇼핑객들은 그들이 고려 중인 물품을 구매한 다른 사람들의 리뷰와 추천에 쉽게 흔들린다. 이것이 바로 회사들이 고객에게 리뷰를 남겨달라고 설득하는 데 열심인 이유이다. 즉, 그것들이 만들어 내는 사회적 증거는 귀중한 판매상의 장점이다.

구문해설

1행　Imagine you're trying to decide **which** of three laptops **to purchase** online. ⇨ 「which to-v」는 '어느 것을 ~할지'라는 의미로 decide의 목적어 역할을 한다.

3행　**Chances are** [**that** you will select the one with the most satisfied customers]. ⇨ 「chances are that ~」은 '~할 가능성이 높다'라는 의미로, [ ]는 주격 보어로 쓰인 명사절이다.

4행　This is due to something [called social proof], [a psychological phenomenon based on **the idea** {that people strive to conform to social norms}]. ⇨ 첫 번째 [ ]는 something을 수식하는 과거분사구이다. 두 번째 [ ]는 social proof와 동격이다. { }는 the idea와 동격인 명사절이다.

문제해설

사회적 증거로 인하여 구매자들이 구매 결정 시 고객 리뷰의 영향을 많이 받는다고 했으므로, 밑줄 친 부분이 의미하는 바로는 ③ '과거 고객들의 리뷰를 활용하다'가 가장 적절하다.
① 업계 전문가에게 자문을 구하다
② 고객 서비스 방침을 개선하다
④ 자사 제품에 대한 거짓 리뷰를 작성하다
⑤ 고객에게 웹사이트를 추천하다

02 ④

학부모님께,

핼러윈이 다가오고 있습니다! 올해 핼러윈은 토요일이므로, Carson Valley 고등학교 학생들은 10월 30일 금요일에 의상을 입고 등교하기 바랍니다. 기념행사의 일환으로, 학교에서는 전체에서 최고의 의상에 대해 최우수상과 더불어, 각 반에서 최고의 의상에 대해서도 상을 수여할 것입니다. 손수 만든 의상이 대회에서 특혜를 받을 것이므로, 창의력을 발휘하십시오! 본교의 Bailey 교감 선생님이 책임 심사 위원을 맡을 것이나, 객원 심사 위원으로 자원하실 학부모님들 또한 모집 중입니다. 관심이 있으시면, 교무원에게 알려주시기 바랍니다. 마지막으로, 행사에 참가하기 원하는 모든 학생들에게 학교의 자선기금에 기부할 2달러를 가져올 것을 요청드립니다. 이 돈은 모두 마을의 훌륭한 Food for Children 프로그램에 직접 전달될 것입니다.

Carson Valley 고등학교 교장
Colin Sanderson 드림

구문해설

10행　Finally, every student [who wants to participate in the event] is asked to bring two dollars [to donate to the school's charitable fund]. ⇨ 첫 번째 [ ]는 every student를 수식하는 주격 관계대명사절이다. 두 번째 [ ]는 two dollars를 수식하는 형용사적 용법의 to부정사구이다.

문제해설

고등학교 핼러윈 기념행사를 안내하는 내용의 글이므로, 글의 목적으로 가장 적절한 것은 ④이다.

03 ④

모리셔스 남서부의 Chamarel 마을로 여행을 간다면 당신은 Seven Colored Earths로 알려진 보기 드문 지질 형성물을 볼 수 있을 것이다. 그것은 빨간색, 갈색, 보라색, 녹색, 파란색, 자주색, 노란색의 서로 다른 일곱 가지 색상의 모래로 이루어진 사구(砂丘)들의 작은 군집이다. 각 색깔의 모래를 한 줌씩 가져다가 함께 섞으면 그것들이 일곱 개의 구분되는 색을 띤 층들로 분리되는 것을 발견할 것이다. 이 모래들은 화산암이 각기 다른 온도에서 식으면서 만들어졌고, 나중에 언덕 모양이 되었다. 그러나 이 과정에 의해 만들어진 색상이 Seven Colored Earths의 유일한 놀라운 특징은 아니다. 이 지역의 강한 바람과 폭우에도 불구하고, 사구들은 침식의 흔적을 전혀 보이지 않는다. 이런 이유들로 지질학자들은 그 형성물이 발견된 이후로 그것에 매료되어 왔다.

구문해설

1행　But the coloring [caused by this process] is not the only amazing feature of the Seven Colored Earths. ⇨ [ ]는 the coloring을 수식하는 과거분사구이다.

7행　..., you will find [that they separate into seven distinct colored layers]. ⇨ [ ]는 find의 목적어로 쓰인 명사절이다.

11행　For these reasons, geologists **have been fascinated** with the formation **ever since** it was discovered. ⇨ have been fascinated는 현재완료

수동태로, '~ 이후로 줄곧'이라는 의미의 ever since와 함께 쓰여 〈계속〉을 나타낸다.

문제해설
주어진 문장은 이 과정에 의해 만들어진 색상이 Seven Colored Earths의 유일한 놀라운 특징이 아니라는 내용이므로, 형성 과정을 설명하는 문장과 다른 특징을 추가적으로 서술하는 문장 사이인 ④에 들어가는 것이 가장 적절하다.

04 ② 05 ⑤

연구는 6개월 된 아기들이 타인의 얼굴뿐만 아니라 다른 동물 종의 얼굴도 구분할 수 있다는 것을 보여주었다. 하지만, 9개월 정도의 연령이 되면 이 능력은 더 분화된다. 아기들은 인간 얼굴을 알아보는 것에는 훨씬 더 뛰어나게 되지만, 동물 얼굴을 구별하는 능력은 잃는다. 한 실험에서 연구원들은 아기들이 동물의 얼굴을 주기적으로 본다면 이 능력이 유지되는지를 알아보려 했다. 그들은 6개월 된 아기들에게 몇몇 원숭이 얼굴 사진을 보여주고 그런 다음 아기들을 두 집단으로 나누었다. 그리고 첫 집단에게는 매일 1~2분 동안 서로 다른 원숭이 사진을 보여주는 반면, 다른 집단에게는 전혀 보여주지 않았다. 그들이 9개월 연령이 된 뒤, 연구원들은 아기들에게 두 개의 원숭이 얼굴을 보여주는 것으로 테스트했는데, 하나는 이전에 실험 첫 단계에서 그들 모두 보았던 것이고 하나는 그들이 본 적 없는 것이었다. 아기들이 그 얼굴들을 바라보는 시간을 측정하여 연구원들은 첫 번째 집단이 친숙한 얼굴을 인지할 수 있는 반면에 두 번째 집단은 그럴 수 없다는 것을 밝힐 수 있었다. 이것은 어른이 되면서 인간의 얼굴에만 집중하는 우리의 경향은 우리가 드물게(→ 계속해서) 그것들에 노출된다는 단순한 사실에서 비롯된다는 것을 시사한다.

구문해설
1행 Research has shown [that six-month-old babies are able to distinguish **not only** the faces of other humans **but also** *those* of different animals species]. ⇨ 접속사 that이 이끄는 명사절 [ ]는 has shown의 목적어 역할을 한다. 「not only A but also B」는 'A뿐만 아니라 B도'의 의미이다. those는 앞에 나온 명사의 반복을 피하기 위해 사용된 대명사로 the faces를 나타낸다.

4행 In an experiment, researchers tried to discover [whether this skill would be retained {if the babies saw animal faces on a regular basis}]. ⇨ [ ]는 discover의 목적어 역할을 하는 명사절이다. { }는 조건의 부사절로 '(만약) ~한다면'의 의미이다.

11행 **By measuring** the amount of time [(which/that) the babies *spent looking* at the faces], the researchers were able to determine …. ⇨ 「by v-ing」는 '~함으로써'의 의미이다. [ ]는 time을 수식하는 목적격 관계대명사절로, 목적격 관계대명사 which 또는 that이 생략되었다. 「spend+시간[돈/노력]+v-ing」

는 '~하는 데 (시간[돈/노력])을 쓰다'의 뜻이다.

문제해설
04 아기들은 꼭 인간이 아니어도 반복적으로 노출되는 동물의 친숙한 얼굴을 식별할 수 있다는 내용의 글이므로, 글의 제목으로는 ② '익숙함에 의해 강화됨: 유아들의 얼굴 인식'이 가장 적절하다.
① 각기 다른 연령별 유아의 능력 구별하기
③ 인간 아기는 몇 세에 새끼 원숭이를 능가하는가?
④ 인간은 어떻게 수년 뒤에 서로를 알아보는가
⑤ 아기들은 인간과 원숭이의 차이를 구분할 수 없다

05 아기들은 반복적으로 본 얼굴은 인간이든 동물이든 구분할 수 있고, 어른이 되면서 인간의 얼굴에만 집중하는 것은 단순히 우리가 인간의 얼굴에만 '계속해서' 노출되기 때문이라는 것이 적절하다. 따라서 ⑤ seldom(드물게)는 continually(계속해서) 등으로 고쳐야 한다.

MINI TEST 03   pp.133~137

01 ③   **02** ①   **03** ③   **04** ②   **05** ④

01 ③

나는 아침 일찍 일어났고 다시 잠들 수가 없었다. 내 텐트를 때리는 강한 바람이 그것을 너무 어렵게 했다. 하지만 그것보다도 나는 내 위의 산 높은 곳에 있는 Tim에 대한 생각을 멈출 수가 없었다. 폭풍은 그곳에서 훨씬 더 심했을 것이 틀림없다. 나는 가만히 앉아 있을 수가 없어 텐트 안에서 계속 왔다 갔다 서성거렸다. 나는 계속해서 무전기로 Tim과 연락하려고 애썼다. 하지만 내리고 있던 그 모든 눈이 그와 연락이 닿는 것을 불가능하게 만들었다. 대신에, 나는 산기슭의 베이스캠프에 있는 Paul에게 무전을 보내기로 했다. 몇 번의 시도 후에 그가 받았다. 그도 역시 Tim과 연락을 하기 위해 시도하고 있었고 마침내 답장을 받았다. 그는 Tim이 숨을 동굴을 찾았고 폭풍이 지나가기를 기다리고 있다고 말해 주었다. 그는 무사했다.

구문해설
1행 The strong wind [beating against my tent] made **it** too difficult. ⇨ [ ]는 The strong wind를 수식하는 현재분사구이다. it은 앞 문장에서 언급한 get back to sleep을 가리킨다.

3행 The storm **must have been** *even* worse up there. ⇨ 「must have p.p.」는 '~했음이 틀림없다'의 의미이다. even은 비교급 worse를 강조하는 부사이다.

5행 However, all the snow [that was falling] made **it** impossible [to get through to him]. ⇨ 첫 번째 [ ]는 all the snow를 수식하는 주격 관계대명사절이다. it은 가목적어이고, 두 번째 [ ]는 진목적어 역할을 하는 명사적 용법의 to부정사구이다.

③ 필자는 거센 폭풍이 몰아치는 가운데 산 위쪽에 있는 Tim에게 계속 연락을 시도했지만 연락이 되지 않아 불안해하다가, 마침내 그가 무사하다는 소식을 들었으므로 안도하였을 것이다.

02 ①

최근 한 조사에서 박물관 관람객들에게 박물관에서 어떤 종류의 기술을 사용하는 것을 선호하는지 물어보았다. 나이가 많은 관람객들은 오디오 투어와 동영상 둘 다를 젊은 응답자들보다 더 선호하는 편이었다. (실제로, 70세 이상의 관람객들은 30세 미만의 관람객들보다 오디오 투어를 3배 이상 더 선호하는 것 같았다.) 이와 유사하게, 60대 응답자들은 30~39세 연령층보다 동영상을 2배 더 선호하는 것 같았다. 한편, 컴퓨터 상호 작용은 조사에 응한 6개 연령층 모두에서 가장 인기 없는 기술이었다. 가장 젊은 연령층의 관람객들 중 단 11퍼센트만이 박물관에서 컴퓨터 상호 작용을 사용하는 것을 선호한다고 답했다. 이 수치는 40대에서는 13퍼센트로 상승했지만, 이것은 모든 연령층에서 오디오 투어와 동영상의 비율보다 훨씬 더 낮았다.

3행 ..., visitors over the age of 70 were more than **three times as** likely to prefer audio tours **as** visitors under 30. ⇨「배수사＋as＋형용사[부사]의 원급＋as」는 '~보다 몇 배만큼 …한[하게]'의 의미이다.

6행 Computer interaction, on the other hand, was **the least popular** technology among all six age groups in the survey. ⇨「the least＋형용사[부사]의 원급」은 '가장 덜 ~한[하게]'의 뜻이다.

① 70세 이상 관람객들의 오디오 투어 선호도는 38%로, 30세 미만 관람객들의 오디오 투어 선호도인 18%의 3배 이상은 아니다.

03 ③

한 실험에서, 연구자들이 사람들을 두 집단으로 나누었다. 첫 번째 집단은 "터키의 인구는 3천 5백만보다 많은가? 당신의 최선의 추정치는 얼마인가?"라는 질문을 받았다. 대답은 다양했지만, 그것들은 대부분 3천 5백만에 근접했다. 그런 다음 그들은 두 번째 집단에게 숫자만 1억으로 바꿔 같은 질문을 했다. 이것들이 둘 다 임의의 수치였음에도 불구하고, 두 번째 집단의 추정치는 첫 번째 집단의 추정치보다 훨씬 더 높았다. 이것은 사람들이 흔히 그들이 형성하는 처음 생각에 근거하여 그들의 판단 기준을 세운다는 것을 보여 준다. 다시 말해서, 당신이 어디에서 시작하느냐가 결론에 영향을 줄 수 있다는 것이다. 이러한 경향은 일부 판매원들에 의해 의도적으로 이용된다. 그들은 적정 가격에 대한 당신의 추정치를 낮추기(→ 높이기) 위해 당신에게 가장 가격이 높은 물건을 먼저 보여줄 것이다. 이러한 함정을 피하기 위해서, 하나의 시작점이나 다른 사람에 의해 정해진 기준에 근거하여 성급한 결정을 내리지 마라. 대신, 그 대상에 대해 더 많이 알아보고 정보에 입각한 결정을 내려라.

5행 Although these were both random figures, the second group's estimates were **much** higher than *those* of the first group. ⇨ much는 비교급 higher를 강조하는 부사이다. those는 estimates를 가리킨다.

7행 ..., [where you start] can influence your conclusion. ⇨ [ ]는 문장의 주어 역할을 하는 의문사절로,「의문사＋주어＋동사」의 어순을 따른다.

사람들은 처음에 높은 수치를 들었을 때 추정치를 높이 잡는다고 했으므로 판매원들이 비싼 물건부터 보여 주는 것은 고객들이 생각하는 적정 가격의 추정치를 '높이기' 위한 것이라는 내용이 자연스럽다. 따라서 ③의 lower(낮추다)는 raise(높이다) 등으로 바꿔야 한다.

04 ②

Hananuma Masakichi는 자신의 실물 크기 조각상을 만든 것으로 가장 유명한 일본의 조각가이다. Masakichi는 자신이 곧 죽을 것이라고 생각해서 1880년대에 자신의 걸작을 만들기 시작했다. 그는 자기가 사랑했던 여자에게 선물로 그 조각상을 주고 싶었다. 조절이 가능한 거울로 자신을 바라보며, 그 예술가는 나무 조각들로 자신의 각 신체 부위를 따로따로 만들었다. 그는 그런 다음 그것들을 연결했다. 그가 사용한 조각들의 수는 대략 2천 개에서 5천 개 사이였다. 놀라운 것은 그것들 모두가 쇠못 없이도 함께 맞물려 있었다는 것이다. 그 과정에서 오직 나무 접합 부분과 접착제, 그리고 나무로 된 핀만이 사용되었다. Masakichi의 세심함과 기술 덕분에, 그의 조각품은 믿기지 않을 만큼 사실적이다. 실제로, 그가 그것 옆에 섰을 때, 사람들은 어느 형체가 실제인지 구별하는 데 어려움을 겪었다. 오늘날까지도, 근육, 주름, 눈의 정교함은 과학자들과 예술가들 모두를 놀라게 만든다.

1행 Hananuma Masakichi is a Japanese sculptor [most famous for creating a life-size statue of himself]. ⇨ [ ]는 a Japanese sculptor를 수식하는 형용사구이다.

2행 Masakichi began his masterpiece in the 1880s, [believing that he **was about to die**]. ⇨ [ ]는 〈이유〉를 나타내는 분사구문이다.「be about to-v」는 '막 ~하려고 하다'의 뜻이다.

5행 **The number of** strips [(which/that) he used] *was* somewhere between 2,000 and 5,000. ⇨「the number of＋복수명사」는 '~의 수'의 의미로 단수 취급하므로 was가 쓰였다. [ ]는 strips를 수식하는 목적격 관계대명사절로, 목적격 관계대명사 which 또는 that이 생략되었다.

② 사랑하는 여자에게 줄 선물로 자신의 모습을 조각했다.

05 ④

당신은 잠이 드는 것과 밤새 깨지 않고 자는 데 어려움을 겪는가? 당신은 수백만 명의 성인들에게 영향을 미치는 수면 문제인 불면증을 겪고 있을지도 모른다. 당신이 알고 있을지도 모르지만, 불면증은 건강에 좋지 않다. 게다가, 그것은 기억력 감퇴, 집중력 결여, 우울증, 스트레스 제어 불능을 유발할 수 있기 때문에 당신의 대인 관계와 직장에서의 업무 성과 둘 다에 영향을 미칠 수 있다. 그런데 당신은 불면증이 경제에 영향을 주는 방식을 생각해 본 적 있는가? 최근의 한 연구가 이 문제를 조사하여, 불면증이 직장 내 사고 중 7퍼센트의 원인이 된다는 것을 알아냈다. 그뿐만 아니라, 그 수면 장애는 이러한 사고들로 인한 (손실) 비용의 23.7퍼센트에 대한 책임이 있었다. 이는 매년 274,000건의 직장 내 사고가 직원들의 불면증으로 인해 발생한다는 것을 의미한다. 그리고 이것은 기업들에게 대략 310억 달러의 비용을 부담시키는데, 이는 경제에 심각한 문제이다.

➡ 불면증은 (A) 개인에게 부정적으로 영향을 미칠 뿐만 아니라, 그것은 또한 사회에 (B) 재정적인 문제들을 유발한다.

구문해설

1행 Do you **have trouble falling** asleep and **sleeping** through the night? ⇨ 「have trouble (in) v-ing」는 '~하는 데 어려움을 겪다'의 뜻으로, falling과 sleeping이 접속사 and로 병렬 연결되었다.

6행 But have you ever considered the ways [**in which** insomnia affects the economy]? ⇨ [ ]는 the ways를 수식하는 목적격 관계대명사절이며, 관계대명사절 내에서 관계대명사 which는 전치사 in의 목적어 역할을 한다.

13행 **Not only** does insomnia negatively affect individuals, **but** it **also** causes financial problems for society. ⇨ 「not only A but also B」는 'A뿐만 아니라 B도'의 의미이며, 부정어 not only가 문장의 맨 앞에 와서 주어(insomnia)와 동사(does)가 도치되었다.

문제해설

불면증이 개개인의 건강, 대인 관계, 업무에 부정적인 영향을 끼칠 수 있을 뿐만 아니라, 직장 내 사고 발생의 원인이 되어 사회적으로 경제적인 손실도 가져올 수 있다는 내용이므로, (A)에는 individuals(개인), (B)에는 financial(재정적인)이 들어가는 것이 가장 적절하다.

01 ②   02 ④   03 ③   04 ③   05 ④

01 ②

당신이 시험을 보고 불만족스러운 성적을 받았음을 알고 놀랐다고 상상해 보라. 필시 당신의 뇌는 즉시 이 예기치 못한 결과에 대한 설명을 찾기 시작할 것이다. 아마도 시험이 과도하게 어려웠다거나 선생님이 편파적으로 성적을 매겼다고 말이다. 자, 당신이 같은 시험에서 A+를 받았다고 상상해 보라. 외적 원인을 찾는 대신, 당신은 아마 그 성적을 당신의 노력과 지능의 결과로 볼 것이다. 심리학에서 이것은 이기적 편향으로 알려져 있다. 우리가 어떤 결과의 원인을 내적인 힘으로 볼 것인지 아니면 외적인 힘으로 볼 것인지를 결정하는 것은 그 결과 자체가 긍정적인지 아니면 부정적인지이다. 이 편향은 우리의 자존감을 유지하는 수단으로서 존재하여 우리가 좋은 것에 대해서는 공을 차지하고 나쁜 것에 대해서는 책임을 인정하는 것을 회피하게 해 준다고 여겨진다. 이것은 유용하긴 하지만, 우리의 단점에 대해 책임을 지는 법을 배우는 것 또한 중요하다.

구문해설

6행 [What determines {**whether** we attribute the cause of an outcome to internal **or** external forces}] is [whether the outcome itself is positive or negative]. ⇨ 첫 번째 [ ]는 문장의 주어로 쓰인 관계대명사절이다. { }는 determines의 목적어절로, 「whether A or B」는 'A인지 B인지'의 의미이다. whether가 이끄는 두 번째 [ ]는 주격 보어로 쓰였다.

8행 **It** is believed [**that** this bias exists as a means of maintaining our self-esteem, {*allowing* us *to take* credit for the good and (*to*) *avoid* accepting blame for the bad}]. ⇨ It은 가주어이고, 접속사 that이 이끄는 명사절인 [ ]가 진주어이다. { }는 〈부대상황〉을 나타내는 분사구문이다. 「allow+목적어+to-v」는 '~가 …하도록 (허용)하다'의 의미로, to take와 (to) avoid가 and로 병렬 연결되어 있다.

문제해설

이기적 편향은 긍정적인 결과에 대해서는 공을 차지하고 부정적인 결과에 대해서는 책임을 회피하게 한다고 했으므로, 빈칸에는 ② '우리의 자존감을 유지하는'이 가장 적절하다.

① 우리의 지적 능력을 평가하는
③ 우리의 사교 능력을 향상하는
④ 우리의 행동을 타인에게 정당화하는
⑤ 우리의 기존 신념을 확인하는

02 ④

싱가포르는 5백만 명 이상의 사람들이 아주 좁은 지역에 거주하는 자그마한 동남아시아 국가이다. 거의 모든 사람들이 도시 환경에서 살고 있기 때문에, 싱가포르 정부는 교통 문제들에 대해 매우 우려하고 있다. 그것들을 최소한으로 유지하기 위해, 그들은 사람들에게 차를 소유하기 전에 면허증을 구입할 것을 요구한다. 이것은 운전면허증과는 다른 것인데, 그것(운전면허증)은 당신이 차량을 조작하는 것만 허가한다. 자격 증명서 (COE)라고 알려진 이것은 자동차 소유 면허증이다. 효력이 있는 COE의 수는 제한이 없다(→ 제한이 있다). 그래서 그것들의 가격은 수요에 따라 오르락내리락한다. 각 COE는 10년간 지속되지만, 특별 수수료를 지불함으로써 갱신될 수 있다. 갱신되지 않은 COE는 경매 처분되고, 그것으로 구입된 차량은 폐차되거나 외국으로 수출되어야 한다.

1행 Singapore is a tiny Southeast Asian nation [where more than five million people inhabit a very small area]. ⇨ [ ]는 a tiny Southeast Asian nation을 선행사로 하는 관계부사절이다.

3행 [To keep them to a minimum], they **require** people **to buy** a license before they can own a car. ⇨ [ ]는 〈목적〉을 나타내는 부사적 용법의 to부정사구이다. 「require+목적어+to-v」는 '(목적어)에게 ~하도록 요구하다'의 뜻이다.

6행 [(Being) Known as a Certificate of Entitlement (COE)], it is a car ownership license. ⇨ [ ]는 앞에 Being이 생략된 형태로, 주어 it을 부연 설명하는 분사구문이다.

9행 COEs [that are not renewed] are auctioned off, and the cars [that were purchased with them] must **be destroyed** or (be) **exported** to another country. ⇨ 첫 번째 [ ]는 COEs를, 두 번째 [ ]는 the cars를 수식하는 주격 관계대명사절이다. 두 개의 수동태 동사 be destroyed와 (be) exported가 접속사 or로 병렬 연결되었다.

이어지는 문장에서 COE의 가격이 수요에 따라 달라진다고 했으므로 효력이 있는 COE의 수는 '제한이 있다'는 것이 문맥상 적절하다. 따라서 ④의 unlimited(무제한의)를 limited(제한된) 등으로 바꿔야 한다.

03 ③

GPS로 추적하는 것은 우리의 일상생활에서 많은 기능을 한다. 예를 들어, 그것은 만약 우리의 휴대전화를 도난당하면 우리가 그것의 위치를 찾을 수 있게 해 주고, 소포들이 우리에게 배송될 때 그것들을 추적할 수 있게 해 준다. 이 기술은 생물학 분야에서도 마찬가지로 유용하다. 과학자들은 자연 서식지에 있는 동물들의 움직임을 관찰하기 위해 GPS 추적을 사용하여 각기 다른 종들을 더 잘 이해할 수 있게 된다. 그뿐만이 아니라, 이런 방법으로 야생 동물을 연구하는 것은 또한 다른 중요한 목적들에도 도움이 된다. 예를 들어, 과학자들은 GPS 추적을 사용하여 동물에 의해 퍼지는 질병의 확산을 막을 수 있다. 그들이 병

에 걸린 동물들이 어디서 왔고 어디로 가는지를 알아낼 수 있다면, 그들은 그 동물들이 인간을 위험에 빠뜨리는 일을 막을 수 있다. 이런 의미에서, GPS 추적은 심지어 인간의 건강에도 이로울 수 있다.

3행 For instance, it **enables** us **to locate** our cell phone if it is ever stolen and **to keep** track of packages when they are shipped to us. ⇨ 「enable+목적어+to-v」는 '(목적어)가 ~할 수 있게 하다'의 의미이다. enables의 목적격 보어로 쓰인 to locate와 to keep이 접속사 and로 병렬 연결되었다.

6행 Scientists use GPS tracking to monitor the movement of animals in their natural habitats, [gaining a better understanding of different species]. ⇨ [ ]는 〈결과〉를 나타내는 분사구문이다.

9행 When they are able to determine [where sick animals come from] and [where they go], they can **stop** them **from endangering** humans. ⇨ 두 개의 [ ]는 모두 determine의 목적어로 쓰인 의문사절로, 「의문사+주어+동사」의 어순이다. 「stop+목적어+from v-ing」는 '(목적어)가 ~하는 것을 막다'의 의미이다.

주어진 문장의 that은 ③ 앞에서 언급된 GPS 추적 기술을 사용하여 동물 종들을 더 잘 이해할 수 있다는 것을 가리킨다. 또한, ③ 이후에 주어진 문장의 other important purposes에 해당하는 구체적인 예시를 제시하고 있으므로, 주어진 문장은 ③에 들어가는 것이 가장 적절하다.

04 ③

과거에는 여러 언어를 사용하는 가정에서 자라는 아이들은 불리하다고 여겨졌다. 전문가들은 이런 아이들은 혼란스러워 하게 되고 어떤 언어도 완전히 익히지 못할 가능성이 있다고 우려했다. 언어학자들은 가정에서 여러 언어를 사용하는 것에 의해 혼란이 발생할 수 있다고 인정하면서도, 이제는 장점이 훨씬 더 많다고 믿는다. 우선 첫째로, 이러한 종류의 환경에서 자라는 아이들은 계속 언어를 바꿔 가며 사용해야 한다. (그들이 성인이 되면서, 그들의 일상과 언어 습관은 제2 언어를 완벽하게 이해하는 것을 어렵게 만들고, 그래서 제2 언어를 계속 유창하게 사용하는 것은 자기 훈련을 필요로 한다.) 이러한 종류의 지적 훈련은 매우 유용한데 그것이 그들의 뇌를 건강하게 유지해 주고, 어려운 환경에서 집중하는 능력을 키워 주며, 그들에게 한 가지 과업에서 다른 과업으로 순조롭게 넘어가는 법을 가르쳐 주기 때문이다. 이것들은 여러 언어를 구사하는 아이들에게 그들의 학급 친구들에 비해 유리한 점을 제공하는 중요한 기술이다.

1행 In the past, **it** was believed [**that** children

{growing up in multilingual households} were at a disadvantage]. ⇨ it은 가주어이고, 접속사 that이 이끄는 명사절 [ ]가 진주어이다. { }는 children을 수식하는 현재분사구이다.

6행 As they become adults, their routines and language habits make **it** challenging [to gain a complete grasp of the second language], ... ⇨ it은 가목적어이고, [ ]는 진목적어 역할을 하는 명사적 용법의 to부정사구이다.

10행... it **keeps** their brain in shape, **improves** their ability [to focus under difficult conditions], and **teaches** them [*how to* smoothly *move* from one task to another]. ⇨ 세 개의 동사 keeps, improves, teaches가 and에 의해 병렬 연결되었다. 첫 번째 [ ]는 their ability를 꾸며주는 형용사적 용법의 to부정사이다. 두 번째 [ ]는 teaches의 직접목적어 역할을 하는 의문사구이며, 「how to-v」는 '~하는 방법'의 의미이다.

문제해설
가정에서 여러 언어를 사용하는 것은 과거의 예상과는 달리 장점이 훨씬 더 많다는 내용의 글이므로, 일상과 언어 습관이 제2 언어 이해를 어렵게 만들기 때문에 계속해서 훈련해야 한다고 말하는 ③은 글의 흐름과 관계가 없다.

05 ④
조로증은 유아로 하여금 노화 증세를 보이게 하는 질병이다. 그 병의 이름이 그것의 영향을 묘사한다. 이 단어는 두 개의 그리스 어원에서 유래하는데, '이전'을 의미하는 'pro'와 '노령'을 의미하는 'géras'이다. 조로증이 있는 아기들은 유아기 동안 정상적으로 발달하지 못하고 피부병으로 고생할지도 모른다. 18개월쯤에는 더욱 많은 증세가 나타나기 시작한다. 이것들은 머리카락이 자라지 않는 것과 작은 얼굴의 발달을 포함한다. 조로증은 유전적 문제로 인해 발생하지만, 유전적으로 대물림되지는 않는다. 오히려, 이 병은 어느 유아에게든 발생할 수 있는 것으로 보인다. 이것은 극히 드문 질병으로, 8백만 명의 아기들 중 단 한 명꼴로 발생한다. 애석하게도, 이 병을 가진 대부분의 사람들은 불과 10대 중반이나 20대 초반까지밖에 살지 못한다.

구문해설
1행 Progeria is a disease [that **causes** infants **to show** symptoms of aging]. ⇨ [ ]는 a disease를 수식하는 주격 관계대명사절이다. 「cause + 목적어 + to-v」는 '(목적어)가 ~하게 하다'의 의미이다.

8행 It is an extremely rare condition, [occurring in only one out of every eight million babies]. ⇨ [ ]는 an extremely rare condition을 부연 설명하는 분사구문이다.

문제해설
④ 조로증은 유전적 문제로 발생하지만, 유전적으로 대물림되지

는 않는다고 했다.

MINI TEST 05   pp.143~146

01 ①   **02** ③   **03** ③   **04** ①   **05** ②

01 ①
한 세미나의 주요 연사가 50달러짜리 지폐를 공중에 들고서 자신의 발표를 시작했다. "이걸 원하시는 분이 있나요?"라고 그가 물었다. 곧바로, 장내에 있던 모든 손이 공중으로 솟아올랐다. "잠시만요." 그가 말했다. 그는 그 지폐를 주먹에 쥐고 그것을 작은 뭉치로 잔뜩 구겼다. "자, 이제 누가 이 50달러 지폐를 원하시나요?" 다시 한번, 장내에 있던 모든 이들이 손을 들었다. 그리고 나서 그는 아주 더러운 바닥에 그 지폐를 떨어뜨리고는 발로 밟았다. "여러분은 아직도 이것을 원하시나요?"라고 그는 물었다. 모든 사람들은 그렇다고 말했다. "좋습니다. 여러분은 방금 소중한 교훈을 하나 배웠습니다. 이 지폐는 구겨지고 짓밟혔지만 그것의 가치는 변하지 않았다는 것을 여러분들은 알았죠. 사람도 마찬가지입니다. 가끔 우리의 인생에서 우리는 어려움들로 인해 짓밟히고 구겨집니다. 우리가 가치가 없다고 느낄지도 모르지만 우리는 여전히 특별하다는 것을 잊어서는 안 됩니다."

구문해설
3행 [Taking the bill in his fist], he crushed it into a small ball. ⇨ [ ]는 〈부대상황〉을 나타내는 분사구문이다.

6행 Everyone indicated [that they **did**]. ⇨ [ ]는 indicated의 목적어로 쓰인 명사절이다. did는 앞에 나온 wanted it을 대신하는 대동사이다.

문제해설
구겨지고 더럽혀져도 가치가 변하지 않는 지폐와 마찬가지로 사람 역시 살면서 어떤 난관을 겪더라도 그 가치는 변함이 없다는 내용이므로, 빈칸에는 ① '우리는 여전히 특별하다'가 가장 적절하다.
② 우리는 불평하지 말아야 한다
③ 돈은 영원하지 않다
④ 어려움이 우리를 더 강하게 만든다
⑤ 어떤 것들은 돈보다 더 가치가 있다

02 ③
어떤 아이들에게는 스포츠에 참여하는 것이 긍정적인 경험일 수 있지만, 다른 아이들은 성공해야 한다는 압박과 이기지 못하는 것에 대한 수치심으로 엄청난 충격을 받는다. 경쟁자를 물리치는 것에 대한 이러한 종류의 극도의 집중은 아이들을 운동 경기에서 멀어지게 하여, 아이들에게서 스포츠가 가져다줄 수 있는 신체적 이점을 빼앗는다. 가장 큰 문제는 학생 운동선수들이 끊임없이 경쟁 상대를 능가하도록 조장되고 있다는 것이다. 만

약 그러지 못하면, 그들은 자신감 상실을 겪을 수도 있다. 그리고 설사 그들이 그렇게 한다 해도, 계속해서 이겨야 한다는 압박이 스트레스를 많이 주고 해로울 수 있다. 우리는 이 행위에 경종을 울려야 한다. 최고가 되려고 하는 대신에, 어린 운동선수들은 자기 개인 성과에 집중해야 한다. 오늘의 결과를 어제의 것과 비교하는 것은 개인의 성장으로 이어질 수 있는 건강한 종류의 비교이다. 학교 스포츠에 관한 한, 골대를 내면으로 옮겨야 할 때이다.

구문해설

9행 [Comparing today's results to yesterday's] **is** a healthy kind of comparison [that can lead to personal development]. ⇨ 첫 번째 [ ]는 주어로 쓰인 동명사구로 단수 취급하므로 단수형 동사 is가 왔다. 두 번째 [ ]는 a healthy kind of comparison을 수식하는 주격 관계대명사절이다.

11행 ..., **it's time** we **moved** the goalposts inward. ⇨ 「it is time + 주어 + 동사의 과거형」 구문은 '~해야 할 때이다'의 의미로, 화자의 소망이나 재촉 등의 주관적 감정을 나타낸다.

문제해설

학생 운동선수들의 타인과의 과도한 경쟁은 지양되어야 하며 개인의 성장으로 이어지는 건강한 비교를 해야 한다는 내용이므로, 밑줄 친 부분이 의미하는 바로는 ③ '청소년 스포츠의 목표는 자기 발전이어야 한다'가 가장 적절하다.
① 학교는 학생들에게 더 많은 스포츠 프로그램을 제공해야 한다
② 어린 운동선수들은 패배를 받아들이는 법을 배워야 한다
④ 어린이들은 더 높은 목표를 지향하도록 장려되어야 한다
⑤ 어린 운동선수들은 코치로부터 정서적 지지를 받아야만 한다

03 ③ 04 ① 05 ②

(A) 〈Miserere〉는 1630년대에 Gregorio Allegri라는 이름의 이탈리안 음악가에 의해 작곡되었다. 그 곡은 길이가 약 15분이고 공연하기 위해서는 각각 네 명과 다섯 명으로 구성된 두 개의 합창단이 필요하다. 이것은 이 시대의 가장 유명한 곡들 중 하나이다.
(C) 그러나 (c) 그것은 1년에 딱 두 번만 공식적으로 연주되었고, 두 번의 연주 모두 부활절 전주에 바티칸 시티의 시스티나 성당에서 열렸다. 사실 교황은 (d) 그것이 악보로 기록되어서도 안 되고 다른 어느 곳에서 공연되어서도 안 된다는 원칙을 세웠고, 이 금지령은 한 세기 이상 지속되었다. 그 금지는 저명한 음악가인 볼프강 아마데우스 모차르트가 당시 14세의 나이로 마침내 그것을 종결시킨 1770년까지 계속되었다.
(D) 그는 그토록 어린 나이에도 숙련된 음악가이자 작곡가였다. 그해에, 그는 두 차례의 공식적인 〈Miserere〉 공연 중 첫 번째에 참석했다. 그는 감동을 받아서, (e) 그것을 겨우 한 번만 들었음에도 불구하고 집에 가서 자신의 기억을 토대로 그것을 (악보에) 적었다. 그는 몇 가지 실수를 했지만, 두 번째 공연에 참석한 뒤 그것들을 바로잡았다. 이듬해, 모차르트는 자신이 옮

겨 적은 〈Miserere〉를 어느 영국인 음악 역사가에게 주었고, 그는 곧 그것을 출간했다.
(B) 교회는 사람들이 그 작품을 연주하는 것을 더 이상 막을 수가 없어서 (a) 그것은 그 금지령을 해제했다. 그러나 교황은 모차르트에게 바티칸에 와서 자신을 만날 것을 명령했다. 모차르트는 교회에서 영원히 쫓겨날까 봐 걱정했지만 교황은 화를 풀었다. 대신, 그는 모차르트의 음악적 천재성을 칭찬했다. 오늘날 〈Miserere〉는 전 세계에서 공연되지만, (b) 그것의 시스티나 성당 특별 연주가 가장 인기가 많다.

구문해설

6행 However, the Pope **ordered** Mozart **to** *come* (and) *see* him at the Vatican. ⇨ 「order + 목적어 + to-v」는 '~에게 …하라고 명령하다'의 뜻이다. 「come (and) + 동사원형」은 '~하러 오다'의 의미로, 여기서 and는 흔히 생략된다.

11행 However, it was only officially performed twice a year, **with** both performances **held** at the Sistine Chapel .... ⇨ 「with + 목적어 + p.p.」 구문으로 '~가 …된 채로'의 의미이다.

13행 In fact, the Pope made **a rule** [that it could *neither* be written down *nor* performed anywhere else], a ban [that lasted for more than a century]. ⇨ 첫 번째 [ ]는 a rule과 동격이다. 「neither A nor B」는 'A도 B도 아닌'의 뜻이다. 두 번째 [ ]는 a ban을 수식하는 주격 관계대명사절이며, a ban 이하는 앞에 나온 a rule을 부연 설명한다.

18행 (Being) **Impressed**, he went home and wrote it down based on his memory, ... ⇨ Impressed는 앞에 Being이 생략된 형태로 〈이유〉를 나타내는 분사구문이다.

문제해설

03 이탈리안 Gregorio Allegri에 의해 작곡된 〈Miserere〉를 소개하는 (A) 다음에, 1년에 단 두 번 시스티나 성당에서만 공식적으로 공연되고 악보로 기록할 수도 없었던 〈Miserere〉에 대한 금지령이 1770년 14살이었던 모차르트에 의해 종결되었다는 내용인 (C)로 이어지고, 그다음으로는 모차르트가 그 곡을 단 두 번만 듣고 완벽하게 옮겨 적었고, 그 뒤 악보가 출간되었다고 말하는 내용의 (D)가 온 뒤, 사람들이 그것을 연주하는 것을 더는 막을 수 없어 금지령이 해제되고 오늘날 〈Miserere〉는 세계 곳곳에서 연주되지만 시스티나 성당 연주가 가장 인기 있다는 내용인 (B)로 이어지는 것이 자연스럽다.

04 (a)는 교회를 가리키고, 나머지는 〈Miserere〉를 가리킨다.

05 ② 모차르트는 교회에서 추방될까 봐 걱정했지만 오히려 교황은 그의 음악적 천재성을 칭찬했다.

01 ④   02 ②   03 ⑤   04 ②   05 ②

01 ④

사람들은 선택권을 갖는 것을 좋아한다. 사실, 우리에게 더 많은 선택권이 있을수록 우리의 삶이 더 좋아지리라는 것은 현대 사회의 일반적인 생각이다. 하지만 이것이 반드시 사실인 것은 아니다. 선택권은 사실 우리의 행복에 부정적 영향을 가져올 수 있다. 우리는 우리가 실수한 것인지 아닌지 궁금해하면서 우리가 선택하지 않은 모든 선택지들에 대해서 걱정하기 시작할지도 모른다. 게다가, 우리 자신의 결정에 전적으로 책임을 지는 것은 일이 잘못되었을 때 우리가 달리 탓할 사람이 없다는 것을 의미한다. 이것이 사람들이 종종 그들 스스로 결정하는 것을 주저하는 이유이다. 대신에, 그들은 다른 사람들의 제안과 의견을 구할 것이다. 이런 이유로 영화 평론들이 인기가 많다. 어떤 영화를 볼지 선택하기 위해 그것들(평론)을 이용하는 사람들은 영화가 형편없는 선택인 것으로 판명되면 언제든 그 평론가를 탓할 수 있다.

구문해설

1행 In fact, **it** is a common belief in modern society [**that** the *more* choices we have, *the better* our lives will be]. ⇨ it은 가주어이고, 접속사 that이 이끄는 명사절 [ ]가 진주어이다. 「the + 비교급 ~, the + 비교급 …」은 '~하면 할수록 더 …하다'의 뜻이다.

3행 We may begin to worry about all the options [(that) we didn't select], [wondering **if** we have made a mistake]. ⇨ 첫 번째 [ ]는 all the options를 수식하는 목적격 관계대명사절로 목적격 관계대명사 that이 생략되었다. 두 번째 [ ]는 〈부대상황〉을 나타내는 분사구문으로, '~인지 아닌지'의 의미인 접속사 if가 wondering의 목적어 역할을 하는 명사절을 이끈다.

5행 What's more, [being completely responsible for our own decisions] **means** that we have no one else *to blame* when things go wrong. ⇨ [ ]는 주어로 쓰인 동명사구로 단수 취급하므로 단수형 동사 means가 왔다. to blame은 no one else를 수식하는 형용사적 용법의 to부정사이다.

8행 …: people [who use them **to select** {which movies to see}] can always blame the reviewer …. ⇨ [ ]는 people을 수식하는 주격 관계대명사절이다. to select는 〈목적〉을 나타내는 부사적 용법의 to부정사이다. { }는 select의 목적어로 쓰인 「의문사 + to-v」 구문으로, 「which + 명사 + to-v」는 '어떤 ~을 …할지'의 의미이다.

문제해설

선택권이 많다고 좋은 것만은 아니며, 스스로 선택하면 그 선택의 결과에 대한 책임은 전적으로 본인이 져야 한다는 내용이므로, 글의 요지로 가장 적절한 것은 ④이다.

02 ②

현대 기술의 본질적 의미를 규정하는 특징들 중 하나는 그것이 인상적인 속도로 진전된다는 것이다. 그런데, 이것은 점점 더 많은 소비자들이 그들이 사용하던 전자 기기를 더 새로운 모델로 교환하고 있다는 것을 의미한다. 이것은 '리커머스' 또는 '리버스 커머스'로 불리고 있는 새로운 종류의 산업으로 이어졌다. 그것은 불필요한 제품을 재생시키기 위해 고안된 온라인과 오프라인의 다양한 서비스들로 구성된다. 예를 들면, 한 인기 있는 태블릿 PC의 최신 버전의 출시가 발표되었을 때, 한 '리커머스' 웹사이트는 단 1시간 만에 이전에 사람들이 가지고 있던 모델 2천 개를 구매했다. 그 웹사이트는 소비자들에게 이 기기들에 대한 보상으로 현금이나 상품권을 주고 나서 그것들을 전자 제품 상점에 팔았다. 상점들은 새로운 버전을 살 여유가 안 되는 예산이 적은 소비자들을 끌어모으기 위해 이 '재활용된' 전자 기기들을 사용한다. 이렇게 하여, '리커머스'는 소매업자들과 소비자들 모두에게 이득을 주고, 또한 전자 기기 폐기물의 양을 줄이고 지속 가능성을 증대시킴으로써 지구를 돕는다.

구문해설

3행 This has led to a new kind of industry [that is being referred to as *reCommerce*, or *reverse commerce*]. ⇨ [ ]는 선행사인 a new kind of industry를 수식하는 주격 관계대명사절이다.

9행 The stores use these "recycled" electronic devices **to attract** consumers on a low budget [who couldn't afford to buy the new version]. ⇨ to attract는 〈목적〉을 나타내는 부사적 용법의 to부정사이다. [ ]는 선행사인 consumers on a low budget를 수식하는 주격 관계대명사절이다.

문제해설

리커머스 또는 리버스 커머스로 불리는 새로운 종류의 산업을 통해 소비자들이 중고 전자 기기를 온라인이나 오프라인을 통해 팔아 새로운 모델로 교환하고 있다는 내용이므로, 빈칸에는 ② '불필요한 제품을 재생시키기'가 적절하다.
① 거래 과정을 단순화하기
③ 안전한 온라인 거래를 촉진하기
④ 중고 물품의 기능을 향상시키기
⑤ 새로 출시된 전자 기기들을 광고하기

03 ⑤

탄자니아 사진 워크숍
2023년 7월 1일-14일

탄자니아 사진 워크숍에 신청해서 전문 사진작가가 여러분을 Tarangire 국립 공원으로 안내하여 코끼리, 얼룩말, 그리고 코뿔소 사진을 찍을 수 있는 최고의 방법을 여러분에게 가르쳐 주게 하세요!

비용
- 8,790달러 (항공료 포함)
- 밴쿠버와 아루샤 간의 왕복 항공편이 준비되어 있습니다.

숙소
- 학생들은 현지 마을에 있는 기숙사 형태의 숙소에서 머물 것입니다.
- 사파리에 있는 동안 학생들은 텐트에서 잘 것입니다.

등록
- 고등학교 학생에 한함
- www.phototanzania.com에서 온라인으로 신청해야 함

학생들은 매일 있을 사진 촬영에 참여하기 위해 디지털카메라를 가져와야 합니다. 프로그램 말미에는, 학생들의 사진들이 아루샤에 있는 한 갤러리의 전시회에 진열될 것입니다. 더 많은 정보를 원하시면 555-8759로 전화 주시기 바랍니다.

구문해설

4행 ... and teach you the best ways [to photograph elephants, zebras, and rhinos]! ⇨ [ ]는 the best ways를 수식하는 형용사적 용법의 to부정사구이다.

11행 While (**they are**) on safari, students will sleep in tents. ⇨ 〈시간〉을 나타내는 부사절의 주어가 주절의 주어와 같고 동사가 be동사일 때, 부사절의 「주어+be동사」는 생략할 수 있다.

문제해설

⑤ 학생들은 디지털카메라를 가져와야 한다고 했다.

04 ②

사냥은 일부 사람들에 의해 환경 파괴의 원인이 되는 잔인하고 무익한 활동이라고 여겨진다. 그러나 사실 사냥은 법에 의해 엄격하게 규제되고 있으며 실제로는 야생 동물 관리에 대한 정부의 노력을 지원한다. (B) 사냥꾼이 되고 싶어 하는 사람들은 우선 주 정부에 의해 운영되는 강의에서 안전 규칙에 대해 배워야 한다. 그들은 또한 화기 안전 과정 시험과 수렵인 교육 과정 시험 둘 다 합격해야 한다. 만약 그러지 못하면, 그들은 사냥 면허를 받지 못할 것이다. (A) 시험에 합격한 사람들에게는, 그들이 면허 수수료를 지불한 후에야 사냥 면허가 발급될 것이다. 이 돈은 야생 동물들과 그것들의 서식지를 보호하는 데 도움을 주는 다양한 프로그램에 자금을 지원하기 위해 정부에 의해 사용된다. (C) 하지만 수수료를 지불하는 것이 사냥꾼들이 우리 환경의 건강과 안녕에 기여하는 유일한 방법은 아니다. 자원봉사와 기금 모금 캠페인을 통해, 그들은 야생 동물 관리를 장려하고 사람들에게 자연을 보호하는 것의 중요성에 대해 가르친다.

구문해설

1행 Hunting **is considered** by some **to be** a cruel and useless activity [that contributes to the destruction of our environment]. ⇨ 「be considered to-v」는 '~이라고 여겨지다'의 의미이다.

[ ]는 a cruel and useless activity를 수식하는 주격 관계대명사절이다.

5행 For **those who** *do* pass the exams, a hunting permit will only be issued after they have paid a license fee. ⇨ those who는 '~하는 사람들'이라는 의미이다. do는 동사 pass를 강조하기 위해 쓰인 조동사이다.

8행 People [who wish to become hunters] must first learn about safety rules in classes [run by state governments]. ⇨ 첫 번째 [ ]는 People을 수식하는 주격 관계대명사절이다. 두 번째 [ ]는 classes를 수식하는 과거분사구이다.

문제해설

사냥은 잔인하고 무익한 활동이라는 일부 통념과 달리 엄격한 법의 규제를 받으며 정부의 야생 동물 관리를 지원한다는 주어진 글에 이어서, 사냥꾼이 되려면 우선 정부가 시행하는 강의를 듣고 시험에 합격해야 한다는 내용인 (B)가 나오고, 시험 합격 후 사냥 면허 발급을 위해 지불하는 수수료가 야생 동물 및 서식지 보호 기금으로 쓰인다는 내용의 (A)가 온 후, 수수료 지불 외에도 사냥꾼들이 환경에 기여하는 또 다른 예를 제시한 (C)로 이어지는 것이 자연스럽다.

05 ②

이런 일이 당신에게 일어난 적이 있는가? 당신은 집 여기저기에서 해야 할 일의 목록을 갖고 있다. 당신은 첫 번째 일을 끝내고 다음 일로 넘어가기 위해 그 방을 떠난다. 갑자기 당신은 그것이 무엇인지 기억이 나지 않는다! 믿기 힘들겠지만, 한 방에서 다른 방으로 가는 행동 탓일지도 모른다. 이것은 뇌가 어떻게 작동하는지를 연구하는 연구자들의 이론이다. 그들에 따르면, 우리의 뇌에는 단기 기억을 저장하는 많은 분리된 '방'이 있다. 그리고 우리가 현실 세계에서 어떤 방을 나갈 때, 우리의 정신 또한 새로운 공간으로 이동한다. 그래서 당신이 다음 일을 완수하기 위해 그 방을 떠날 때, 당신은 또한 당신이 해야 할 일의 목록이 들어 있는 단기 기억도 '남겨 두고 가는 것'이다!

➡ 연구원들에 따르면, 우리는 (B) 물리적인 세계에서 문을 통과해 지나갈 때, 단기 기억의 경미한 (A) 감퇴를 경험하게 될지도 모른다.

구문해설

4행 This is the theory of researchers [who are studying {how the brain works}]. ⇨ [ ]는 researchers를 수식하는 주격 관계대명사절이다. { }는 are studying의 목적어로 쓰인 의문사절로, 「의문사+주어+동사」의 어순이다.

5행 ..., there are many divided "rooms" in our brain [in which we store short-term memories]. ⇨ [ ]는 many divided "rooms" in our brain을 선행사로 하는 목적격 관계대명사절로, 관계사절 내에서 which가 전치사 in의 목적어 역할을 한다.

우리는 뇌의 각기 분리된 방에 단기 기억을 저장하는데, 현실에서 공간을 이동할 때 뇌의 영역 또한 이동하면서 단기 기억도 방에 남겨 두고 나오게 되어 그것을 잊어버리게 된다는 내용이므로, (A)에는 failure(감퇴), (B)에는 physical(물리적인)이 들어가는 것이 가장 적절하다.

우리는 뇌의 각기 분리된 방에 단기 기억을 저장하는데, 현실에서 공간을 이동할 때 뇌의 영역 또한 이동하면서 단기 기억도 방에

MEMO

MEMO

MEMO

MEMO

MEMO

MEMO

PICK 수능유형

독해 기본

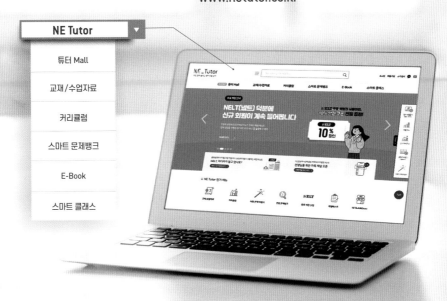